*GS 114/115 Die deutsche Nachkriegszeit*

GESCHICHTE UND STAAT

Band 114/115

Paul Noack

# Die deutsche Nachkriegszeit

GÜNTER OLZOG VERLAG MÜNCHEN — WIEN

2. überarbeitete Auflage

ISBN 3-7892-7085-7

 — Umschlagentwurf: Konrad Wacker, München — Gesamtherstellung: Franz Wedl OHG, Melk-Wien

INHALT

## Vorbemerkung

Dieses Taschenbuch — hervorgegangen aus meiner Darstellung „Deutschland von 1945 bis 1960“ — hat sich bewußt nicht den prätentiösen Titel „Deutsche Nachkriegsgeschichte“ zugelegt. Damit wäre ein Anspruch erhoben worden, der bei der allzu kurzen Distanz von den Ereignissen nicht erfüllt werden kann. Was dieser Band will, ist dies: Die Voraussetzungen unseres staatlichen Daseins sichtbar zu machen und aus den Voraussetzungen die Leitlinien zu ziehen bis in die Gegenwart.

In gewisser Weise unterscheidet sich dieses Buch von den anderen Darstellungen, die in der Reihe „Geschichte und Staat“ erschienen sind. Es soll ein Lern-, aber auch ein Lesebuch sein. Es soll verläßliches Wissen vermitteln, aber da und dort am bunten Detail auch die Atmosphäre kenntlich machen, in der die politischen Entscheidungen fielen. Die eingestreuten „Exkurse“ sind nichts anderes als Lebensläufe von Männern, die die Nachkriegsgeschichte trugen und zum Teil noch tragen. Sie beruhen nicht auf „Quellen“ im strengen Sinne. Sie sind nach der Natur und nach den Berichten der Zeitgenossen gezeichnet. Allgemein wurde nicht so sehr Gewicht auf Kritik gelegt als vielmehr auf die Kenntlichmachung der Zusammenhänge und der Ursachen. Der Dokumenten-Anhang hat die Aufgabe, die Kenntnisse zu vertiefen, soll verdeutlichen, was im Laufe der Beschreibung nur angedeutet werden konnte.

„Die deutsche Nachkriegszeit“, dieser Titel hätte eigentlich auch eine gleichwertige Berücksichtigung der Verhältnisse in der Sowjetzone, dann der DDR, erfordert. Doch wird deren Schilderung einem eigenen Band dieser Reihe vorbehalten. So kommt dieser Teil des deutschen Nachkriegsschicksals nur dort ins Bild, wo er als Pendant der Entwicklung in den westlichen Besatzungszonen und — später — der Bundesrepublik für das Verständnis unerläßlich ist. An dieser oder jener Stelle — da wo etwa die Parteien, das Verfassungssystem, die Verbände berührt werden — wird auf die entsprechenden Bände der Reihe hingewiesen, in der auch dieses Buch erscheint.

Es bleibt dem Verfasser nur zu hoffen, daß seine Darstellung als ein nützliches und gut lesbares Hilfsmittel zur Gegenwartskunde den Beifall der Leser finden wird.

P. N.

## Zur 2. Auflage

Daß es zu einer zweiten Auflage dieser Darstellung kam, ist für den Verfasser erfreulich, erfreulich auch deshalb, weil Korrekturen in weiten Teilen des Buches nicht notwendig wurden. Es scheint mir heute sogar, als ob der Akzent, der auf den Entstehungsbedingungen der Bundesrepublik liegt, noch wichtiger geworden sei, als zuvor, da die Generation derer alt zu werden beginnt, von denen die Frühgeschichte des westdeutschen Staates getragen wurde. Allerdings mußte der Tatsache Tribut gezollt werden, daß wir eine Große Koalition hinter uns gebracht haben, daß nun schon das zweite SPD/FDP-Kabinett in Bonn regiert, daß das Ost-West-Verhältnis, damit auch das Verhältnis zur DDR, sich grundlegend gewandelt haben, daß das „System" der Bundesrepublik kritischer als in den fünfziger und sechziger Jahren nach der Verwirklichung seiner Wertvorstellungen befragt wird. Zwei neue Kapitel tragen dem Rechnung; Dokumente wurden ausgetauscht — die ursprüngliche Konzeption jedoch ist geblieben.

P. N .

## Die Kapitulation

| | |
|---|---|
| *25. April 1945:* | *Russische und amerikanische Truppen vereinigen sich an der Elbe.* |
| *30. April 1945:* | *Adolf Hitler begeht Selbstmord in Berlin.* |
| *1. Mai 1945:* | *Großadmiral Dönitz stellt sich im Rundfunk als Hitlers Nachfolger in dessen Eigenschaft als Staatsoberhaupt vor.* |
| *2. Mai 1945:* | *Bildung des „Kabinetts Dönitz".* |
| *7./8. Mai 1945:* | *Unterzeichnung der bedingungslosen Kapitulation der deutschen Wehrmacht in Reims und Berlin-Karlshorst.* |
| *23. Mai 1945:* | *Gefangennahme von Großadmiral Dönitz und seiner „Reichsregierung" in Flensburg.* |
| *5. Juni 1945:* | *Die vier alliierten Mächte übernehmen mit einer gemeinsamen Erklärung die Regierungsgewalt in Deutschland.* |
| *1. Juli 1945:* | *Teile von Sachsen und Thüringen werden von den USA im Austausch gegen die Besetzung von drei westlichen Sektoren in Berlin an die UdSSR übergeben.* |
| *17. Juli — 2. August 1945:* | *Potsdamer Konferenz.* |
| *30. August 1945:* | *Frankreich übernimmt die Verwaltung des Saargebiets.* |

Eine beliebte Umschreibung für die Lähmung, die das deutsche Volk an jenem Tage überkam, als der Nationalsozialismus ein Ende mit Schrecken nahm, ist der „Nullpunkt der deutschen Geschichte". An ihm, so sagt man, habe die Entwicklung nach 1945 begonnen. Es mögen nur wenige Werte gewesen sein, die Deutschland an jenem Tage hinter und noch weniger, die es vor dem Komma aufzuweisen hatte: am Nullpunkt begann es nicht. Die Vorstellung, mit 1945 fange eine „neue" deutsche Geschichte an, war durch die unleugbare Tatsache gestützt, daß das „neue" Deutschland nur langsam wieder handlungsfähig wurde, daß im Zuge der „Umerziehung" die neueste deutsche Geschichte zu einer Vorstufe des Nationalsozialismus deklariert wurde. Die Traditionen, aus denen wir leben, sind jedoch nicht erst mit jenem 8. Mai 1945 entstanden, an dem die deutsche Wehrmacht kapitulierte, mögen sie auch durch Verwerfungen und Überlagerungen lange Jahre nicht sichtbar gewesen sein. Deutschland war damals ein „ausgebrannter Krater der Machtpolitik", wie es der Historiker Friedrich Meinecke formulierte. Aber das mißhandelte und auch schuldig gewordene Land und seine Bewohner bewahrten noch immer Rumpfbestände von gemeinsamer Geschichte, von Ordnungsvorstellungen und Gemeinschaftsgefühlen. Vergangenheit, die hineinwirkte in die Gegenwart, blieb spürbar.

Wie über Deutschland nach dem Tage des Waffenstillstands entschieden werden sollte, das war von der Allianz der späteren Sieger seit langem geplant. Ausgedehnte Konferenzen waren dem Tag X der deutschen Niederlage vorausgegangen. In Casablanca (14.—26. 1. 1943) und in Quebec (11.—24. 8. 1943) hatten sich Churchill und Roosevelt, dann die „Großen Drei" in Teheran (28. 11.—1. 12. 1943), später in Jalta (4.—11. 2. 1945), also noch kurz vor dem Kriegsende, getroffen. Eine „Europäische Beratungskommission" hatte im Herbst 1944 monatelang über das künftige Schicksal Deutschlands beraten. Seit dem Jahre 1941 ging das Wort von der „Zerstückelung" des Deutschen Reiches um. Die Konferenz von Jalta hatte die Zerreißung des deutschen Staatsgebietes durch eine Formel sanktioniert, die als Artikel 12a in die alliierte Kapitulationsurkunde eingefügt werden sollte. Die „Bedingungslose Kapitulation" war von Roosevelt und Churchill seit dem Jahre 1943 gefordert worden.

Ein Dokument vor allem konnte den schwankenden Deutschen von den nationalsozialistischen Führern vorgehalten werden, das während der zweiten Konferenz von Quebec im Jahre 1944 (10.—16. 9.) eine Rolle gespielt hatte. Churchill hatte damals schon mit der Bemerkung protestiert, Großbritannien wolle nicht an eine Leiche gekettet werden. Es war der von dem amerikanischen Finanzminister entworfene „Morgenthau-Plan", ein Vorschlag von vielen, niemals zu einem offiziellen Dokument erhoben und doch so wirkungsvoll, weil er Grundstimmungen der letzten Kriegsmonate bis ins Extrem zuspitzte. Der Welt sollte damit die Angst genommen werden, Deutschland könne noch jemals zu einem Eroberungszug antreten. Daher wollte man es „pastoralisieren", in seinen wesentlichen Teilen zu Weideland machen, während man seine Industrie zerstörte. „Dieser Grundgedanke des Morgenthau-Plans könnte als eine Bestätigung der bolschewistischen These gelten, daß die kapitalistische Welt sich in hemmungslosem Konkurrenzkampf selbst zerfleischt. In Wirklichkeit war er Ausdruck eines fast hoffnungslosen Zweifels an der Gültigkeit und Wirksamkeit der Grundprinzipien der westlichen Welt." (Cornides)

Und doch kam trotz aller Überlegungen der endgültige Zusammenbruch der deutschen Armee den Alliierten zu früh. Hitler hatte am 30. April 1945, als russische Panzer einen Kilometer vor seinem Bunker in Berlin standen, seinem Leben ein Ende gesetzt. Er hinterließ das komplette Chaos, eine Welt, die in Blut und Tränen zu ersticken drohte.

Wenige Tage vorher hatten sich Amerikaner und Russen an der Elbe die Hände gereicht, damit das südliche vom nördlichen Operationsfeld getrennt. Für diesen Krieg sollte es keine „Dolchstoßlegende" mehr geben. 350 000 deutsche Soldaten waren allein in dem Kessel des Ruhrgebietes gefangengenommen worden. In Italien hatten die Feindseligkeiten am 2. Mai aufgehört. Die deutschen Truppen in Nordwestdeutschland, Dänemark und Holland kapitulierten zwei Tage später.

Damals wäre es den amerikanischen Truppen möglich gewesen, Berlin und auch Prag vor den russischen Truppen zu erreichen. Doch während sich in den britischen Staatsmännern schon politische Zukunftsgedanken regten, die ein solches Vorgehen befürworteten, blieb der amerikanische Oberbefehlshaber, General Eisenhower, — im völligen Einvernehmen mit den politischen Instanzen — seinen rein taktischen Plänen treu. „Ein natürliches Operationsziel über die Ruhr hinaus", schreibt er in seinen Kriegsmemoiren, „war Berlin. Es war politisch wie psychologisch wichtig als das Symbol der verbleibenden deutschen Macht. Dennoch entschied ich, daß es nicht das logische oder wünschenswerteste Operationsziel für die Streitkräfte der westlichen Alliierten sei." Im Gegensatz zu den Russen waren die Amerikaner zu diesem Zeitpunkt noch nicht an den späteren politischen Gruppierungen interessiert.

Am 5. Mai bildete Großadmiral Dönitz, der die Regierungsgewalt am 1. Mai übernommen hatte, eine „Geschäftsführende Deutsche Bundesregierung". Als am 7. Mai 1945 Generaloberst Jodl in Reims General Eisenhower „alle gegenwärtig unter deutschem Befehl stehenden Streitkräfte zu Lande, zu Wasser und in der Luft" übergab, konnte nur eine improvisierte „Militärische Kapitulationsurkunde" unterschrieben werden, die allgemeine Kapitulationsbedingungen in Aussicht stellte. (Man erließ sie am 5. Juni.) Einen Tag später wurde im Hauptquartier der sowjetischen Streitkräfte in Berlin-Karlshorst eine fast gleichlautende Kapitulationsurkunde von Generaladmiral von Friedeburg, Generalfeldmarschall Keitel und Generaloberst Stumpff unterzeichnet. In Reims hatte Jodl die Hoffnung ausgedrückt, daß die Sieger das deutsche Volk und die deutschen Streitkräfte mit Großmut behandeln möchten. Niemand würdigte ihn einer Antwort. Es war mehr als ein klassischer Krieg zu Ende gegangen: eine Weltanschauung war unterlegen.

In der Nacht zum 9. Mai trat die bedingungslose Kapitulation der deutschen Wehrmacht an allen Fronten in Kraft. Noch immer gab es eine deutsche Regierung. Gespenstisch mutete es an, wie hier inmitten des allgemeinen Chaos noch die Formen des militärischen und diplomatischen Zeremoniells eingehalten wurden. In einer kleinen Enklave in Flensburg-Mürwik, die bei den Verhandlungen mit dem englischen Oberbefehlshaber Montgomery ausgespart werden konnte, präsentierte noch immer das aus U-Boot-Soldaten gebildete „Wachbataillon Dönitz" vor einem deutschen Reichspräsidenten. Am 11. Mai verzeichnet sein Tagebuch: „12.45 Verleihung Eichenlaub an Generaloberst Jodl." In Flensburg erschien eine „Alliierte Kontrollkommission beim Oberkommando der Wehrmacht", geleitet von dem amerikanischen Generalmajor Rooks und dem englischen Brigadier Foord. Großadmiral Dönitz war von Hitler zum Reichspräsidenten bestimmt worden, ein zweifellos persönlich integrer Mann, für den aber Politik undurchschaubar war und blieb. In seinen Memoiren schreibt er: „Am 7. Mai kamen Friedeburg und Jodl aus dem Hauptquartier Eisenhowers zu mir nach Mürwik zurück. Friedeburg brachte eine Nummer der amerikanischen Soldatenzeitung ‚Stars and Stripes' mit. Sie enthielt Bilder aus dem deutschen Konzentrationslager Buchenwald. Sie waren entsetzlich. Wenn wir auch annahmen, daß die Unordnung der Verkehrs- und Versorgungsverhältnisse in den letzten Kriegswochen zur Verschärfung der Zustände in den Lagern beigetragen haben mochte, so bestand doch kein Zweifel, daß das, was diese Bilder offenbarten, in keiner Weise und durch nichts zu rechtfertigen war. Friedeburg und ich waren tief betroffen. Derartiges hätten wir nie für möglich gehalten! Daß aber solche Abscheulichkeiten Wirklichkeit waren — und nicht nur in Buchenwald —, sahen wir in diesen Tagen auch selbst, als in Flensburg ein Dampfer mit KZ-Häftlingen einlief, deren Verfassung erschütternd war ... Ich sagte, daß mich die Idee der Volksgemeinschaft in einem sauberen nationalen und sozialen Sinne des Wortes und die auf dieser Grundlage erreichte innere Einigkeit des deutschen Volkes begeistert hatten ... Jetzt aber erkannte ich in aller Deutlichkeit die finsteren Seiten des Nationalsozialismus. Damit änderte sich auch meine Einstellung zu der von ihm geschaffenen Staatsreform."

Die Beziehungen der Alliierten Kontrollkommission zu Dönitz waren zunächst kühl, aber korrekt. Zweimal traf er mit den alliierten Offizieren auf der „Patria", dem Schiff, auf dem die Kommission stationiert war, zusammen. Einmal nahm er den Befehl entgegen, den Generalfeldmarschall Keitel gefangennehmen zu lassen. Beim zweiten Male wurde er von Dr. Murphy, dem politischen Berater General Eisenhowers, nach seiner Legitimation als Staatsoberhaupt gefragt. Stets wurden Dönitz dabei die gebräuchlichen Ehrenbezeigungen bewiesen. Einmal kamen die alliierten Offiziere sogar — kurz bevor der russische Stab der Kontrollkommission eintraf — in das Dienstzimmer von Dönitz. Widerstrebend ließ er die Führerbüste entfernen.

Interessiert und höflich hörten die alliierten Offiziere ihm zu.

Am 17. Mai installierte sich dann der russische Stab unter dem Generalmajor Truskow. Sein Benehmen war zurückhaltend. Doch die Ausfälle gegen die „Geschäftsführende Reichsregierung" verschärften sich in der westlichen wie der östlichen Presse. Vom 19. Mai an warteten das „Oberkommando der Wehrmacht" und die Reichsregierung auf ihre Verhaftung.

Am 22. Mai 1945 wurde Dönitz die Aufforderung aus dem Stabe Rooks übermittelt, am nächsten Morgen um 9.45 Uhr mit Jodl und Generaladmiral von Friedeburg auf der „Patria" zu erscheinen. Dönitz wußte, was die Stunde geschlagen hatte. Er sagte nur eines: „Koffer packen." Er hatte richtig vermutet: Als die Offiziere das Schiff betraten, gab es keine Ehrenbezeigungen mehr für sie, an ihrer Stelle Reporter, den historischen Augenblick einzufangen. Einige Minuten wartete die deutsche Delegation. Dann setzten sich die alliierten Offiziere den Deutschen gegenüber, Rooks sagte: „Meine Herren, ich habe Anweisung aus dem Obersten Hauptquartier des europäischen Kriegsschauplatzes erhalten, Sie heute morgen zu mir zu rufen, um Ihnen mitzuteilen, daß es in Übereinstimmung mit dem sowjetischen Oberkommando entschieden hat, daß heute die Geschäftsführende Deutsche Reichsregierung und das Oberkommando der deutschen Wehrmacht mit seinen verschiedenen Angehörigen als Kriegsgefangene festgenommen werden sollen. Hierdurch ist die Geschäftsführende Deutsche Reichsregierung aufgelöst ... " Er fragte, ob einer der Herren noch etwas zu bemerken habe. Dönitz wandte sich ab. Er sagte: „Angesichts dieser Lage erübrigt sich jede Äußerung." Erst von diesem Tag an war das Deutsche Reich ohne Führung, ohne Willen, ohne Recht. Vier Jahre lang.

In den vorausgegangenen sechs Jahren hatte Deutschland den schwersten Aderlaß seiner Geschichte erlitten. Auf 3,5 Millionen Tote und Vermißte belaufen sich die Verluste der deutschen Wehrmacht. Sechs Millionen Soldaten wurden gefangen oder verschleppt. 500 000 Zivilpersonen durch Feindeinwirkung getötet, etwa 3 Millionen kamen auf der

Flucht um oder werden vermißt. Auf weit über zehn Millionen beläuft sich die Zahl derer, die Heimat und Besitz verloren haben. Der Krieg war ein globaler Aderlaß ohnegleichen: 50 Millionen Tote dürfte der Zweite Weltkrieg in allen Staaten gekostet haben.

Für einen Augenblick schien in den ersten Tagen nach der Kapitulation das Leben in Deutschland den Atem anzuhalten. Die Bewohner waren auf ihren engsten Lebensraum beschränkt. In Köln waren 65 Prozent der Häuser völlig zerstört, in Düsseldorf 93 Prozent der Häuser unbewohnbar. Sechs Wochen nach Kriegsende hausten kaum mehr als die Hälfte der ehemals 4,3 Millionen Einwohner in der Hauptstadt Berlin. Dreitausend zerstörte Eisenbahnbrücken verhinderten fast jeden Verkehr. Alle Brücken über Rhein und Weser, 23 von 24 über den Main und 22 von 34 über die Donau waren den Kriegseinwirkungen, sei es alliierten Bomben, sei es späten Wahnsinnstaten zum Opfer gefallen. 25 000 Tonnen nur förderte die Kohlenindustrie an der Ruhr am Tag, gegenüber einer Vorkriegsproduktion von etwa 400 000 Tonnen.

Dieses „geplante Chaos“ nahmen die alliierten Oberbefehlshaber mit dem 5. Juni 1945 formell in Besitz. Von General Eisenhower, Marschall Schukow, Feldmarschall Montgomery und General de Lattre de Tassigny unterzeichnet, ließen sie vier Deklarationen ergehen. Mit der ersten und wichtigsten übernahmen sie die „Oberste Regierungsgewalt“ in Deutschland, „einschließlich der Befugnisse der Regierung, des Oberkommandos der Wehrmacht und der Regierungen, Verwaltungen oder Behörden der Länder, Städte und Gemeinden.“ Die zweite Deklaration regelte das „Kontrollverfahren in Deutschland“. Als oberste Regierungsgewalt wurden die Oberbefehlshaber der vier Großmächte eingesetzt. Ihr Amt werde, so hieß es, im Auftrag der Regierungen ausgeübt, „von jedem in seiner eigenen Besatzungszone und gemeinsam in allen Deutschland als Ganzes betreffenden Angelegenheiten.“ Zusammen bildeten sie den „Kontrollrat“. Ausdruck jenes besonders von Roosevelt gepflegten Glaubens an die „Einigkeit der Weltmächte“, die von der Kriegs- in die Friedenszeit herübergerettet werden müsse, war der Absatz 2, mit dem der Sowjetunion, wenn auch ihr nicht allein, Einspruchs- und zugleich Verhinderungsrecht für alle deutschen Fragen gegeben wurde. Er lautet: „Der Kontrollrat, dessen Entscheidungen einstimmig getroffen werden müssen, trägt für eine angemessene Einheitlichkeit des Vorgehens der einzelnen Oberbefehlshaber in ihren entsprechenden Besatzungszonen Sorge und trifft in gegenseitigem Einvernehmen Entscheidungen über alle Deutschland als Ganzes betreffenden wesentlichen Fragen." An der notwendigen — von der Sowjetunion systematisch ausgenützten — Einstimmigkeit ist der Kontrollrat wenige Jahre später gescheitert.

Die dritte Deklaration — die vierte ist ohne Belang — regelt die Aufteilung der Besatzungszonen. Nach dem Text wurde „eine östliche Zone der UdSSR, eine nordwestliche Zone dem Vereinigten Königreich, eine südwestliche Zone den USA, eine westliche Frankreich" zugeteilt. Berlin — später zu einem der neuralgischen Punkte der Weltpolitik avanciert — wurde von allen vier Mächten besetzt. Schon nach dem Abkommen, das von den Vertretern bei der „Europäischen Beratungskommission" am 12. September 1944 unterzeichnet worden war, war es klar, daß Berlin zu keiner der Besatzungszonen gehörte. Eine interalliierte Behörde (Kommandantur) der vier Stadtkommandanten sollte gemeinsam die Verwaltung des Gebietes übernehmen. Die amerikanischen Vertreter waren sich bei den Beratungen im Jahre 1944 offensichtlich der schwierigen Lage bewußt, in die sie mit ihren von russischem Gebiet umschlossenen Enklaven einmal geraten konnten. Doch bestanden sie nicht auf einer klaren Regelung, weil sie einerseits die Sowjets in dieser letzten Phase des Krieges nicht reizen wollten, andererseits von vornherein annahmen, daß die Zuteilung von Besatzungszonen in Berlin eine Garantie des freien Zugangs beinhalte.

Die Viermächtekontrolle über Deutschland hat nie funktioniert; am 5. Juni jedoch wurden nach der Unterzeichnung Wein und Wodka, Kaviar, Räucherlachs, kalter Fisch und kalter Aufschnitt zu vielen sowjetischen Trinksprüchen gereicht. Von diesem 5. Juni berichtet General Clay, später Oberbefehlshaber in Deutschland, über die Berliner: „Sie schienen schwach und eingeschüchtert zu sein und sich vom

Schock der Schlacht um Berlin noch nicht erholt zu haben. Wie eine Stadt der Toten lag Berlin da."

Deutschland war ausgeblutet. Seine letzten Kraftreserven waren in einem sinnlosen Endkampf verbraucht worden. Man sprach nicht einmal mehr von der Hoffnung oder von Hoffnungslosigkeit — man vegetierte dahin. Soweit man zu Hause war, denn Millionen deutscher Soldaten bevölkerten die Gefangenenlager im Osten und im Westen, diesseits und jenseits des Ozeans. Und zu den materiellen Entbehrungen trat das Gefühl der moralischen Schuld, einer Schuld, die durch jede Erklärung der Alliierten neu genährt wurde.

## Die Jahre ohne Geschichte

Die folgenden beiden Jahre sind die Jahre des kleinen Mannes, des Mannes, der sich durchschlägt, der gewagte Haken schlägt, um dem Hunger zu entweichen. Was kümmerten ihn die großen politischen Erklärungen, die er aus Potsdam, aus Paris und aus Moskau hörte, wenn er nicht wußte, wie er den nächsten Tag überstehen sollte, wenn er nicht wußte, wie er sich schützen konnte vor dem Wasser, das ihm in seine Kellerwohnung rann!

Das Elend, aus dem der deutsche Wiederaufbau seinen Anfang nahm, ist nicht in Zahlen zu fassen. Wer durch die Trümmerpfade der Großstädte gelaufen ist, kennt den Unterschied zum Heute. Wer wußte damals schon, was in der Nachbarstadt vorgeht? Jetzt lebten zehn Menschen auf einem Wohnraum, in dem früher vier Menschen wohnten. Noch im Jahre 1947 existierten in München 60 000 Menschen zu viert in einem Raum, 35 000 zu fünft und 17 000 zu sechst, und was das für Räume waren! Niemand hätte früher gewagt, die Wohnungen, Keller und Abstellräume, die Kegelbahnen und Bunker als Wohnräume zu bezeichnen.

Auf den Landstraßen breitete sich das Chaos aus. Trecks von Flüchtlingen zogen durch die Lande, Evakuierte suchten wieder in die Städte zurückzukommen, aus denen sie ausgebürgert worden waren. Schon zur Zeit der Okkupation der westlichen Zonen waren anderthalb Millionen aus den östlichen Bezirken hier eingeströmt, sechs Millionen Fremdarbeiter und Kriegsgefangene schwärmten durch das Land. Der „DP“ (displaced person) wurde später zu einer ebenso typischen Erscheinung wie die „Trümmerfrau“. Viele DP's wollten nicht mehr in ihr Heimatland zurück.

Woher das Brot nehmen für diese Massen? Deutschland hatte nie viel mehr als die Hälfte seiner Nahrungsmittel selbst produziert. Jetzt waren die Verbindungen zu wichtigen landwirtschaftlichen Gebieten Mittel- und Ostdeutschlands abgeschnitten. Ein Beispiel nur: Hätten die britischen Truppen nicht noch im Sommer 1945 das Saatgut für die Zuckerrüben in der Gegend um Magdeburg herum sicherstellen können, die Rationen in der britischen und amerikanischen Zone wären noch geringer ausgefallen.

Die Welt war ausgehungert. Überall wurden Brot, Kartoffel und Fett gebraucht. Man verschiffte sie nicht zuerst in das gerade besiegte Deutschland. Als die Fettrationen auf acht Gramm im Tag in der britischen Zone herabgesetzt wurden, protestierten die Deutschen in Hamburg. Der verantwortliche englische Beamte antworte: „Fett dient nur dazu, die Speisen verdaulicher und schmackhafter zu machen. Erst wenn die gesamte Nahrungsaufnahme 3500 Kalorien täglich übersteigt, werden Fette nötig.“ Die Schulspeisung für die Kinder in der englischen und amerikanischen Zone vom April 1947 an rettete vielen die Gesundheit. Aber für alle war es nicht genug. Die Rationen — auf 1550 Kalorien festgesetzt — konnten nicht gehalten werden. Viele verdanken ihre Gesundheit einem „Care-Paket“ aus den USA.

Die Menschen hungerten, aber sie wurden nicht ruhiger. Endlose Trecks, Kartoffeltrecks, zogen durch die britische Zone, vom Südwesten zum Nordosten und zurück. Kohletransporte kamen nicht an ihrem Bestimmungsort an. Wenn sie aber ankamen, dann lag unter einer dünnen Schicht Kohle gewöhnlicher Schotter. Der Kölner Kardinal Frings hatte sozusagen den oberhirtlichen Segen dazu gegeben, daß der Mensch sich das Lebensnotwendige nehme. Wenn anderswo vom Hamstern gesprochen wurde, in der Erzdiözese Köln sprach man vom „Fringsen“.

Die Menschen kämpften um ihr Leben: In einem Irrenhaus, das ein Vierteljahr nur von den zugeteilten Rationen leben mußte, starben innerhalb kurzer Zeit 160 der 700 Insassen. In einer Denkschrift der Deutschen Ärzteschaft heißt es: „Die Normalverbraucherrationen des Frühjahres 1947 sind so niedrig, daß sie nur ein Drittel des Bedarfs decken und in der Zeit von einigen Monaten zum Tode führen müssen ... An die Stelle fleißiger Arbeit ist in den deutschen Betrieben ein stumpfes Herumsitzen getreten, unterbrochen von einer minimalen Arbeitsleistung, die unter normalen Verhältnissen in ein bis drei Stunden geleistet wird."

Viele der jüngeren Menschen trieben sich in Ruinengrundstücken herum und lebten vom schwarzen Markt, an dem kein Großstädter vorbeigehen konnte, wollte er mit dem Leben davon kommen. Sparen: Keine Veranlassung. In den Frankfurter Sparkassen wurden im August 1947 7,4 Millionen Reichsmark eingezahlt, doch 16,3 Millionen RM ausgezahlt. Jetzt trat die Naturalwirtschaft wieder an die Stelle des Geldverkehrs. Wie sah das aus? Ein zeitgenössisches Beispiel: „Ein Strickwarenhändler verkauft monatlich drei Pullover zum festgesetzten Gegenwert. Die übrigen werden ganz offen zu enormen Überpreisen abgesetzt. Er bekommt Bezugsscheine für Wolle, die nur zu einem Drittel beliefert werden. Den Rest muß er schwarz kaufen. Dem Woll-Lieferanten geht es ähnlich. Er bezieht seine Ware über einen befreundeten Textilkaufmann, wobei sich ein Butterhändler dazwischenschaltet. Der Mann, der das Material mit seinem Wagen anliefert, muß den Preis in Zigaretten für einen dritten, der irgendwo in Sachsen sitzt umrechnen. Jedermann weiß das." Das ist ein Bericht des „Münchener Mittag" vom 27. Dezember 1946 aus Berlin.

Die ersten Nachkriegsjahre, in denen jeder sich selbst der nächste ist, lassen sich durch die zeitgenössischen Dokumente weit besser illustrieren als durch jede nachträgliche Deutung. Aus der Vorweihnachtsnummer 1946 des „Münchner Mittag" braucht man nur drei Notizen zu nehmen. Die erste lautet: „149 Schwarzhändler standen in der letzten Woche vor Gericht. 93 Personen kamen in Gewahrsam. Weitere 151 Verdächtige mußten in den letzten Nächten in Gewahrsam genommen werden."

Die zweite: „Schwarzhändler und Glücksspieler scheinen sich jetzt auch gewerkschaftlich zusammengeschlossen zu haben, da die erste geschlossene Gesellschaft mit einer Weihnachtsfeier begann ... Das gemütliche Zusammensein wurde zwar einige Male durch das Erscheinen der Polizei gestört, doch wurde angeblich außer Kaffeebohnen keine Beschlagnahme von Waren durchgeführt, obwohl Konterbande in reichlichem Maße vorhanden war. Außer der Kapelle Rosenfelder, die zum Tanz aufspielte, trugen eine Tänzerin, ein Zauberkünstler und ein Artist zur Unterhaltung der schwarzen Gilde bei. Torte, Fleisch- und Fischgerichte sowie pro Person eine halbe Flasche Wein wurden unentgeltlich gereicht."

Die dritte: „Die Münchener Spruch- und Berufungskammern veranstalteten vergangenen Samstag im „Platzl" eine Weihnachtsfeier. Mitwirkende waren ... und andere vom Gesetz nicht Betroffene. Die geplante Christbaumversteigerung mußte unterbleiben, da im letzten Moment der dazu bestimmte Christbaum geklaut wurde." Wer die Geschichte der ersten Nachkriegsmonate schreibt, kommt an solchen „ungeschichtlichen" Impressionen nicht vorbei.

## Das Potsdamer Abkommen

Die Pläne für eine Zerstückelung Deutschlands hatten in Jalta im Jahre 1945 ihren energischsten Ausdruck gefunden. Seitdem hatten aber die Russen eine Schwenkung vollzogen. „Man hat festgestellt, daß die Sowjetunion im Frühjahr 1945 eine Neuorientierung ihrer Politik in Europa vorgenommen hat. Der militärische Erfolg hatte nicht nur ihr Selbstvertrauen gestärkt, sondern auch die Hoffnung auf eine Ausweitung des Kommunismus belebt. Um so mißtrauischer verhielt sie sich gegenüber allen Regungen, die ihr als eine Gefährdung der neuen Ziele erscheinen konnten." (Wagner)

Stalin erklärte schon am 9. Mai: „Die Sowjetunion feiert den Sieg, wenn sie sich auch nicht anschickt, Deutschland zu zerstückeln oder zu vernichten." Das war leicht gesagt. Denn zu diesem Zeitpunkt hatte Moskau einen beträchtlichen Teil der deutschen Teilung vorweggenommen. Am 25. April 1945 schloß es ein Abkommen mit der von ihm eingesetzten provisorischen Lubliner Regierung, nach der die deutschen Gebiete jenseits von Oder und Neiße der polnischen Verwaltung unterstellt wurden. Diese „Friedensgrenze" ist von der Sowjetunion wie von der Sowjetzone später mehrfach — widerrechtlich — garantiert worden. Es handelte sich um 100 000 Quadratkilometer Land, auf dem 1945 zehn Millionen Deutsche gewohnt haben, ein Ausgleich für Polen, das selbst weite Ostgebiete, von Wilna bis Lemberg, an die Sowjetunion abtreten mußte. Auch das Gebiet um Königsberg mit über einer Million Einwohner im Jahre 1939 war von den Russen annektiert worden. Diese letzte Regelung gedachten die westlichen Alliierten auf der geplanten Friedenskonferenz zu unterstützen. Insgesamt hatte die Sowjetunion damit über ein Viertel des deutschen Reichsgebietes verfügt, bevor sie ihre Zerstückelungspläne fallen ließ.

Im Westen wurde das Saarland mit 2500 qkm und knapp einer Million Einwohner — nach der Kapitulation eines der fünf Gouvernments der französischen Besatzungszone — durch entsprechende Maßnahmen bald vom übrigen Besatzungsgebiet getrennt. Zwangsläufig schien lange Zeit der Einschluß in den Staatsverband des westlichen Nachbarn, bis die Bevölkerung im Wege der Abstimmung gegen eine zwischen der Bundesrepublik und Frankreich ausgehandelte „europäische" Lösung schließlich am 1. Januar 1957 die Rückgliederung in den Verband der Bundesrepublik erzwang. Nimmt man hinzu die vier „normalen" Besatzungszonen Großbritanniens (Schleswig-Holstein, Hamburg, Niedersachsen, Nordrhein-Westfalen), der USA (Bayern, Hessen, Württemberg-Baden, Bremen), Frankreichs (Württemberg-Hohenzollern, Südbaden, Rheinland-Pfalz), der Sowjetzone (Pommern, Brandenburg, Sachsen, Thüringen, Mecklenburg) — die USA hatten im Juni große Teile Sachsens und Thüringens gegen die Zusicherung geräumt, in Berlin einmarschieren zu dürfen — und schließlich Berlin, so blieb die Tatsache, daß das deutsche Reichsgebiet in neun Teilstücke mit schnell auseinanderstrebenden sozialen Vorstellungen und abweichenden staatsrechtlichen Voraussetzungen aufgelöst worden war. Das war die Wirklichkeit. Dagegen bleibt es unerheblich, ob die Zerstückelung Deutschlands noch Kriegsziel war oder nicht.

Als die Staatschefs — immer noch ohne Frankreich — am 17. Juli im Cecilienhof bei Potsdam zusammentraten, stellte sich bald heraus, daß man sich über wesentliche Dinge nicht mehr einigen konnte, nicht einmal darüber, was unter dem Begriff „Deutschland" zu verstehen sei. Schon die Bedingungen, unter denen die Konferenz stattfand, waren für die Westmächte äußerst bedenklich, ganz abgesehen von ihrer Konzeptlosigkeit den revolutionären Zielen der Sowjetunion gegenüber.

Roosevelt war am 12. April gestorben, sein Nachfolger Truman außenpolitisch zu unerfahren, um wirklich planend eingreifen zu können. Churchill, am 23. Mai als Premierminister zurückgetreten, machte mitten in der Potsdamer Konferenz seinem Nachfolger Attlee Platz. De Gaulle — zwar nicht an der Konferenz, doch später an ihren Ergebnissen beteiligt — war mit innenpolitischen Schwierigkeiten weidlich beschäftigt und zudem bestrebt, das angeschlagene französische Prestige durch einen Balanceakt zwischen Ost und West zu festigen.

Spürbar an diesen Verhandlungen der „Potsdamer Konferenz", die bis zum 2. August tagte, ist noch heute eine Schizophrenie des Denkens, die immer wieder Spekulationen über die Absicht und wahre Bedeutung dieses für die Nachkriegsentwicklung wesentlichen Vertragswerkes ausgelöst hat. Jedenfalls ist diese Konferenz das wichtigste Glied zwischen den Zerstückelungsplänen der Kriegszeit und der de-facto-Zerreißung Deutschlands. Die Grundsätze der Potsdamer Konferenz postulieren Einigkeit, während der Wettbewerb um die Beherrschung der Welt für die Sowjetunion schon bewußt begonnen hatte, und es auch den Amerikanern dämmerte, daß die Zeit vorbei sei, in der man sich gegenseitig Geschenke machte.

Einerseits heißt es im Abkommen (A/9): „Die Verwaltung Deutschlands muß in Richtung auf eine Dezentralisation der politischen Struktur durchgeführt werden. Zu diesem Zweck (A/9/IV) wird bis auf weiteres keine zentrale deutsche Regierung errichtet werden. Jedoch werden einige wichtige zentrale deutsche Verwaltungsabteilungen errichtet werden, an deren Spitze Staatssekretäre stehen ..." Dann wieder wird bestimmt (B/4): „Während der Besatzungszeit ist Deutschland als eine wirtschaftliche Einheit zu betrachten" und zugleich dekretiert (B/IF/1): „Die Reparationsansprüche der UdSSR sollen durch Entnahmen aus der von der UdSSR besetzten Zone in Deutschland und durch angemessene deutsche Auslandsguthaben befriedigt werden ... Die Reparationsansprüche der Vereinigten Staaten, des Vereinigten Königreichs und der anderen zu Reparationsforderungen berechtigten Länder werden aus den westlichen Zonen befriedigt werden."

Daß Reparationen und Demontagen tief in das wirtschaftliche Gefüge eingreifen, ist klar, und es ist mit Händen zu fassen, daß sich das alles nicht mit dem Grundsatz deckte (A 2): „Soweit dies praktisch durchführbar ist, muß die Behandlung der deutschen Bevölkerung in ganz Deutschland gleich sein." Tatsache bleibt, daß im Bereich der Reparationen zum ersten Mal zwischen der sowjetischen Zone und den westlichen Zonen unterschieden wird. Verhängnisvoll wirkte es sich aus, daß die Westmächte in der Frage der Oder-Neiße-Grenze nur die Zusage der Sowjetunion erreichen konnten, die Grenze endgültig im Friedensvertrag mit Deutschland zu regeln. Um so ausgiebiger war von der Entnazifizierung und Entmilitarisierung die Rede, einer der wenigen Punkte, in denen man sich einig war — wenn auch die gleichen Worte für jeden Partner verschiedenes bedeuten.

Die kommende Teilung ist im Kern — trotz anderslautender Deklarationen — spürbar. Später wird die Argumentation der Westmächte bei eigenständigen Handlungen darauf hinauslaufen, die Sowjetunion habe die Abkommen über die wirtschaftliche Einheit verletzt; Moskau wird die Westmächte dagegen des Bruchs der Abkommen über die gemeinsame Vier-Mächte-Kontrolle anklagen.

Verteilung und Höhe der deutschen Reparationen haben bei den wenig später auftretenden Zerwürfnissen gewiß ihre Rolle gespielt. Entscheidend für die Betrachtung der ersten Besatzungsphase ist jedoch die weltpolitische Ausgangslage. Einer Sowjetunion, die nicht nur ihren „Vaterländischen Krieg“ siegreich beendet, sondern auch ihren Herrschaftsbereich weit nach Westen wie nach Südosten vorgetrieben hat, einem Mann wie Stalin, der in der letzten Phase des Krieges stets die politischen Veränderungen im Auge behielt, wenn er von militärischen Aktionen sprach, steht eine müde gewordene Koalition der Westmächte gegenüber. Nach deren Vorstellungen sollte auf die heiße Kriegszeit eine Periode der „Abkühlung“ folgen, in der die endgültigen Entscheidungen zu fällen waren. Winston Churchill, der skeptische, zuweilen auch zynische britische Premierminister, hatte allerdings schon im April 1945 die kommende Spaltung der Welt vorausgesehen. Doch weder war er bereit, daraus die Konsequenzen zu ziehen, noch konnte er den Optimismus der Amerikaner dämpfen, die noch immer von der „Einen Welt“ träumten. An Stalin schrieb er: „Ich fühle mich nicht sehr behaglich angesichts einer Zukunft, in der Sie und die Länder, die Sie beherrschen, sowie die kommunistischen Parteien in vielen anderen Ländern, alle auf einer Seite stehen und diejenigen, die sich um die englischsprechenden Nationen und ihre Verbündeten oder Dominions versammelt haben, auf der anderen Seite. Es ist ganz klar, daß ihr Streit die Welt in Stücke reißen würde . . . “

Einige Sätze sind zur Kennzeichnung der allgemeinen französischen Haltung in der frühen Nachkriegszeit notwendig: Die innerfranzösische Auseinandersetzung zwischen Giraud, Darlan und de Gaulle, aus der de Gaulle als Sieger hervorging, hatte nach der Niederlage im Jahre 1940 erst relativ spät zu einer repräsentativen Vertretung französischer Großmachtansprüche geführt. Weder bei den Beratungen über die europäische Zukunft noch in Potsdam waren französische Vertreter hinzugezogen worden. Zwar hatte die Jalta-Konferenz den Franzosen eine Besatzungszone zugestanden, doch wurden sie erst mit einem Abkommen vom 26. Juli 1945 an der Besetzung Deutschlands und Groß-Berlins beteiligt.

Es mag angesichts des Ost-West-Gegensatzes sinnlos scheinen, die heutige deutsche Teilung auf die weitgehenden französischen Annexionswünsche und -ansprüche oder auf ein geradezu manisches Sicherheitsverlangen zurückzuführen, „aber schon durch das Hinzutreten einer vierten Macht, deren Wünsche nun in Washington und London, in weit geringerem Maße auch in Moskau, berücksichtigt werden mußten, war ein weiteres Element der Unsicherheit in die europäische Politik der Großmächte geraten. Die innere Schwäche Frankreichs, sein durch die Niederlage von 1940 tief verletztes Selbstbewußtsein und die dadurch hochgezüchteten maßlosen außenpolitischen Aspirationen machten die Pariser Politik anfällig für jede noch so kurzfristige Erfolgschance, ohne Rücksicht darauf, ob sie von den Russen oder den Angelsachsen geboten wurde." (Cornides)

Am liebsten hätte Frankreich, alter Tradition folgend, einen separaten Weststaat an seinen Grenzen gesehen. Um dieses Ziel zu erreichen, stützte es im Anfang die Ansprüche der Sowjetunion. Beschlüsse des Kontrollrates, die in der Potsdamer Konferenz vorgesehenen zentralen wirtschaftlichen Stellen zu schaffen, scheiterten Ende 1945 und Anfang 1946 am französischen Veto. Formeller Angelpunkt dieses Vorgehens war, daß Frankreich nicht am Potsdamer Abkommen beteiligt sei. Erst als sich die Vorstellungen Moskaus immer offensichtlicher auf einen starken deutschen Einheitsstaat konzentrierten, durch den es die Möglichkeit bekommen hätte, die deutsche Politik auch im Westen nach seinem Sinne zu beeinflussen, ließ sich eine einigermaßen koordinierte Handlungsweise der westlichte Alliierten wiederherstellen. Doch noch im Jahre 1949 verzögerten die französischen Einsprüche gegen eine westdeutsche Zentralgewalt die Bildung der Bundesrepublik. Und im Kampf um die Europa-Armee, die schließlich scheiterte, verhinderten erst die Einsprüche der übrigen Partner die völlige Zersplitterung der Verbände.

## Die Sowjets und ihre Zone

| | |
|---|---|
| *17. Mai 1945:* | *Magistrat für ganz Berlin von den Sowjets eingesetzt.* |
| *10. Juni 1945:* | *Die sowjetische Militäradministration (SMAD) genehmigt die Bildung antifaschistischer Parteien.* |
| *13. Juni 1945:* | *Freier deutscher Gewerkschaftsbund von der SMAD genehmigt.* |
| *15. Juni 1945:* | *Genehmigung der SPD auf Zonenbasis; 26. Juni: CDU; 5. Juli: LDP.* |
| *3./4. Juli 1945:* | *Einrichtung von Landes- und Provinzialverwaltungen in der Sowjetzone.* |
| *14. Juli 1945:* | *Einheitsfront der „Antifaschistisch-demokratischen Parteien" in Berlin und der SBZ.* |
| *25. Juli 1945:* | *Elf deutsche Zentralverwaltungen für die gesamte Sowjetzone gebildet.* |

Das tiefere Verständnis dafür, in welcher weltpolitischen Lage man sich befand, wurde bei den Westmächten durch die Friedenssehnsucht ihrer Völker verhindert, aber auch durch die mangelnde Einsicht, daß die Zeit der ideologischen Kriege mit der Ausrottung des Nationalsozialismus noch keineswegs beendet war. Stalin allein hatte klare Vorstellungen von dem, was zu erreichen sei. Er hatte ein einziges Ziel: seinen Herrschaftsbereich zu festigen, vollendete Tatsachen zu schaffen, ehe die Westmächte endgültig erwachten. Lange Monate vermochte er den früheren Verbündeten das Heft politischen Handelns aus der Hand zu nehmen.

Am 30. April frühmorgens hatte ein Autobus vor dem Hotel Lux in Moskau gehalten. Er nahm die Mitglieder der „Gruppe Ulbricht" auf. Es waren die zehn ersten deutschen Emigranten, die nach Deutschland geflogen wurden, um dort den Wiederaufbau der Verwaltung in sowjetischem Sinne zu fördern. Neben Walter Ulbricht gehörten ihr Kommunisten an, die auch später große Rollen in der sowjetischen Zone spielten, Otto Winzer etwa, der später Chef der Privatkanzlei Ulbrichts wurde, Karl Maron, später Generalinspektor der Volkskanzlei, August Gundlach, KP-Mitglied im ersten Bundestag, Hans Mahle, für einige Zeit Generalintendant der mitteldeutschen Sender.

Die Gruppe hatte feste Aufträge. Sie organisierte zuerst die Bezirksämter in Berlin, dann kümmerte sie sich um die erste Berliner Stadtverwaltung. Im Zeichen der antifaschistischen Front war man bestrebt, auch Bürgerliche mit in die Verwaltung hereinzunehmen. Ulbricht gab deshalb die Anweisung: „Für den stellvertretenden Bürgermeister, für Ernährung, für Wirtschaft und Soziales sowie für Verkehr nehmen wir am besten Sozialdemokraten, die verstehen was von Kommunalpolitik. Für Gesundheitswesen antifasistisch eingestellte Ärzte, für Post und Verbindungswesen parteilose Spezialisten, die etwas davon verstehen. Jedenfalls muß zahlenmäßig mindestens die Hälfte aller Funktionen mit Bürgerlichen oder Sozialdemokraten besetzt werden ... Und nun zu unseren Genossen. Der erste stellvertretende Bürgermeister, der Dezernent für Personalfragen und der Dezernent für Volksbildung — das müssen unsere Leute sein. Dann müßt ihr noch einen ganz zuverlässigen Genossen in jedem Bezirk ausfindig machen, den wir für den Aufbau der Polizei brauchen." (Leonhardt)

So geschah es. Am 17. Mai meldeten die Zeitungen der Militärverwaltung, die „Tägliche Rundschau" und die „Berliner Zeitung", die Bildung des Berliner Magistrats. Neun der Stadträte waren Kommunisten. Von nichtkommunistischen Mitgliedern sind heute bekannt die Namen Dr. Hermes, der Chirurg Prof. Sauerbruch, der Architekt Prof. Scharoun.

Die Männer der „ersten Stunde" in der Sowjetzone waren komplett mit den Moskauer Funktionären Wilhelm Pieck, Fred Oelßner, Johannes R. Becher. Sie kamen in den ersten Juniwochen an. Es folgte einen Tag später die „Gruppe Ackermann" mit Anton Ackermann, Hermann Matern und Kurt Fischer. Nimmt man Otto Grotewohl hinzu — den abtrünnigen SPD-Mann — und eine Reihe jüngerer Funktionäre und Experten, so ist die Reihe derer nahezu vollständig, die lange Jahre hindurch in der Sowjetzone an der Macht geblieben sind.

Einen Tag nach der Bildung der „Sowjetischen Militärverwaltung“, am 9. Juni, ließ der Befehl Nr. 2 schon die „Schaffung und Tätigkeit aller antifaschistischen Parteien zu, die sich ... die Festigung der demokratischen Grundlagen und bürgerlichen Freiheiten zum Ziel setzen.“ Außerdem wurde die Bildung „Freier Gewerkschaften“ gestattet. Einen Tag später trat als erste Partei die KPD mit einem Gründungsaufruf an die Öffentlichkeit, in dem es denkwürdigerweise heißt: „Wir sind der Auffassung, daß der Weg, Deutschland das Sowjetsystem aufzuzwingen, falsch wäre, denn dieser Weg entspricht nicht den gegenwärtigen Beziehungen zu Deutschland.“ Das Programm sprach unter anderem von ungehinderter Entfaltung des Handels und der Unternehmerinitiative. Die übrigen Organisationen folgten in kurzen Abständen: am 13. Juni der „Freie Deutsche Gewerkschaftsbund“, am 15. Juni die SPD, am 25. die CDU und am 5. Juli die LDP. Die Parteien schlossen sich am 14. Juli zu einer „Antifaschistisch-demokratischen Einheitsfront“ zusammen, die, wenn im Anfang auch verhüllt, seit dem Beginn des Jahres 1946 von der staatstragenden Partei, der Sozialistischen Einheitspartei — einer erzwungenen Vereinigung von SPD und KPD — gegängelt wurde. Bewußt wurden die Parteien sogleich im Länder- und Zonenmaßstab mit dem Anspruch, für das ganze Deutschland zu handeln, begründet. Von ebensolcher Bedeutung erwies sich die sehr frühzeitige Gliederung in große Verwaltungsgebiete. Und schon Ende Juli wurden zentrale Verwaltungen für das gesamte Gebiet der russischen Zone gebildet: Die Sowjets schafften sich damit das Instrument, dessen sie in der Auseinandersetzung mit den noch auseinanderstrebenden westlichen Zonen zu bedürfen glaubten.

Auch in den Monaten nach der Potsdamer Konferenz setzte die Sowjetunion ihre Maßnahmen fort, die auf eine Umformung der gesellschaftlichen Wirklichkeit im marxistischen Sinne zielten. Am 23. Juni waren die bestehenden Banken geschlossen und die Länderbanken mit Bankmonopolen ins Leben gerufen worden. Im September wurde einseitig eine Bodenreform eingeleitet, mittels derer alle Betriebe über 100 Hektar — 9690 an der Zahl — entschädigungslos enteignet wurden. Es folgte im Oktober die Beschlagnahme von etwa zehntausend Privatbetrieben, die als „Volkseigene Betriebe“ (VEB) der staatswirtschaftlichen Ordnung dienten bzw. als „Sowjetische Aktiengesellschaften“ (SAG), die 25 Prozent der gesamten Produktion umfaßten, zu Reparationsleistungen aus der laufenden Produktion herangezogen wurden. Schon vorher hatten die Russen einen wesentlichen Teil der Produktionskapazität als „Kriegsbeute“, die nicht unter den Begriff der „Reparationen“ fiel, abtransportiert. (Was es mit all diesen Maßnahmen auf sich hatte, zeigte sich in voller Klarheit, als die Zonen-Vorsitzenden der CDU — Hermes und Schreiber — auf den Druck der sowjetischen Militärbehörden hin auf ihre Ämter verzichten mußten. Sie lehnten es ab, den Aufruf der Parteien zur Bodenreform zu unterschreiben. Später mußten ihre Nachfolger Jakob Kaiser und Ernst Lemmer dem Druck der Sowjetischen Militäradministration weichen.)

## Frühe Geschichte der Westzonen

*31. Mai 1945:* *Fritz Schäffer von der amerikanischen Militärregierung zum Ministerpräsidenten von Bayern ernannt.*

*19. September 1945:* *Bayern, Württemberg- Baden und Hessen als „Staaten“ von der amerikanischen Militärregierung anerkannt.*

*17. Oktober 1945:* *Ständige Konferenz der drei Ministerpräsidenten der amerikanischen Zone als „Länderrat“ in Stuttgart errichtet.*

*6. November 1945:* *Bildung des Länderrates in der US-Zone in Stuttgart.*

*20./27. Januar 1946:* *Gemeindewahlen in Hessen, Bayern und Württemberg-Baden.*

*15. Februar 1946:* *Bildung des Zonenbeirats in der britischen Zone in Hamburg.*

| | |
|---|---|
| *6./7. Juni 1946:* | *Konferenz aller deutschen Ministerpräsidenten in München.* |
| *August/Nov. 1946:* | *Die Länder Niedersachsen, Nordrhein-Westfalen, Schleswig-Holstein in der britischen und Rheinland-Pfalz, Baden und Württemberg-Hohenzollern in der französischen Zone gebildet.* |
| *Nov./Dez. 1946:* | *Erste Landtagswahlen.* |
| *1. Januar 1947:* | *Doppelzonenabkommen (Bizone) in Kraft.* |

Die Entwicklung in den Westzonen ließ sich zögernd an. Der Beginn war vom Mißtrauen geprägt.

Man schrieb den 15. März 1945. Ein amerikanischer Jeep fuhr vor dem Haus Zennigsweg 8a in Rhöndorf bei Bonn vor. Zwei amerikanische Offiziere stiegen aus und verlangten nach dem Besitzer. Der erschien, bekleidet mit Gärtnerschürze und altem Strohhut, damit beschäftigt, der Verwüstungen in seinem Garten einigermaßen Herr zu werden. Immerhin hatten die rechtsrheinischen Höhenlagen seit einigen Tagen unter amerikanischem Beschuß gestanden. Am Tage zuvor erst war er mit seiner Familie aus dem Luftschutzbunker gekrochen.

„Sind Sie Herr Adenauer?“ fragte einer der Offiziere.

Der ältere Herr bejahte und fragte kühl:

„Sie wünschen, meine Herren?“

„Wir haben Sie im Auftrag des amerikanischen Oberbefehlshabers zu fragen, ob sie bereit wären, die Verwaltung der Stadt Köln zu übernehmen. In diesem Falle würden Sie sofort als Oberbürgermeister eingesetzt.“

Dr. Konrad Adenauer war Oberbürgermeister von Köln in den Jahren 1917 bis 1933 gewesen. Dann hatten ihn die Nationalsozialisten wegen politischer Unzuverlässigkeit entlassen. Jetzt war er 69 Jahre alt, aber das Alter drückte ihn nicht. Dennoch zögerte er mit der Antwort. Zwar wollte er seiner Heimatstadt helfen, doch hatte er noch drei Söhne im Krieg — Konrad, Max und Paul. Was würde ihnen geschehen, wenn er sich den Alliierten zur

Verfügung stellte? Es gab bei den Nationalsozialisten ein Wort, das hieß: „Sippenhaftung".

„Ich wäre bereit", sagte er schließlich, „aber ich müßte Bedingungen stellen. Bis zum Waffenstillstand kann ich nur inoffiziell als Berater des amerikanischen Kommandanten tätig sein."

Die amerikanischen Offiziere stutzten einen Augenblick, doch als Adenauer seine Gründe erklärte, zeigten sie Verständnis. Als sie wenig später mit dem Jeep abfuhren, wurde im rechtsrheinischen Köln noch immer gekämpft.

Am 3. Mai fand ein amerikanischer Major den früheren Münchner Oberbürgermeister Dr. Karl Scharnagl in Glonn und stellte ihm die gleiche Frage wie Dr. Adenauer. Scharnagl sagte ebenfalls ja. Also begann einen Tag später wieder die Arbeit. Mitte Mai arbeiteten bereits zwanzig Beamte — es ging vorwärts, wenn auch nicht aufwärts. In anderen Städten war es ähnlich. Bürgermeister und selbst Regierungspräsidenten wurden eingesetzt — demokratisch unbedenkliche Personen —, die meisten nach Listen, die die amerikanischen Offiziere mit sich führten. In Bayern fehlte nur noch eine Landesregierung. Also wurde am 28. Mai Fritz Schäffer, der ehemalige Vorsitzende der Bayerischen Volkspartei und bayerische Finanzminister, den der Krieg nach Ostermünchen verschlagen hatte, zum „Governor of Bavaria", Colonel Charles E. Keegan, geholt. Der fragte mit der korrekten Kühle, die seit der Direktive JCS 1067 — in der es hieß, Deutschland sei als besiegtes, keineswegs als befreites Land zu behandeln — auch in Bayern eingezogen war: „Sind Sie bereit, eine Regierung zu bilden und das Amt des Ministerpräsidenten zu übernehmen?" Fritz Schäffer erwiderte: „Ich übernehme das Amt als Sohn meines Volkes, doch nur solange, wie mein Gewissen es erlaubt."

Wie Schäffer seine künftigen Minister angetroffen hat, ist heute etwas schwer festzustellen. Wohl aber weiß man, wie ein Journalist namens Theodor Heuss angetroffen wurde, der in Handschuhsheim, einem Vorort von Heidelberg, wohnte und inzwischen Mitbegründer der „Rhein-Neckar-Zeitung" geworden war. Als der eines Tages seine Teppiche klopfte, stand ein Amerikaner vor ihm. Er stellte sich als

Major Lewis vor und fragte ihn, ob er das Amt des Kultusministers von Württemberg-Baden annehmen wollte. „Ja schon“, sagte der später berühmte tiefe Baß, „wenn Sie mir für ein Dienstmädle sorge!“ Heuss, der lange Zeit in Berlin gewohnt hatte, zog nach Stuttgart. „Der Ruf der Heimat — auf amerikanisch“, hat er später einmal gesagt.

Die Regierung Schäffer behielt das Vertrauen der amerikanischen Militärregierung bis zum 30. September 1945. Dann stolperte sie über die schärferen Weisungen nach der Potsdamer Konferenz, deren Opfer auch der deutschfreundliche General Patton wurde. Sie fiel der Entnazifizierung anheim.

Die „Entnazifizierung“ kam nach der Potsdamer Konferenz auf volle Touren. Die Karteiblätter der NSDAP, die in München in einer Papierfabrik gefunden worden waren, wurden gesichert. Die Fragebogen wurden länger, immer größer auch die Zahl derer, die sich belastet fühlen mußten oder wirklich belastet waren. Die Amerikaner hatten Ende 1945 etwa 100 000 ehemalige Nationalsozialisten in Lagern interniert. 3,3 Millionen Deutsche waren schließlich allein in der amerikanischen Zone von den Entnazifizierungsbestimmungen in irgendeiner Weise betroffen. 375 000 wurden von den Militärbehörden aus ihren Stellungen entfernt, deutsche Spruchkammern sprachen 950 000 Urteile. Niemand leugnete die Notwendigkeit der Säuberung, kritisiert aber wurde das schematische Vorgehen. Der Deutsche angelte nach „Persil-Scheinen“, die ihn reinwuschen, wo er es nicht war. Theater konnten nicht spielen und auch nicht Orchester. Theodor Heuss sagte damals: „Macht uns das Leben nicht so schwer. Laßt die Leute ruhig weitergeigen und weiterflöten, allenfalls können wir bei dem, der die Pauke schlägt, unterstellen, daß er in seinen Grundinstinkten ein ‚Militarist‘ gewesen ist.“

Eine wirkliche „Bewältigung der Vergangenheit“, eine moralische Säuberung hat der Schematismus der Entnazifizierung nicht bewirkt. Der Opportunismus triumphierte: das schlechte Gewissen wurde verdrängt.

Wie Regierungen damals ohne viel Federlesens bestellt und abgesetzt wurden, erzählt Dr. Wilhelm Hoegner, der Nachfolger Schäffers in seinen Erinnerungen: „ ‚Herr Schäffer, Sie sind abgesetzt, hier ist Ihr Brief', sagte Oberst Dallferes. ‚Dr. Hoegner, Sie sind hiermit zum Amtierenden Ministerpräsidenten von Bayern ernannt. Hier ist Ihr Brief'." Mit Wilhelm Hoegner kam ein bis dahin fast unbekannter Doktor der Volkswirtschaft als Wirtschaftsminister in das bayerische Kabinett: Ludwig Erhard. Er war 48 Jahre alt, rundlich, mit zierlichen Gliedmaßen, ein Mann, der von Förmlichkeit nicht allzuviel hielt und der deshalb sagte: „Mir liegt nun einmal die amerikanische Art."

Eine Woche später als Schäffer erhielt auch der Oberbürgermeister von Köln ein Schreiben der britischen Militärregierung, in dessen Punkt 1 es hieß: „Ich bin nicht zufrieden mit dem Fortschritt, der in Köln im Zusammenhang mit der Instandsetzung von Gebäuden, der Straßenreinigung und der allgemeinen Aufgabe der Vorbereitung für den kommenden Winter erzielt worden ist", in Punkt 5: „Sie werden daher heute aus Ihrem Amt als Oberbürgermeister von Köln entlassen." Und in Punkt 6: „Sie werden Köln so bald wie möglich verlassen, in keinem Fall nach dem 14. Oktober." Adenauer führt seine Absetzung in seinen Memoiren auf Machenschaften seiner alten sozialdemokratischen Widersacher zurück. Jedenfalls hatte er damit wieder Zeit, über seinen Weg, den Weg seiner Partei, den Weg Deutschlands nachzudenken.

Im Gegensatz zu den zentralistischen Maßnahmen in der sowjetischen Zone huldigten die Besatzungsmächte einer geradezu pedantisch föderalistischen Auffassung. Welchen teilweise grotesken Einschränkungen die Parteiarbeit ausgesetzt war, berichtet Wilhelm Hoegner: „Der Druck durfte nur von einem ‚registrierten' Drucker ausgeführt werden, vor der Verbreitung von Flugblättern und Plakaten mußten drei Stück bei der örtlichen Militärregierung abgeliefert werden. Die Zahl der vor einer politischen Partei monatlich verteilten Flugblätter und Handzettel durfte nicht mehr als zehn Prozent, der Plakate nicht mehr als ein Prozent der Bevölkerungszahl im Zulassungsbereich der betreffenden Partei betragen. Handzettel und Flugblätter durften nicht größer sein als 15,25 zu 21,5 cm, Plakate nicht größer als 61 zu 43 cm." Und dennoch: Schon bevor in der amerikanischen Zone Ende August 1945 die Gründung von Parteien auf Kreisebene gestattet worden war — in der französischen Zone wurden bis zum Frühjahr 1946 keine Parteien zugelassen —, versuchten deutsche Politiker in kleinsten Gruppierungen den Neuanfang.

## Der Neubeginn und die Parteien

| | |
|---|---|
| *27. August 1945:* | *Deutsche Parteien in der amerikanischen Zone auf Kreisebene zugelassen.* |
| *15. Sept. 1945:* | *Deutsche Parteien in der englischen Zone zugelassen.* |
| *5. Oktober 1945:* | *Erste „Reichskonferenz" der SPD in Wennigsen bei Hannover.* |
| *Jan./Febr. 1946:* | *Zusammenschluß der Christlichen Demokraten der britischen Zone.* |
| *31. März 1946:* | *Die SPD in West-Berlin stimmt gegen die Verschmelzung mit der KPD.* |
| *21./22. April 1946:* | *KPD und SPD werden in der Sowjetzone und Ost-Berlin zur Sozialistischen Einheitspartei (SED) vereinigt.* |
| *12. Mai 1946:* | *Parteitag der SPD in Hannover. Kurt Schumacher Parteivorsitzender.* |

Die Frühgeschichte der deutschen Parteien nach 1945 ist noch immer in ein diffuses Halbdunkel gehüllt. Niemand wußte vom anderen, Zeitungen gab es nicht, Reisen über längere Strecken waren fast unmöglich. Und doch entstanden, als habe der Samen seit langem in der Erde gelegen, überall Gruppen, die es mit einer bürgerlichen Sammlungspartei auf christlicher Grundlage versuchen wollten. Am 17. Juni trafen sich in Köln achtzehn Politiker, die früher dem Zentrum, einer im wesentlichen katholischen Partei, angehört hatten. Sie wollten eine christliche Partei neu gründen, die sich nicht mehr auf die Angehörigen katholischer Konfession beschränkte. Wenig später trafen sich die Teilnehmer des Gesprächs im Kloster Walberberg bei Köln.

Sie verstießen damit gegen die Vorschriften der Militärregierung, denn die ließen es eigentlich nicht zu, daß mehr als sechs Personen über politische Themen diskutierten.

Die Patres des Klosters, die die Werke des Thomas von Aquin herausgaben, übten einen starken Einfluß aus. Sie versuchten, den sozialen und den katholischen Gedanken miteinander zu verbinden. Deshalb schlugen sie als den Namen der neu zu gründenden Partei „Christlich-Sozialistische Gemeinschaft“ vor. Dr. Adenauer war von den Gesprächen unterrichtet, wenn er sich auch erst nach seiner Entlassung durch die Engländer — und obwohl ihm politische Betätigung verboten wurde — mit ganzer Kraft dem Aufbau der Partei widmen konnte. Zunächst stand der ehemalige Bibliotheksdirektor Dr. Leo Schwering als erster Vorsitzender der rheinischen CDU an führender Stelle. Adenauer wurde 1946 zu Schwerings Nachfolger gewählt.

Der „Brückenschlag“ über die Konfessionen hinweg war die neue Idee der christlich bestimmten Politiker. Sie fürchteten, bei allzu starker konfessioneller Abgrenzung wieder, wie das alte Zentrum, in ein „Ghetto“ zu geraten. Zweifellos begünstigten Reue- und Schuldkomplexe vieler Deutscher im Anfang die Entwicklung der Neugründung. Die Kölner Initiatoren, deren „Leitsätze“ die Partei stark beeinflußten, kamen nach den Erörterungen, das „Zentrum“ neu zu beleben, zu dem Ergebnis: „Der Versuch, an dieser Stelle wieder anzuknüpfen, als ob nichts geschehen wäre, erschien unmöglich. Längst war die konfessionelle Basis, welche die Partei vornehmlich speiste, zu schmal geworden . . . “

Auch andernorts entstanden Gruppen, die sich ähnliche Gedanken machten. Von Berlin gingen gesamtdeutsche Impulse aus. (Näheres wird in Band 104 „Die politischen Parteien“ dieser Taschenbuchreihe berichtet.)

Bis zum 22. Juni, als der Gründungsaufruf der CDU — der Christlich-Demokratischen Union — im Bereich der Sowjetzone herauskam, rauften sie sich zusammen. Hier wie überall ließen sich drei Grundrichtungen unterscheiden: Die einen wollten eine „Partei der Arbeit“ — eingeschlossen die Sozialdemokraten, doch ausgeschlossen die Kommunisten —, die anderen forderten eine demokratische Sammelpartei, die alle politischen Gruppen rechts von der SPD aufnehmen sollte, eine dritte Richtung zielte auf die Sammlung aller christlichen Kreise. Die dritte Gruppe behielt schließlich die Oberhand, denn es ergab sich weder eine Einigung mit den Sozialdemokraten noch mit den liberalen Kräften. Das eine wäre Voraussetzung für die zweite, das andere Voraussetzung für die erste Gruppe gewesen.

Die christliche Sammelpartei wurde nur gegen den Widerstand so manchen alten Zentrumsanhängers möglich. Auch auf den Namen konnte man sich nicht sofort einigen. Der Name „Christlich Demokratische Union" ist in Berlin zwischen dem 16. und 22. Juni aufgetaucht. Die evangelischen Mitglieder hatten von Anfang an Bedenken gegen das Wort „christlich" im Parteinamen. Im Westen wandte man sich gegen das Wort „demokratisch", da es an die Liberalen erinnerte. Die Kölner nannten sich vorerst „Christliche Demokraten Deutschlands", der Kreis um Schlange-Schöningen hatte sich einmal „Christlich-Demokratische Aufbau-Partei" genannt, später hatte man sich für „Demokratische Union" entschieden. In Bayern gingen fünfzehn „christliche" Kreisparteien mit acht verschiedenen Namen später in der CSU auf.

Andreas Hermes soll es gewesen sein, der den Namen „CDU" gefunden hat und das neugeborene Kind mit einigen Tassen Tee zusammen mit seinen besten Freunden begoß. Die Berliner Gründung verstand sich als „Reichsgründung". Sie schickte sofort Kuriere nach dem Westen, unter ihnen Dr. Otto Lenz, später einer der engsten Mitarbeiter des Bundeskanzlers Adenauer. Als er jedoch nach Westfalen kam, wurde ein Führungsanspruch der „Berliner" sogleich zurückgewiesen.

Im Januar und Februar 1946 erfolgte der Zusammenschluß der Christlichen Demokraten der Britischen Zone in Herford und Neheim-Hüsten. Adenauer trat in den Vordergrund. Er tat es mit dem Selbstbewußtsein, das ihn auch später auszeichnete. Eigentlich war von den Norddeutschen Dr. Schlange-Schöningen als Vorsitzender vorgesehen gewesen. Was dann geschah, erzählt ein Teilnehmer wie folgt: „Wir standen plaudernd im Saal des alten Rathauses. Dr. Holzapfel (später Botschafter in Bern), der die Tagung einberufen hatte, war schon da, aber die Sitzung hatte noch nicht begonnen. Der Stuhl des Versammlungsleiters stand noch leer. Plötzlich erschien Dr. Adenauer auf dem Podium, setzte sich auf den Stuhl und sagte: ‚Ich bin 1876 geboren, also wohl der Älteste hier. Wenn niemand widerspricht, darf ich mich als Alterspräsident betrachten'. Alles schwieg verblüfft. Am Ende der Tagung wurde Adenauer zum Vorsitzenden gewählt."

Der damals 70jährige hatte damit einen Vorsprung erzielt, der von keinem seiner Konkurrenten wieder eingeholt wurde. Weder in der amerikanischen noch in der französischen Zone fanden sich Zusammenschlüsse, die einen einzigen Mann an die Spitze stellen konnten. Dr. Hans Schlange-Schöningen — er hatte zu Beginn wohl die größten Chancen, neben Adenauer zu bestehen — arbeitete wenig später in der Zentralverwaltung der britischen Zone, dann in der Zwei-Zonen-Verwaltung als Ernährungsdirektor. Er schied aus dem Parteileben aus und wurde 1950 Generalkonsul, dann 1953—1955 erster deutscher Botschafter in London nach dem Zweiten Weltkrieg.

Adenauer gehörte zwar dem Landtag von Nordrhein-Westfalen — als Oppositionsführer! — an, aber er drängte sich nicht danach, in den Wirtschaftsrat nach Frankfurt gewählt zu werden. Sein Gewicht hinter der Kulisse war aber schon stark. Adenauer hat sich seitdem im Stil seiner Reden nicht verändert. Könnten diese Sätze, die er im Jahre 1947 in Recklinghausen sprach, nicht aus seinen letzten Amtsjahren stammen? „Wenn ich nun die augenblickliche Lage der SPD, ihr augenblickliches Gesicht zeichnen soll, so muß ich sagen, daß mir das nicht möglich ist . . . Ihr Gesicht ist zur Zeit in ein Halbdunkel gehüllt, so daß ihre Züge kaum erkennbar sind . . . Hat man den Marxismus und den Klassenkampfgedanken aufgegeben oder nicht? Man weiß es nicht."

## Exkurs: Konrad Adenauer

Der im Jahre 1876 geborene Dr. Konrad Adenauer war zweifellos die überragende Erscheinung unter den deutschen

Politikern der Nachkriegszeit. Er galt, solange er regierte, als der „starke Mann“ im Nachkriegsdeutschland. Daß seine Politik nicht unbestritten ist, mindert nicht seine Leistung. Ernstzunehmende Stimmen sahen bisweilen in ihm eine Gefahr, weil er die Politik der Bundesrepublik weit über zehn Jahre lang beherrschte, wodurch das Kräftespiel der Machtverteilung zwischen Parlament und Regierung zeitweilig aus dem Gleichgewicht zu kommen schien. Seine „einsamen Entschlüsse“ sind von der Opposition getadelt worden. Doch nicht nur Theodor Eschenburg hat dazu erklärt: „Gleichgültig, ob der Bundeskanzler die Richtlinien selbst bestimmt oder sie von anderen übernimmt, ob er sich dem Mehrheitsbeschluß des Kabinetts fügt oder diesen umstößt: immer trägt er allein die Verantwortung. Wird der Kanzler überstimmt, so muß er sich, symbolisch ausgedrückt, aus der Kabinettssitzung in sein Arbeitszimmer zurückziehen und noch einmal die Entscheidung für sich fällen, die dann die endgültige ist. ‚Einsame Entschlüsse‘ sind also nicht nur aus der Eigenheit Adenauers zu klären, sondern werden durch den Artikel 65 des Grundgesetzes geradezu verlangt: ... Schon aus der Alleinverantwortlichkeit des Bundeskanzlers vor dem Parlament ergibt sich die Berechtigung zu den ‚einsamen Entschlüssen‘.“ Negative Erscheinungen sind dagegen die bisweilen mangelnde Verantwortungsfreude der Minister und ein gefährlich werdender Bedeutungsabfall des Parlaments.

Ein anderer Vorwurf, der Dr. Adenauer bald gemacht worden ist, war der, allzu einseitig auf die westliche Karte gesetzt und dadurch Chancen für die Wiedervereinigung verspielt zu haben. Sein Blick war wohl immer herzlicher nach Westen als nach dem Osten gerichtet. Während des Ruhrkampfes war gegen ihn der Vorwurf laut geworden, er sei ein „Separatist“, der das Rheinland als unabhängigen Staat etablieren wolle. Auch in seiner „Autorisierten Biographie“ ist zu lesen, es sei eine seiner Grundideen gewesen, „im Gesamtverband des Reiches einen großen westdeutschen Staat zu schaffen“. Allerdings nicht, um abzutrennen, sondern „im Gegenteil: (als) eine entscheidende Maßnahme zur Erhaltung der Reichseinheit und zur Verhinderung von Gebietsabtrennungen“.

Die Behauptung, daß er mit der Einheit des Reiches nichts anzufangen wisse, ist zumindest unbewiesen. Maßgebender Grund für den Aufstieg Adenauers in der Partei wie im Staat war neben seinem ausgesprochen taktischen Geschick eine Eigenschaft, die der sonst Adenauer gegenüber sehr kritisch eingestellte Publizist Paul Sethe so beschreibt: „Namentlich in der Außenpolitik verkörperte er starke und mächtige Wünsche der Westdeutschen: Anlehnung an den Westen, Bewunderung für die Macht und die Ideale der Vereinigten Staaten, tiefes Mißtrauen gegenüber den Sowjets. Wenn Konrad Adenauer sich nicht bereit gefunden hätte, die Politik der Bundesrepublik aus solchen Grundempfindungen heraus zu betreiben, so hätte es ein anderer getan ... Ruhm, Verdienst oder schwere Verantwortung für alles, was seit 1949 geschehen ist, trägt nicht ein einzelner, sondern das Volk, insbesondere seine regierende Schicht, das westdeutsche Großbürgertum."

Dr. Adenauer hatte eine gradlinige Karriere in der Kommunalpolitik hinter sich, als ihn, den Zentrumsmann, das Aufkommen des Nationalsozialismus mattsetzte. Seit dem Jahre 1917 hatte er sich als Oberbürgermeister der Stadt Köln durch seine großzügigen Planungen und die geschickte Behandlung des Stadtparlaments einen Namen geschaffen. Das Jahr 1926 machte ihn als einen der Zentrumskandidaten für den Posten des Reichskanzlers bekannt. Sofort nach 1933 war er entlassen worden.

Nach seiner Entlassung als Oberbürgermeister im Jahre 1945 durch die Briten baute er seine Position in der Partei aus. Es kam ihm — wie schon angedeutet — zustatten, daß die CDU-Parteiorganisation der britischen Zone die einzige einheitliche Zonen-Organisation neben der Sowjetzone besaß. In der französischen Zone war der Zusammenschluß verboten worden, in der amerikanischen Zone konnte die konservative CSU Bayerns mit der stärker links gerichteten hessischen CDU nicht zu Rande kommen. Die Menschenzusammenballung im Ruhrgebiet stärkte weiter die Stellung des Vorsitzenden der britischen Zone.

Bevor Dr. Adenauer in das Rampenlicht der Bundespolitik trat hatte er also schon eine erhebliche Hausmacht hinter sich. Er wurde Anfang 1946 Vorsitzender im Rheinland, wenig später Vorsitzender in der britischen Zone, dann Fraktionsvorsitzender im Zonenbeirat und schließlich Fraktionsvorsitzender im Landtag von Nordrhein-Westfalen. Der Parlamentarische Rat hat ihn ebenfalls zu seinem Vorsitzenden gewählt.

Adenauers Politik beruhte von vornherein auf wenigen, seit langem feststehenden Grundsätzen. Er war, selbst ein überzeugter Katholik, ein Befürworter der christlichen „Union". Schon im Jahre 1922 hatte er auf dem Deutschen Katholikentag in München erklärt: „Von diesem Platz rufe ich mit der ganzen Autorität, die mir dieser Platz verleiht: ‚Wir müssen bei den Nichtkatholiken Bundesgenossen gewinnen, mit den Bestrebungen Gleichgesinnter im evangelischen Lager Hand in Hand gehen'." Ein militanter Antikommunismus ist früh erkennbar, etwa in dem Brief, den er im August 1945 an seinen Münchner Kollegen Scharnagl schrieb, in dem er meinte, man solle sich bei allen Überlegungen vergegenwärtigen, „daß allein diese geplante Zusammenfassung aller auf christlicher und demokratischer Grundlage stehenden Kräfte uns vor den aus dem Osten drohenden Gefahren schützen kann". Schon nach dem Ersten Weltkrieg hatte er die Sieger, welche die Blokade über den Waffenstillstand hinaus fortsetzen wollten, gewarnt: „Wenn der Bolschewismus uns ergreift, wird er nicht viel Zeit brauchen, um bei Ihnen einzudringen. Indem Sie uns vor ihm schützen, schützen sie sich selbst davor." Diese Komponente seines Wesens wird auch in seinen „Erinnerungen" besonders prägnant für die Zeit nach 1945 herausgearbeitet.

Der Ausgleich mit Frankreich war für ihn ein Herzensanliegen. Das spätere Treffen mit dem General de Gaulle in Colombey-les-deux-Eglises wurde zu einer der großen Stunden seiner Politik. Doch bevor es dazu kommen konnte, gehörte es zu seinen Grundsätzen, daß sich der Wiederaufbau Deutschlands nur im Einvernehmen mit den Besatzungsmächten vollziehen könne. Es war die Politik der „Vorleistungen", die ihn neben den Fragen der zuerst vorherrschenden Wirtschafts- und Sozialpolitik von dem sozialdemokratischen Vorsitzenden Dr. Schumacher trennte.

Die Berechnungen Adenauers haben sich — soweit sie

nicht seine Wiedervereinigungspolitik betreffen — als richtig erwiesen. Seine Überzeugung war es, daß die Entwicklung über kurz oder lang den Deutschen zuerkennen werde, für was sie noch Monate zuvor vergeblich gekämpft hatten. Nicht das „Vertrauen" der Alliierten hat ihnen vor allem dabei geholfen, sondern die Macht der Umstände, für die der erste, zweite und dritte Bundeskanzler zweifellos einen Spürsinn besaß. 1967 ist er gestorben.

## Exkurs: Kurt Schumacher und die SPD

Von den Schwierigkeiten, die einer neuen Gruppierung wie der CDU/CSU drohten, wurde die zweite große Partei, die Sozialdemokratische Partei Deutschlands (SPD), weniger betroffen. Der einstmals große Mitgliedsstamm sammelte sich schnell wieder. Die Partei hatte das Vertrauen der Anhänger nicht verloren. Zwar waren sie enttäuscht worden durch den Zusammenbruch der Republik im Jahre 1933, aber ihre Partei war es gewesen, die allein dem „Ermächtigungsgesetz", mit dem Hitler seine totalitären Maßnahmen deckte, ihre Zustimmung verweigert hatte. Viele der alten Sozialdemokraten sahen ein, daß neue Wege gefunden werden mußten, um dem werdenden politischen Leben ein Gesicht zu geben, das sich den Veränderungen anpaßte. Doch war für sie kein Grund vorhanden, den alten Rahmen der Partei zu verlassen.

Nur kurze Zeit erwies sich bei der SPD der Führungsanspruch als ein Problem. Die Berliner Gruppe mit Otto Grotewohl, dem späteren Ministerpräsidenten der Sowjetzone, und Max Fechner suchte Gehör über ihre Zone hinaus; der sozialdemokratische Exilvorstand in London mit Erich Ollenhauer fühlte sich seit 1933 als Mandatsträger der Partei, und von Hannover aus hatte der frühere Reichstagsabgeordnete Dr. Kurt Schumacher, vor 1933 einer der auf Lockerung der Partei sinnenden Jüngeren, zielstrebig mit dem Aufbau einer Parteiorganisation begonnen.

Schumacher galt in den ersten Nachkriegsjahren — vor allem im Ausland — als der erste Mann des (vielleicht) kommenden Deutschland. Er war ein Mann, der zehn Jahre in nationalsozialistischen Konzentrationslagern gesessen hatte. Im Jahre 1943 war er nach einer schweren Netzhautoperation, ausgehungert und physisch fast zerstört, aus dem KZ entlassen worden. Seine Schwester nahm ihn in Hannover auf, dort arbeitete er als Buchhalter. Doch zugleich bildete er die ersten Zellen der neu zu gründenden SPD. Schon am 19. April 1945 — zehn Tage nachdem die Amerikaner Hannover besetzt hatten — traf er sich mit sozialdemokratischen Funktionären, und Ende April wurde die erste Konferenz in der Fröbelschule in Hannover abgehalten. Zuerst fuhr er mit einem abgerackerten Fahrrad von Konferenz zu Konferenz. Dann hatte er das Glück, aus einem von den Briten verwalteten Fahrzeugdepot einen Kraftwagen zu erhalten. (Gleichen Organisationskünsten verdankten es Konrad Adenauer, der einen Wagen seines Schwagers, der Oberstadtdirektor in Köln war, zur Verfügung hatte, und Dr. Schlange-Schöningen, der davon profitierte, daß eine noch nicht demobilisierte deutsche Feldjägereinheit in Ostholstein residierte, daß sie ein wenig früher beweglich waren als die anderen Politiker.)

Schumacher gehörte zu den wenigen führenden Sozialdemokraten aus der Weimarer Zeit, die im Lande geblieben waren. In London hatte — wie gesagt — der Exil-Vorstand der SPD residiert. Als am 5. Oktober 1945 die erste Reichskonferenz der SPD in Wennigsen bei Hannover eröffnet wurde, da erschienen, mit einem Visum der englischen Militärregierung ausgestattet, auch Erich Ollenhauer, Erich Schoettle und Fritz Heine. Es erschien ebenfalls Otto Grotewohl, der Leiter der Berliner SPD. Kurt Schumacher war alarmiert: Er kannte die Bestrebungen der sowjetischen Militärregierung, eine sozialistische Einheitspartei aus SPD und KPD zu bilden. In Wennigsen drängte Schumacher darauf, daß die SPD in der sowjetischen Zone aufgelöst würde, wenn dem Druck der Sowjets nicht mehr widerstanden werden könnte. Grotewohl versprach es, doch wenig später näherte er sich der KPD aufs neue. Am 19. Februar 1946 fuhr Schumacher als erster Politiker von Westdeutschland nach Berlin. Er fuhr zum ersten- und letztenmal in die sowjetische Besatzungszone zum SPD-Zentralbüro Grotewohls in der Behrenstraße.

Noch einmal beschwor er Grotewohl, doch der sagte nur „zu spät". Am 21. April besiegelten Otto Grotewohl und Wilhelm Pieck die Verschmelzung ihrer Parteien unter den Klängen der Fidelio-Ouvertüre auf der Bühne des Admiralspalastes in Berlin.

Die Abstimmungen in den westlichen Sektoren Berlins hatten große Mehrheiten für eine selbständige SPD ergeben. Am 7. April 1946 hatte die Berliner SPD eine Versammlung einberufen, die von den Grotewohl-Leuten verächtlich als „Zehlendorf-Waldclub" abgetan wurde. Hier trennte man sich vom Zentralausschuß der Zone, damit war Grotewohl und Fechner der Einfluß auf die SPD der Berliner Westsektoren entzogen. Schon am 13. Oktober 1945 hatte Schumacher in Hannover gesagt: „Eine Einheitspartei ist nicht möglich ... Die Trennungslinie ist dadurch gezogen, daß die Kommunisten fest an eine einzige der großen Siegermächte und damit an Rußland als Staat und an seine außenpolitischen Ziele gebunden sind." Seine klare und kompromißlose Vorstellung vom Wesen des Kommunismus befähigte ihn zu seiner geschichtlichen Leistung: Er bewahrte die Unabhängigkeit der SPD. Seine Entscheidung prägte das innenpolitische Bild der Folgezeit; sein Temperament machte die kommenden Auseinandersetzungen so bitter. Von diesem Mann schrieb ein englischer Journalist: „Wenn ein Filmregisseur das Leid illustrieren wollte, könnte er es nicht anschaulicher darstellen, als in der Person Schumachers, der neuen Schichten den Weg in die SPD gewiesen hat."

Im Mai 1946 wurde der erste Parteitag der SPD in Hannover abgehalten. Man lebte von Wassersuppe und einer Büchse Wurst. Der Londoner Exilvorstand anerkannte hier endgültig den Führungsanspruch Schumachers — er wurde einstimmig zum Vorsitzenden gewählt. Und auch hier versuchte er, die Partei aus der dogmatischen Enge herauszuführen: „Eine solche Partei muß viele Meinungen für viele Arten von Menschen kennen. Unverzichtbar ist für sie nur der Wille ihrer Mitglieder, Sozialist, Demokrat und Träger der Friedensidee zu sein. Darüber hinaus kann der Wert des Sozialdemokraten nicht durch das Motiv bestimmt werden, aus dem heraus er zur Partei gestoßen ist."

Kein Zweifel: Schumacher war in den ersten Nachkriegsjahren die Stimme Deutschlands. Schon im November 1946 konnte er auf Einladung der Labour Party nach England fahren, im Oktober 1947 war er schon in den Vereinigten Staaten, einen Monat später in Skandinavien. Den Namen Adenauer kannten zu dieser Zeit nicht einmal alle seine Parteifreunde.

Schon am 6. März 1946 waren die beiden Männer bei der Eröffnung des Zonenbeirates für die britische Zone zusammengekommen. Der damalige Oberpräsident der Provinz Hannover und spätere Ministerpräsident von Niedersachsen, Hinrich Kopf, suchte die Gelegenheit, die beiden Männer in näheren Kontakt zu bringen. Nach dem feierlichen Bankett im Sitzungssaal des Hamburger Rathauses saßen die beiden in einer Ecke des Saales zusammen. Schumacher begann das Gespräch. Adenauer hörte abwartend zu und bestätigte schließlich einige von dessen Ansichten. Da sagte Schumacher: „Unter diesen Umständen wäre ich wohl zu einer Zusammenarbeit bereit. Allerdings unter einer Voraussetzung: Sie und Ihre junge Partei, Herr Adenauer, müssen den Führungsanspruch der SPD anerkennen ... Jeder objektive Beobachter muß zugeben, daß die SPD die größte und zukunftsreichste Partei ist." Adenauer erwiderte eisig: „Ich persönlich bin anderer Ansicht. Ich glaube nicht, daß die SPD die größte Partei sein wird. Die Entscheidung darüber sollte man den kommenden Wahlen überlassen."

Es ging um die Macht, um die alleinige Macht für Kurt Schumacher, der die Zeit reif hielt, Demokratie und Sozialismus zu vereinen. In einer späteren Rede vom Jahre 1950 heißt es ganz klar: „Ich sage ganz eindeutig: das Ziel einer politischen demokratischen Massenpartei ist die Eroberung der Staatsgewalt ... Eine Partei, die aus den Interessen der Massen, die sie vertritt, und aus ihrer eigenen Idee, wenn sie ihr nicht untreu werden will, immer wieder den Versuch macht, die Welt zu verändern und sie nicht bloß alle Tage mit einigen anderen Redensarten anders zu interpretieren, kann in eine Regierungsfunktion in einem neu aufkommenden Staatswesen nur eintreten als stärkste und am meisten maßgebende Partei." Er kannte das Ziel, aber die Mittel, die er wählte, fanden nicht den Beifall der Mehrheit der Wähler.

Der 1895 geborene Dr. Kurt Schumacher, kriegsversehrt, asketisch, mit den von Krankheit gezeichneten Zügen des Intellektuellen, hatte zehn Jahre lang geistig ungebrochen die Torturen der nationalsozialistischen Konzentrationslager ausgehalten. Nach 1945 war er der Motor und die Zugkraft, die viele Männer der Intelligenz in die Partei brachte. „An ihn dachten die Menschen, wenn sie von der SPD sprachen. Dennoch war sein Wort nicht das eines Partei-Diktators; es war vielmehr die Überzeugungskraft seines Intellekts, die ihm und seiner Partei die Autorität in weiten Volkskreisen, vor allem auch in der Jugend, verschaffte." (Klaus Schütz.) Den Marxismus deutete er für sich als die wesentliche Methode zur Erkenntnis der Wahrheit. Deshalb war er für ihn nichts Überaltertes. Aus dieser Anschauung heraus ist die Partei für ihn immer ein Kampfverband geblieben. Die Öffnung zur Mitte, zum Mittelstand hin, hat er stets verfolgt, ohne auch nur ein Jota von seiner klassenkämpferischen Überzeugung zu streichen. Doch er sagte auch: „Ich gebe jedem Sozialdemokraten gerne das Recht, aus anderen Motiven und mit anderen Argumentationen vom Philosophischen über das Ethische her seinen Sozialdemokratismus zu begründen."

Dr. Kurt Schumacher war der Mann der treffenden, der ätzenden und verletzenden Formulierungen. Er sagte später einmal: „Die Erhebung des Begriffs Föderalismus zu einem Fetisch mit prähistorischem Inhalt ist ein kostspieliger Luxus und ein gefährlicher Umweg für ganz Europa." Er meinte schon im Jahre 1949: „Es bekommt Europa nicht gut, wenn man, um de Gaulle zu vermeiden, seine Außenpolitik durchführt." Er nannte Professor Erhard den „pausbäckigen Agitator fremder Erfolge, der mit außerordentlicher Sparsamkeit an Geist und Wahrheit den Versuch macht, sich mit fremden Federn zu schmücken". Sein Verhältnis zu den Kirchen formulierte er so: „Wir wollen den Frieden und die Zusammenarbeit mit allen kirchlichen Institutionen. Aber wir denken nicht daran, das deutsche Volk einer fünften Besatzungsmacht zu unterwerfen."

„Unabhängig" war ein Kennwort seines Wesens. Auch

nationale Unabhängigkeit meinte er damit. Damit arbeitete er im Parteileben, damit arbeitete er auch in der Außenpolitik. Ihr maß er — im Gegensatz zu den sozialdemokratischen Politikern der Weimarer Zeit — eine lebensentscheidende Bedeutung zu. Auch das war neu. Er hatte nicht vergessen, daß die Sozialdemokraten der damaligen Zeit mit dem Makel der „Erfüllungspolitik“ behaftet waren. Jetzt hatten sich die Fronten verkehrt: Der Arbeiterführer gebrauchte eine nationale, auf das deutsche Selbstvertrauen zielende Argumentation, um sich gegen die außenpolitische — auf europäische Integrierung gerichtete — Konzeption der Bundesregierung zu wenden; der Bundeskanzler hingegen, Exponent des einstmals nationalen Bürgertums, plädierte für die Aufgabe nationaler Souveränitätsrechte um einer europäischen Versöhnung willen.

Allerdings hat sich Schumacher in dieser Voraussetzung seiner Politik geirrt. Was in der Weimarer Zeit bedrohend für die Demokratie war: die Erinnerung an verlorene nationale Größe, wurde — wenigstens zu seiner Lebenszeit — von der Mehrheit des Volkes nicht mehr als zeitgemäß empfunden. Da auch die andere Voraussetzung der Agitation gegen die führende Regierungspartei, der Mißerfolg der „Sozialen Marktwirtschaft“, sich nicht einstellte, war bei dem Führer der Sozialdemokraten in den letzten Jahren seines Lebens, das im Jahre 1952 endete, eine wachsende Enttäuschung und Verbitterung zu bemerken. Es bleibt sein unvergängliches Verdienst, die deutsche Arbeiterschaft immunisiert zu haben gegen nebelhafte Parolen, mit denen man den „Brückenschlag“ zwischen SPD und KPD für möglich hielt. Der Rechtsstaat war ihm unverkäuflich. Deshalb haben ihm die Herausgeber seiner Schriften nicht zu Unrecht den Titel „Turmwächter der Demokratie“ verliehen.

Neben der Neugründung der CDU und der Traditionspartei der SPD hielten sich auf die Dauer keine anderen großen Parteien. Die Kommunistische Partei, die 1933 noch fast fünf Millionen Stimmen gewinnen konnte, hat bei allen freien Wahlen in Deutschland — obwohl oft pseudonationale Schlagworte verwendend — erhebliche Niederlagen erlitten. Noch vor ihrem Verbot im Jahre 1956 sank sie zur Bedeutungslosigkeit herab; es war eine Bedeutungslosigkeit, die — unter gewandelten Vorzeichen — auch die DKP der Siebziger Jahre nicht aufzuheben vermochte. Neben den beiden großen demokratischen Parteien setzte sich in der Folgezeit die Honoratiorenpartei der Liberalen durch, die zuerst als FDP, LDP oder FVP firmierte, sich später unter dem Namen „Freie Demokratische Partei" sammelte. In den Anfangsjahren hatte sie einen Einfluß, der über ihre zahlenmäßige Vertretung hinausging, später ist die vom Übel aller liberalen Parteien in Deutschland, der Spaltung, bedroht worden. Sie hatte darunter zu leiden, daß sich in ihr Kräfte versammelten, die als Sozial-Liberale und als National-Liberale nach alter Tradition nur mühsam zu einer Verständigung kamen. Als „Dritte Kraft" hat sie sich nach einer Zeit der Opposition auf ihre bürgerlichen Traditionen besonnen, als Hüterin des Rechtsstaates hat sie sich Verdienste erworben. Besonders ausgeprägt war bei ihr stets das Wiedervereinigungsverlangen. Als eine Partei ausgeprägter Individualitäten war sie bisher für jeden Koalitionspartner unbequem. Das gilt auch für die Zeit nach 1969, als sich die sozialliberale Koalition zwischen SPD und FDP bildete. Obwohl sie sich damit einen neuen Wählerstamm eroberte, bemerkte die FDP nach kurzer Zeit, daß sie wohl die emanzipatorischen nicht jedoch die sozialistischen Vorstellungen einer SPD zu teilen vermochte, die seit den siebziger Jahren wieder nach links zu wandern begann. Die „neue" Ost- und Deutschlandpolitik bildeten in dieser Koalition das einigende Band.

Die „Deutsche Partei" blieb als alte „Welfenpartei" vornehmlich auf den Nordwesten Deutschlands beschränkt, der „Bund der Heimatvertriebenen und Entrechteten" (BHE) entstand als eine Sammlungspartei der Flüchtlinge. Als solche war sie lange Jahre vor allem Interessengruppe. Beide Parteien sind im Prozeß einer Konzentration, der neben der CDU/CSU und der SPD nur die FDP widerstand, aufgesogen worden*).

Die ersten Regierungen in den Ländern wurden — wie

*) Zur Struktur der Parteien siehe: Olzog/Herzig, „Die politischen Parteien", in dieser Reihe „Geschichte und Staat", Bd. 104.

erwähnt — von der Militärverwaltung ohne demokratische Legitimation gebildet. Die demokratische Bildung der Länder erfolgte in der amerikanischen Zone um die Mitte des Jahres 1946. Die ersten Landtage wurden ebenfalls durch die Militärregierungen eingesetzt. In den Jahren 1946 und 1947 folgten die Wahlen zu den verfassunggebenden Versammlungen, später zu den Landtagen, so daß die neugebildeten Länder den Charakter von Staaten bekamen. Sie übernahmen alle Aufgaben, die den Deutschen überlassen worden waren, auch solche, die dem früheren Deutschen Reich zugestanden hatten. Da das einheitliche Band fehlte — der Alliierte Kontrollrat, der sich am 30. August 1945 konstituiert hatte, wurde niemals zu der „Klammer“, als die er gedacht war — machte sich, auch abgesehen von den Maßnahmen in der Sowjetzone, die Gefahr eines Auseinanderlebens bald nachdrücklich bemerkbar.

Der Bericht über die tatsächliche Entwicklung kann in solch gedrängter Folge nicht mehr als ein Skelett sein. Er läßt die bewegenden Kräfte nur schwer erkennen, die hinter dem Geschehen stehen. Sie sind für die Nachkriegsgeschichte aber besonders wichtig; denn Deutschland blieb bis zum Jahre 1947 und später „außengesteuertes“ Objekt von Handlungen der Großmächte. Die Wirkung der Lähmung von Wirtschaft und Verkehr ist zu erwähnen, die Lähmung aber auch der politischen wie moralischen Kraft der Deutschen, die sich — vom bitteren Kampf um das tägliche Brot und gegen die lebensbedrohende Not verzehrt — mit wenigen Ausnahmen wie paralysiert zeigten. Nicht einmal die Liquidation der jüngsten Vergangenheit durch die Alliierten wurde mit sonderlicher Anteilnahme aufgenommen: Die „Hauptkriegsverbrecher“ wurden in den „Nürnberger Prozessen“ abgeurteilt, deren erster mit zwölf Todesurteilen am 1. Oktober 1946 endete.

## Wandlungen in Westdeutschland

Dennoch hatte sich die Atmosphäre um Deutschland langsam gewandelt. Das Vertrauen des Westens der Sowjetunion gegenüber war dem Mißtrauen gewichen, das

Mißtrauen forderte zu Sicherungen heraus. Der amerikanischen Politik des „Appeasement" — Beschwichtigung der Russen — folgte die Politik des „Containment" — Eindämmung der russischen Expansion. Deutschland merkte den Umschwung in den Jahren 1946 und 1947 noch kaum. Doch wurde es wertvoll als Faustpfand und Bastion. Das ungeteilte Recht der Sieger kam im einzigen wesentlichen Beschluß des Kontrollrats vom März 1946, dem „Ersten Industrieplan", der Auflage für die Nachkriegswirtschaft Deutschlands, zum Ausdruck. Er war ein Ausfluß des „Morgenthau-Geistes" und fand seinen Ausdruck in der Direktive JCS 1067*) vom April 1945, in der es hieß: „Deutschland wird nicht besetzt zum Ziele seiner Befreiung, sondern als besiegter Feindstaat."

Der Morgenthauplan war ein bescheidenes — niemals offizielles — Dokument, vier Schreibmaschinenseiten lang. Dennoch hat es das Denken der Alliierten in entscheidendem Maß beeinflußt. Immerhin existiert ein von Roosevelt und Churchill abgezeichneter Vermerk, in dem es heißt: „Dieses Programm, das im Hinblick auf die Ausschaltung der Kriegsindustrien der Ruhr und des Saargebiets aufgestellt wurde, hat die Umwandlung Deutschlands in ein Land zum Ziel, das in erster Linie den Charakter des Ackerbaus und der Weidewirtschaft trägt. Der Premierminister und der Präsident sind sich in diesem Programm einig."

Von den Gedankengängen des Morgenthauplanes ausgehend, hatte sich die erste Phase der Besatzungspolitik in Deutschland entwickelt. Ihr Instrument war der Alliierte Kontrollrat in Berlin. Hier arbeiteten, nachdem sich die erste Garnitur der Kriegsgenerale verbraucht hatte, die Oberbefehlshaber General Clay, Marschall Sokolowski, General König — von dem sein amerikanischer Kollege sagte: „König glaubte keineswegs, daß wir imstande wären, das deutsche Volk demokratisch zu machen" — und Sir Brian Robertson, „gepflegt, straff und fast bis zur Steifheit zurückhaltend". Von Clay ist aus der damaligen Zeit der Satz überliefert: „Die Deutschen lernen nur durch Leiden."

*) Direktive J (oint) C (hief of) S (taff) 1067.

Der Kontrollrat arbeitete in den Räumen, in denen bis zum Jahre 1945 Roland Freisler, der Präsident des Volksgerichtshofes, Bluturteile gefällt hatte. Sein Arbeitspensum im Jahre 1945 war beträchtlich — zum Beispiel löste er Preußen auf, beschlagnahmte den Besitz der IG-Farben, erließ ein Gesetz zur Überwachung wissenschaftlicher Forschung, verfügte die Aufhebung von Bestimmungen aus der Nazizeit, untersagte militärische Bauten, erlaubte die Wiedereröffnung von Museen, die Wiederherstellung der Konsumgenossenschaften und die Schaffung von Betriebsräten.

In allen wesentlichen Fragen der deutschen Wirtschaft aber kam er nicht weiter. Mit — wie gesagt — dieser einen Ausnahme: Man einigte sich im März 1946 auf den „Ersten Industrieplan". Während der Verhandlungen verbarg man bisweilen die Differenzen hinter Sprichworten. Wenn die Briten vor einem Beschluß möglichst vollständige Unterlagen haben wollten, so meinte Marschall Sokolowski, eigentlich sei nur ein kurzer Überblick notwendig. Er fügte hinzu: „Mit Butter kann man keinen Brei verderben." Er wollte damit sagen, ein genaues Maß sei nicht nötig. Robertson entgegnete: „Wer sein Pferd zu schnell über die Hürden treibt, fällt auf die Nase." Sokolowski wiederum: „Auf Russisch würde man sagen, wenn du langsam gehst, kommst du vom Wege ab." Wenn es um eine gemeinsame deutsche Eisenbahnverwaltung ging, erklärte der französische Vertreter: „Eisenbahnen stellen ein Kriegspotential dar, und ein Amt, das sich um ihren Betrieb kümmert, ist genauso gefährlich wie der deutsche Generalstab."

Dennoch: Eine Einigung über den ersten Industrieplan war zu erreichen, weil er den Gefühlen der Kriegszeit weitgehend Rechnung trug. Die deutsche Industrieproduktion sollte auf einem Niveau von 30 bis 35 Prozent der Produktion von 1938 gehalten werden. Wichtige Industrien fielen ganz aus. Es wurde nicht nur die Kriegsindustrie ausgemerzt, es wurden auch lebenswichtige Industrien verboten: seetüchtige Schiffe, die Herstellung von synthetischem Benzin, synthetischem Gummi, Ammoniak, schweren Traktoren und schweren Werkzeugmaschinen, Funksendeausrüstungen. Nicht mehr als 80 000 Autos, einschließlich Lastwagen und Schleppern, waren nach dem Industrieplan erlaubt und nicht mehr als 10 000 Motorräder. Motorräder über 250 ccm Hubraum waren überhaupt untersagt. Unbeschränkt war allein die Möbelfabrikation und die Holzverarbeitung, die Herstellung von Glas, von Keramik, Fahrrädern, die Herstellung von Motorrädern bis 60 ccm und von Pottasche.

Was sie mit ihren frühen Plänen angerichtet hatten, wurde den westlichen Alliierten ein Jahr später klar. Daher veröffentlichten sie am 26. August 1947, nachdem sich eine Einigung mit den Sowjets nicht erzielen ließ, einen zweiten „Industrieplan". Er galt nur noch für die amerikanische und britische Zone und sah wesentliche Erweiterungen in der Produktion vor. Nicht zuletzt war er auf einen Bericht des früheren amerikanischen Präsidenten Hoover zurückzuführen, der eine Reise im Auftrag Präsident Trumans gemacht hatte und am 18. März 1947 unter anderem schrieb: „Wir können zwar Deutschland wirtschaftlich in Ketten halten, aber dann halten wir Europa in Lumpen." Die Ketten wurden nicht abgenommen, aber ein wenig gelockert. Statt 40 000 Personenwagen durften 160 000, statt 38 000 Lastkraftwagen 61 500 produziert werden. Die Stahlkapazität wurde wesentlich erhöht — Kugellager, synthetische Erzeugung von Gummi, Benzin oder Ammoniak waren aber weiter verboten, ebenso wie die Produktion von Aluminium, Magnesium oder Vanadium. Demontiert werden sollten 496 Werke in der britischen, 196 in der amerikanischen Zone, dazu 336 nach den Plänen der Franzosen. 580 davon waren keine Rüstungsbetriebe, sondern Betriebe mit sogenannter „überschüssiger Kapazität". Darunter waren auch BMW München, MAN-Dieselmaschinen und das Großkraftwerk Mannheim.

Doch noch lange nicht konnten sich die amerikanische und die britische Zone selbst erhalten. Ludwig Erhard, der als Leiter der „Sonderstelle Geld und Kredit" des Zweizonenamtes in Frankfurt an der Wiederherstellung des Geldwertes arbeitete, hat von diesen Jahren später gesagt: „Es war die Zeit, in welcher man in Deutschland errechnete, daß auf jeden Deutschen nur alle fünf Jahre ein Teller komme, alle zwölf Jahre ein Paar Schuhe, nur alle fünfzig Jahre ein Anzug, daß nur jeder fünfte Säugling in eigenen Windeln liegen könnte und jeder dritte Deutsche die Chance hätte, in einem eigenen Sarg beerdigt zu werden."

## Der Aufbau Westdeutschlands

Aber: Etwa zur gleichen Zeit, als der „Erste Industrieplan" angenommen worden war, prägte Churchill in einer Rede in Fulton (USA) den Begriff des „Eisernen Vorhangs", den Rußland über sein Machtgebiet habe niedergehenlassen. Wörtlich sagte er: „Von Stettin an der Ostsee bis nach Triest an der Adria hat sich ein eiserner Vorhang über den Kontinent gesenkt." Nach dem Stadium der Eroberung folgte für Rußland die Konsolidierung der Macht. Amerika, das nach dem endgültigen Sieg über Japan im August 1945 und im beruhigenden Besitz der Atombombe begonnen hatte, seine Streitkräfte „einzumotten", konnte den weltpolitischen Gegensatz vor sich selbst nicht mehr verschleiern.

Die Welt war ernüchtert. Auf der Pariser Viermächte-Konferenz von April bis Juli 1946 zeigten sich tiefgehende Differenzen zwischen den Alliierten, insbesondere über die Frage der Reparationen und die Verwaltung des Ruhrgebiets, für das die Sowjetunion das Mitspracherecht forderte. Sie wurden entscheidend für das Faktum der endgültigen Spaltung. Man versteht jetzt, warum Moskau sogleich nach Kriegsende auf die Zerstückelung Deutschlands unter den geschilderten Voraussetzungen verzichtet hatte. Mit seiner Forderung, an einer Viermächte-Kontrolle über das Ruhrgebiet beteiligt zu werden, hätte es im Herzen der westlichen Besatzungszone einen Ansatzpunkt erhalten, die vom Westen angestrebte freiheitliche Ordnung aus den Angeln zu heben.

Seine Haltung hat sich auch in den folgenden Viererkonferenzen des Jahres 1947 in Moskau und London nicht gewandelt. Dort vertrat es die Errichtung einer deutschen Zentralregierung, eine Forderung, welcher die Westmächte — insbesondere aber Frankreich — nicht bereit waren, nachzugeben. Diese Einstellung ist in der Nachkriegszeit öfters kritisiert worden, da sie die deutsche Einheit verhindert habe. Uns scheint, mit Unrecht. Ein Nachgeben zu dieser Zeit hätte, da der deutsche Wille noch nicht artikulierbar war, Folgen, die, im Gegensatz zu den späteren Jahren, als die Westorientierung des deutschen Volkes offenkundig geworden war, nicht mehr hätten gutgemacht werden können. Ganz abgesehen davon, daß eine solche Staatskonstruktion dem im Westen immer noch fortwirkenden Mißtrauen vor einem Aufleben des deutschen „Militarismus" entgegenstand.

Die amerikanische Haltung gründete sich vorwiegend auf wirtschaftliche Gesichtspunkte. Die USA befürchteten nach dem Raubbau der Sowjetunion in deren Zone, auch nach der Abtrennung der landwirtschaftlich wichtigen Gebiete östlich der Oder-Neiße-Linie, sie selbst könnten zu Leidtragenden werden, wenn sie Entnahmen aus der laufenden Produktion, wie sie die Sowjetunion für die Westzonen wünschten, zustimmten. Mitteldeutschland wurde damit allerdings zum alleinigen Leidtragenden der Ansprüche Moskaus.

Erstes Zeichen der Einsicht, daß sich seine Regierung in eine schwierige Position hineinzumanövrieren begann, war in Deutschland ein Befehl des amerikanischen Oberbefehlshabers General Clay. Er ordnete im Mai 1946 an, den Abtransport von Reparationsgütern aus den westlichen Zonen nach Rußland zu stoppen „bis zur endgültigen Zusicherung, daß die Vorschriften zur Behandlung Deutschlands als wirtschaftliche Einheit auch tatsächlich durchgeführt werden". Seine Wandlung während der Berührung mit der deutschen Wirklichkeit ist typisch für viele Amerikaner, die sich langsam vergewisserten, daß ihre Vorstellung über „die Deutschen" durch die Kriegspropaganda ziemlich einseitig geprägt worden war.

Den endgültigen Durchbruch zu einer neuen Deutschlandorientierung aber brachte die berühmt gewordene Rede des amerikanischen Außenministers Byrnes am 6. September 1946 in Stuttgart. In Hitlers Salonzug kamen auch die Senatoren Connally und Vandenberg, denen die Ministerpräsidenten der amerikanischen Zone vorgestellt wurden. Am gleichen Abend verkündete Byrnes die Absicht Amerikas, dem deutschen Volk die Verantwortung für seine eigenen Angelegenheiten zu übertragen. Einige seiner Sätze seien hier zitiert: „Wir haben wohl oder übel lernen müssen, daß wir alle in einer Welt leben und uns nicht isolieren können. Wir haben gelernt, daß Frieden und Wohlergehen in unserem Land nicht auf Kosten des Friedens und des Wohlergehens eines anderen Volkes erkauft werden können ... Es liegt weder im Interesse des deutschen Volkes noch im Interesse des Weltfriedens, daß Deutschland eine Schachfigur oder ein Teilnehmer in einem militärischen Wettbewerb zwischen dem Osten und dem Westen wird ... Die Vereinigten Staaten sind daher bereit, die in den Potsdamer Beschlüssen über die Entmilitarisierung und die Reparationen niedergelegten Grundsätze in vollem Umfang durchzuführen. Wenn Deutschland jedoch nicht in der in den Potsdamer Beschlüssen vorgesehenen und geforderten Weise als wirtschaftliche Einheit verwaltet wird, müßten an dem von der Alliierten Kontrollkommission genehmigten Industrieniveau Änderungen vorgenommen werden." Was bald darauf geschah.

Der folgende Streit um die Auslegung des Potsdamer Abkommens ist vor allem von staatsrechtlicher Bedeutung, dringt aber nicht zum Kern der Differenzen, der veränderten weltpolitischen Konstellation, vor. Die Rede von Byrnes war ein Startzeichen. Unter Hinweis auf die Bestimmung, daß Deutschland als wirtschaftliche Einheit behandelt werden solle, schlossen Amerika und England — nachdem die Sowjetunion wie Frankreich abgelehnt hatten — ihre Zonen mit Wirkung vom 1. Januar 1947 zur „Bi-Zone" zusammen.

Um der in Potsdam festgelegten Viermächte-Kontrolle zu genügen, machte man sich selbst das Leben schwer. Man dezentralisierte die zentralen Verwaltungen: Das Amt für Wirtschaft (unter Viktor Agartz) kam nach Minden, das Amt für Ernährung und Landwirtschaft nach Stuttgart, das Amt für Verkehr nach Bielefeld und die Ämter für Finanzen, Recht, Post und Telegraph nach Frankfurt. Die Schwierigkeiten folgten auf der Stelle: Die gewählten Landesregierungen ließen sich oft nur dann überzeugen, die Weisungen der Zweizonen-Ämter auszuführen, wenn die

Militärregierung eingriff. Um die Arbeiten stärker zu koordinieren, wurde am 29. Mai 1947 der Wirtschaftsrat in Frankfurt ins Leben gerufen, der aus 52 Vertretern der Länder-Parlamente der amerikanischen und britischen Zone bestand. Zum ersten Male war es deutschen Politikern gestattet, Gesetze zu erlassen, die über die Grenzen der Länder hinausreichten.

In einem behelfsmäßigen Sitzungssaal in der früheren Frankfurter Börse fand am 25. Juni 1947 die erste Sitzung statt. Am 9. Februar 1948 erließen dann General Clay und General Robertson die Proklamation Nr. 8: Der Wirtschaftsrat wurde auf 104 Mitglieder verstärkt. Und zum Parlament kam eine Regierung: Der Exekutivrat wurde umgestaltet. Er bestand aus einem Vorsitzenden — zu ihm wurde Dr. Pünder, der 1945 Adenauer als Oberbürgermeister von Köln abgelöst hatte, gewählt — und den Direktoren der fünf Hauptverwaltungen.

Sogleich begann die Parteipolitik zu spielen. Als am 24. Juli 1947 die fünf Direktoren — also Minister der Bi-Zonen-Verwaltung — gewählt wurden, da fiel zum ersten Male von seiten der SPD das Wort „Opposition". Besonders umstritten war das Amt des Wirtschaftsdirektors, denn die Befürworter strengen wirtschaftlichen Planens standen freiwirtschaftlichen Geistern gegenüber. Eine „Koalition" aus der CDU, der FDP und der „Wirtschaftlichen Aufbau-Vereinigung" des bayerischen Demagogen Loritz brachte den SPD-Kandidaten Kubel mit 27 zu 21 Stimmen zu Fall. Darauf zog die SPD auch ihre anderen Kandidaten zurück. Die erste „Regierung" wurde von der CDU/CSU gestellt. Wirtschaftsdirektor wurde Dr. Johannes Semler, ein CSU-Mitglied. Auch er war nicht vom Glück begünstigt. Es gehört wohl zum Schicksal fast eines jeden der Nachkriegspolitiker, einmal abgesetzt oder gestürzt worden zu sein. Semler stürzte über eine Rede, die er auf einer CSU-Versammlung gehalten hatte. Dabei sagte er: „Man hat den Mais geschickt und das Hühnerfutter, und wir zahlen es teuer. Wir zahlen es in Dollars und deutschen Exporten und sollen uns dafür auch noch bedanken." Semler war der Vorgänger Ludwig Erhards.

Moskau bezeichnete die Schritte der westlichen Mächte

als eine Verletzung des Grundsatzes der Viermächte-Kontrolle. Es antwortete schon im Juni 1947 mit der Bildung eines „Zentralen Wirtschaftsrates". Von nun an wiederholte sich — bis hin zur Aufstellung der Bundeswehr bzw. der „Volksarmee" — das gleiche Spiel: Moskau zwingt die Westmächte durch vollendete Tatsachen zu neuen Schritten in die einmal gewählte Richtung und zieht dann, formal scheinbar im Recht, mit seinen Maßnahmen nach.

Der Sinn des russischen Protestes ist eindeutig. Moskau verlor damit die Möglichkeit, auf ganz Deutschland in jener Form einzuwirken, wie sie sich in der Sowjetzone eindeutig entfaltete. Allerdings mußten sich die beiden angelsächsischen Mächte darüber im klaren sein, daß sie mit der „Bi-Zone" nicht einem einheitlichen deutschen Staat, sondern der Bildung eines separaten westdeutschen Staates vorgearbeitet hatten. „Mit dieser Zonenvereinigung beschritten sie einen neuen Weg, der mit der bisherigen Deutschland-Politik der vier Mächte, mit ihrem Ausführungsorgan, dem Kontrollrat, und ihrem Kodex, dem Potsdamer Abkommen, nicht mehr zu vereinbaren war" (Thilenius).

Es ist auch kaum anzunehmen, daß die beiden Mächte die Konsequenzen ihres Handelns im Zeichen des „Kalten Krieges" nicht vor Augen gehabt hätten. Sie handelten in einer Situation, die Blockbildungen zu erzwingen und Neutralität auszuschließen schien. Die „Bi-Zone" und der später von den Landtagen gewählte „Zwei-Zonen-Wirtschaftsrat" in Frankfurt sind die ersten Anzeichen eines über die Länder hinausgehenden Staatsverbandes auf westdeutschem Territorium.

Nicht dem Ost-West-Gegensatz allein hatte Westdeutschland seinen zögernden Wiederaufbau zu verdanken, auch der Einsicht der USA, daß Europa als Ganzes wiedergenesen sollte. Das war um so notwendiger, als die Wirtschaft Europas bis zum Jahre 1947 die Vorkriegsproduktion erreicht hatte, jedoch ein ständig steigendes Außenhandelsdefizit die Volkswirtschaft lahmzulegen drohte. Auf Vorschlag des amerikanischen Außenministers Marshall vom 5. Juni 1947 wurden etwa 13 Milliarden Dollar — von denen die Westzonen etwa zehn Prozent erhielten — in einem Zeitraum von etwas über drei Jahren (30. 4. 1948 bis 30. 6. 1951) den europäischen Ländern mit dem Effekt zur Verfügung gestellt, daß die Außenhandelsbilanz sich ausglich.

Der Beratungsausschuß des amerikanischen Präsidenten für die Auslandshilfe sprach im November 1947 zum erstenmal die Überzeugung aus, die hinter dem „Marshall-Plan" — der nach dem Außenminister benannten Hilfsaktion für die europäischen Staaten — stand: „Vor zwei Jahren wäre es noch höchst wünschenswert gewesen, die Bildung einer föderalistischen Regierung in Deutschland anzustreben, die die russische sowohl als auch die britische, französische und amerikanische Zone umfaßte. Im Augenblick scheint das fast unmöglich. Die Verzögerung ist zu kostspielig. Wir müssen im Westen mit dem, was wir haben, einen Anfang machen." (Zit. bei Cornides)

Zur Geschichte des Marshall-Plans sei hier nur kurz bemerkt, daß der amerikanische Außenminister George C. Marshall in Erweiterung der Truman-Doktrin vom 12. März 1947 (Die USA wollen Hilfe für „die in ihrer Freiheit bedrohten freien Völker" gewähren.) in einer Rede an der Harvard-University am 5. Juni 1947 die Gedanken eines europäischen Hilfsprogramms darlegte. Dieses „European Recovery Program" (ERP), wie der Marshall-Plan offiziell genannt wurde, war an die Adresse aller europäischen Staaten einschießlich der Sowjetunion gerichtet. Nur eine Bedingung setzten die Amerikaner: Die europäischen Staaten sollten die zur Verfügung zu stellenden Mittel nach einem gemeinsamen Plan verwenden. Dieser Bedingung widersprachen die Sowjets mit der Begründung, daß der Plan sich dadurch als der amerikanische Versuch darstelle, mit Hilfe des US-Dollars Europa zu kolonialisieren. Auf Geheiß Moskaus mußte die tschechoslowakische Regierung ihre bereits geäußerte Zusage, sich an diesem europäischen Wiederaufbauprogramm zu beteiligen, zurückziehen. Auch Polen und Ungarn hatten schon zu erkennen gegeben, daß sie gerne amerikanische Hilfe in Anspruch nehmen würden. Nun war diese Hilfe versagt, die Spaltung der europäischen Staaten in ein westliches und ein östliches Lager gefördert.

Als sinnfälliger innerdeutscher Ausdruck für die fortwirkende Abschnürung der Teile Deutschlands stellte sich die Münchner Konferenz der Ministerpräsidenten aller deutschen Länder, auch der Sowjetzone, dar. Man traf sich am 6. Juni 1947 auf Einladung des bayerischen Ministerpräsidenten Dr. Ehard, um über die gemeinsamen Maßnahmen zur Milderung der ständig wachsenden Not zu sprechen. Teilweise lagen die Rationen um diese Zeit bei 800 Kalorien pro Tag, die nur ein Drittel des Nahrungsbedarfes deckten. „Das deutsche Volk", so hatte der einladende Ministerpräsident in einem Telegramm erklärt, „ist körperlich und seelisch nicht mehr fähig, einen neuen Winter mit Hungern und Frieren im Wohnungselend zerstörter Großstädte abzuwarten." Doch dieses erste — und zugleich letzte Treffen der Ministerpräsidenten aus ganz Deutschland seit Kriegsende trug das Zeichen des Mißerfolgs auf der Stirn. Getreu den von Molotow auf den früheren Konferenzen vorgetragenen Auffassungen verlangten die Vertreter der Zone als „Voraussetzung für die Verhandlungen der Konferenz die Bildung einer zentralen deutschen Verwaltung durch Verständigung der demokratischen deutschen Parteien und Gewerkschaften zur Schaffung eines deutschen Einheitsstaates."

Die westlichen Vertreter waren zwar bereit, ein Bekenntnis zur deutschen Einheit abzulegen, hielten jedoch an der Behandlung der zuvor ausgemachten wirtschaftlichen Themen fest. Teilweise — so die Vertreter der französischen Zone — blieb ihnen gar nichts anderes übrig, da sie von den Militärregierungen darauf verpflichtet worden waren. Daß man diese Möglichkeit nicht ausschöpfte, die staatliche Zukunft Deutschlands zu sondieren, wurde beklagt, wenn auch gesagt werden muß, daß ein deutscher Schritt, gleich welcher Art, zu keinerlei Folgerungen hätte führen können.

Mit Recht ist geschrieben worden: „Es handelte sich nicht um ‚denken' oder ‚wollen' sondern um ‚dürfen'. Die Münchner Konferenz hatte keine Freiheit zu solchen Bekenntnissen und konnte daher keine Chancen zur Wiedervereinigung aus oder mit deutscher Initiative bieten." (Krautkrämer) Die Vertreter der Sowjetzone lehnten darauf ihre weitere Teilnahme ab und reisten nach einem vergeblichen Vermittlungsversuch des Berliner Bürgermeisters Dr. Friedensburg ab. Die Konferenz ging ohne sie weiter. Die vorbereiteten Entschließungen wurden angenommen. „Die Konferenz hatte das Ergebnis gezeitigt, daß die Spaltung Deutschlands nunmehr offenkundig geworden war.“ (Hoegner.) Einen positiven Aspekt hatte die Zusammenkunft: Gemeinsam berührende Probleme der Westzonen konnten besprochen werden.

Mit dem ergebnislosen Abbruch der Londoner Viermächte-Konferenz am 15. Dezember 1947 beginnt eine Zeit, in der wichtige Entschlüsse zum Aufbau Westdeutschlands ohne die Mitwirkung Rußlands fallen. Der „Eiserne Vorhang“, von dem Churchill achtzehn Monate zuvor schon gesprochen hatte, ist nun brutale Wirklichkeit, nachdem die UdSSR die Vorschläge der Westmächte zu einer föderativen Gliederung Deutschlands ablehnen und durch Molotow auf ihrem Standpunkt beharren, einen zentralisierten Einheitsstaat zu errichten, der der sowjetischen Politik den unmittelbaren Einfluß über ihre Zone hinaus gesichert hätte.

Die Chancen der Alliierten, zu einer gemeinsamen Verwaltung Deutschland zu gelangen, waren immer geringer geworden, doch erst jetzt beginnen die wahren Spiegelgefechte. Wenn „Deutschland“ gesagt wird, ist die Teilung der Welt gemeint. Das Mißtrauen gegenüber Deutschland steht nun nicht mehr an erster Stelle der westlichen Befürchtungen. Es wird ersetzt durch das Mißtrauen des Westblockes gegen den Ostblock und umgekehrt.

Während die Ost-West-Politik ruhte, wirkte sich die neue Weichenstellung aus. Eine Sechsmächtekonferenz, die in London ohne die Sowjetunion tagte, empfahl, eine verfassunggebende Versammlung für die westlichen Zonen einzuberufen. Deren Ziel: Dem deutschen Volk solle Gelegenheit gegeben werden, über kurz oder lang „volle Regierungsverantwortung“ zu übernehmen. Der geplanten Errichtung eines westdeutschen Staates — durch die Erweiterung und Umformung des Frankfurter „Wirtschaftsrates“ schon klar erkenntlich — setzte die Sowjetunion eine Reihe von Maßnahmen entgegen. Sie verfehlten ihren psychologischen Zweck jedoch völlig, da die deutsche Bevölkerung, soweit sie sich frei entscheiden konnte, seit langem prowestlich eingestellt war. Von einem totalitären Regime ins andere zu gleiten, schien ihr nicht wünschenswert. Zudem saßen die russischen Erfahrungen noch zu tief im Gedächtnis vieler Deutscher, waren doch allzu viele Gefangene in sowjetischem Gewahrsam gewesen.

Der Kontrollrat scheiterte endgültig am 19. März 1948, als Marschall Sokolowski forderte, von den Ergebnissen der Londoner Konferenz unterrichtet zu werden. (In Wirklichkeit war die Kontrollratstätigkeit schon seit achtzehn Monaten durch die sowjetischen, auch französischen, Vetos lahmgelegt.) General Clay lehnte das Ansinnen ab, worauf Marshall Sokolowski und sein Stab den Saal abrupt verließen. Wenige Wochen später war „einer der brutalsten Versuche der neueren Geschichte, eine Massenhungersnot als politisches Druckmittel zu benutzen" (Clay), auf dem Höhepunkt: Die Sowjets verhängten die Blockade über Berlin.

Vordergründigen Anlaß für die Abschnürung Berlins bildete die Währungsreform in den westlichen Zonen, die auf Berlin erst dann ausgedehnt wurde, als die Sowjets versuchten, ihre neue „Ostmark" als Zahlungsmittel auch den westlichen Sektoren Berlins aufzuzwingen.

## Die Währungsreform

Die Währungsreform, angekündigt am 18. Juni und am Sonntag, den 20. Juni 1948 in Kraft gesetzt, entpuppte sich, neben der Beendigung der Inflation im Jahre 1923, als die tiefgreifendste und umfassendste Finanzoperation in der deutschen Geschichte. Lange zuvor geplant, hatte ihre letzte Phase am 20. April 1948 begonnen:

An diesem Tag fuhr frühmorgens von Frankfurt aus ein Omnibus mit etwa 25 Personen besetzt nach Norden ab. Niemand der Insassen konnte nach außen sehen. Die Fenster waren mit Milchglasscheiben und Vorhängen versehen. Keiner wußte den Weg. Der Omnibus durchfuhr Kassel, bog dann in einen Flughafen ein, der von den Amerikanern belegt war. Etwas abseits dieses Flughafens stand ein Gebäude, doppelt mit Stacheldraht umgeben und von den amerikanischen Soldaten bewacht. Dort wurden die Insassen des Omnibusses ausgeladen. Es waren deutsche Sachverständige, die das von den Alliierten fertiggestellte Währungsgesetz in die endgültige Form bringen sollten. Unter ihnen sollte man sich einige Namen merken, sie behielten auch für die folgende Zeit ihre Bedeutung: Pferdmenges, Blücher, Alex Möller, Pfleiderer.

Die Arbeiten geschahen unter strenger Geheimhaltung. Die Insassen des „Käfigs" durften nicht einmal mit den Arbeitern des Flughafens in Berührung kommen. Allein in den Abendstunden war ihnen erlaubt, einen Spaziergang in alliierter Begleitung zu unternehmen.

Sieben Wochen arbeiteten sie so dahin. Dann wurden sie entlassen, nachdem sie sich schriftlich dazu verpflichtet hatten, niemandem etwas von ihrer Arbeit zu sagen. Auch sie wußten nicht, auf wann der Zeitpunkt der von ihnen soeben mitgeplanten Reform festgesetzt werden würde.

Mitte Juni 1948 tauchte in Frankfurt ein Kommando britischer und französischer Soldaten auf. Wenig später fuhren zwei schwerbewachte Güterzüge mit den neuen Banknoten in die britische Zone. Die Verteilung in der amerikanischen und französischen Zone geschah durch Lastkraftwagen. Am 19. Juni 1948 wurde der Währungsschnitt bekanntgegeben. Jedermann bekam vorerst 40 Mark des neuen Geldes, die Banknoten behielten nur 6,5 Prozent ihres Wertes.

Über die Währungsreform war zuvor von den Westmächten mit den Sowjets im Hinblick auf eine gesamtdeutsche Währung verhandelt worden. Es schien auch eine Weile so, als ob man sich in dieser Frage hätte einigen können. Die Einigung scheiterte jedoch an einer „technischen Frage": Die Westmächte wollten die neuen Banknoten in einer Notenpresse in Berlin unter alliierter Aufsicht drucken lassen. Die Sowjets hingegen bestanden darauf, daß neben dieser Notenpresse eine weitere in Leipzig tätig werden sollte, die allein unter Aufsicht der sowjetischen Besatzungsmacht stehen sollte. Eine Bedingung, die verständlicherweise von den Westmächten nicht akzeptiert werden konnte.

Die Spannung, die über Deutschland gelegen hatte,

sprach aus der Rundfunkansprache von Dr. Erich Köhler, dem Präsidenten des Wirtschaftsrates des Vereinigten Wirtschaftsgebietes: „Tiefbewegten Herzens trete ich in dieser Stunde vor das Mikrophon. Die in den letzten Wochen für alle Menschen in Westdeutschland schier unerträgliche Spannung ist gelöst. Vor 24 Stunden haben die Militärregierungen durch ihre Proklamation den ersten Schritt zur Geldreform getan. Noch niemals vielleicht ist die Zahl der Hörer am Rundfunk in Westdeutschland so groß gewesen wie am gestrigen Abend." In einem freilich waren die Alliierten den deutschen Vorschlägen nicht gefolgt: Sie versäumten es, mit der Währungsreform sogleich einen Lastenausgleich zu verbinden.

In den frühen Morgenstunden des 20. Juli 1948 bildeten sich Schlangen vor den Lebensmittelkarten-Ausgabestellen der drei westlichen Zonen. Jeder wollte der Erste sein, der seine Kopfquote erhielt. Am Ende des Tages waren statt 118,6 Milliarden Reichsmark nur noch 5,7 Milliarden neue Deutsche Mark im Umlauf. Die Währungsoperation verlief in aller Ruhe. Nur in München kam es zu Tumulten, da die Menge oft bis zu sieben Stunden warten mußte. Babies, die bis zum 20. Juni, 24 Uhr, geboren wurden, galten übrigens als „Nachzügler, die am Sonntag ihr Geld nicht abgeholt hatten".

Schon am ersten Tag zeigte sich die Wirkung des neuen Geldes. Der Schwarze Markt verzeichnete einen rapiden Preissturz und verschwand an manchen Orten sofort. Streichhölzer, Suppenwürfel und Schnürsenkel wurden in den Geschäften feilgeboten. Manche Geschäftsleute hielten über die gesetzliche Geschäftszeit hinaus offen, um Kunden zu werben. Ein Paar Schuhe kosteten 15 DM, die Preise von Anzügen lagen um 80 DM. Die „Mausefalle" Werner Fincks in Stuttgart, die zuvor einen Eintrittspreis bis zu zehn Reichsmark genommen hatte, ging auf zwei Mark zurück. Ebenso geschah es in den Staatstheatern. Die Hotelzimmer leerten sich schlagartig. Während in einem Hotel am Samstag 500 Essen ausgegeben und verkauft worden waren, waren es am Montag nur noch 39.

Eine Woche später gab es keine überfüllten Eisenbahnen mehr. Die Trittbrettfahrer der Straßenbahnen waren verschwunden. An einem bayerischen Kurhotel stand das Schild: „Kurgästen, die im Augenblick noch nicht im Besitz von Bargeld sind, räume ich Kredit ein.“ Bei den Arbeitsämtern stellten sich wieder die Arbeitskräfte ein.

Aber auch andere Auswirkungen hatte die Währungsreform. Studenten mußten ihr Studium abbrechen. Eine Woche nach dem 20. Juni rechnete Heidelberg mit zwanzig Prozent Ausfällen, Karlsruhe mit 50 Prozent, während die Universität München mit 30 Prozent Studenten rechnete, die ihr Studium nicht mehr fortsetzen konnten. Auch Kultur war plötzlich nicht mehr gefragt. Obwohl die Bühnen die Eintrittspreise um 50 Prozent gesenkt hatten, waren sie fast leer. Eine Anzahl von ihnen verlegte ihre Sommerferien vor.

Die Menschen vergaßen schnell, was vorgestern war. Sie sahen nun, daß die Preise in die Höhe gingen, daß die Firmen und Kaufleute, die sich ein Warenpolster angeschafft hatten, sich ihre Güter gut und besser bezahlen ließen. Nur der in seinem Optimismus unverwüstliche Direktor für Wirtschaft, Professor Ludwig Erhard, behielt die Ruhe. Er hatte von seinen Ermächtigungen einen radikalen Gebrauch gemacht, — er, der schon im Jahre 1947 von einem freien Markt träumte! — und die Bewirtschaftungsvorschriften für fast alle Waren so schnell wie möglich aufgehoben. Hunderte von alliierten Dekreten wanderten in den Papierkorb. Es war ein kühner Schritt. Denn noch immer mußte jede Preisänderung sofort gemeldet und genehmigt werden. Also rief der allmächtige General Clay den Professor zu sich und fragte ihn: „Wie kommen Sie dazu, die alliierten Vorschriften so eigenmächtig abzuändern?“ Doch der lächelte nur milde und sagte: „Ich habe sie nicht abgeändert, ich habe sie aufgehoben.“ Dem Amerikaner stockte für einen Augenblick der Atem, doch es blieb dabei. Es blieb dabei trotz der Streikdrohung der Gewerkschaften vom 12. November 1948, mit der dem Professor Erhard — als „Schutzheiliger der Horter“ bezeichnet — und der Marktwirtschaft, kaum daß sie angefangen hatte, ein Ende bereitet werden sollte.

Seitdem hat die Planwirtschaft in der Bundesrepublik keine Chancen mehr gehabt. Innerhalb kurzer Zeit begann die Industrie wieder unter normalen Bedingungen zu arbeiten. Der erste und entscheidende Schritt zum wirtschaftlichen Wiederaufbau war getan. Eine „Gesundungskrise" hob an. „Die Lethargie, die bis zu diesem Augenblick das ganze deutsche Leben in Bann gehalten hatte, war gewichen. Die rasch folgende Liberalisierung, die Umstellung der Weichen auf die ‚soziale Marktwirtschaft' vertiefte nur die ökonomischen Auswirkungen der Reform; indem sie den Damm der Zwangswirtschaft durchstieß, lenkte sie auch den aufgestauten Strom der politischen Energie in neue Kanäle." (Allemann.)

Wenn die Währungsreform die Initialzündung darstellte, so wurde das Wagnis der „Sozialen Marktwirtschaft", einer Wortbildung, in der vorderhand die Betonung auf „Marktwirtschaft", auf eine liberale Wirtschaftspolitik also, zu legen war, zur fortwirkenden Antriebskraft dessen, was man heute — neidisch oder auch überheblich — als das „Deutsche Wirtschaftswunder" bezeichnet. Es ist das unbestreitbare Verdienst eines Mannes, des langjährigen Wirtschaftsminister und späteren (1963—1967) Bundeskanzlers Professor Dr. Ludwig Erhard, daß er an die schöpferische Kraft des frei wirtschaftenden Menschen glaubte.

Den Wahrheitsbeweis gegenüber seinen planwirtschaftlichen Kritikern konnte Erhard Mitte der sechziger Jahre mit wenigen Zahlen antreten. In der Zeit von 1949 bis 1964 hatte sich der Außenhandelsumsatz der Bundesrepublik von 12 Milliarden Mark auf 113,7 Milliarden erhöht. Aus einem Einfuhrüberschuß von über 3,7 Milliarden Mark wurde ein Ausführüberschuß von 6,1 Milliarden Mark. In dieser Zeit ist die Arbeitslosigkeit einem Arbeitermangel gewichen. Die Zahl der offenen Stellen war ebenso gewachsen wie das Volkseinkommen, das im Jahre 1950 74,5 Milliarden Mark betrug, im Jahre 1964 315 Milliarden Mark. Die Industrieproduktion hatte sich im Jahre 1963 auf 283 Prozent des Standes von 1950 vergrößert. Für die folgenden Jahre bedarf es — was die Leistungsfähigkeit der deutschen Wirtschaft anbetrifft — nicht einmal mehr des statistischen Vergleichs.

## Exkurs: Ludwig Erhard

Der 1897 in Fürth (Bayern) geborene Professor Ludwig Erhard gehörte schon vor den Tagen, als ihn die Amerikaner zur Vorbereitung der Währungsreform in die Zweizonen-Verwaltung nach Frankfurt beriefen, zu den beachteten Erscheinungen der deutschen Politik. Ein sanguinisches Temperament voll „realistischem Idealismus", den er auch vom Staatsbürger fordert, hat es der erst spät zur Politik gestoßene Wirtschaftswissenschaftler fertiggebracht, der Bundesrepublik mit seiner gegen schwere Widerstände durchgesetzten „Sozialen Marktwirtschaft" einen ungeahnten wirtschaftlichen Wiederaufstieg zu ermöglichen. Seine „Soziale Marktwirtschaft" wurde geradezu zum Gütezeichen des neuen Staates. Er hatte den Mut, auf liberale Wirtschaftsgesetze schon in einer Zeit zu bauen, als andere sonst freiwirtschaftlich denkende Geister in der Planwirtschaft den einzigen Ausweg aus der grenzenlosen Not sahen.

Seit 1949 Bundeswirtschaftsminister, hatte Erhard schon im Jahre 1948 seine Grundanschauung formuliert: „Nicht in der Nivellierung des Mangels, sondern in der gerechten Verteilung eines allmählich wachsenden Wohlstandes muß das Heil gesucht werden." Diesen Wohlstand zu entwickeln, suchte er größere Wirtschaftsräume zu begünstigen (daher hat er stets der weitreichenden Freihandelszone den Vorzug gegenüber der kleineren „Europäischen Wirtschaftsgemeinschaft" gegeben), die Geldwirtschaft zu liberalisieren, die Hemmungen eines freien Wettbewerbs zu beseitigen. In diesem Sinne hat sich der Freund der freien Unternehmer auch gegen die Unternehmer gestellt, wenn sie ihre Verpflichtung dem Allgemeinwohl gegenüber vergaßen. Er hat sich gegen eine überstarke Machtkonzentration in der Wirtschaft ausgesprochen und zumindest einen teilweisen Erfolg mit seinem Kartellgesetz erreicht, mit dem wettbewerbshindernde Absprachen unterbunden werden sollen. Im Kampf mit den Interessentenverbänden da und dort unterlegen, hat er von seinen Überzeugungen kein Jota geopfert.

Von seiner Aufgabe, die „deutsche Wirtschaft" in Gang

zu bringen und zu erhalten, zehn Jahre in Anspruch genommen, hat Erhard doch nie vergessen, daß materieller Wohlstand allein für den Bestand des Staates nicht genügt, die Zufriedenheit des Bürgers nicht sicherstellt. Auf dem Parteitag 1960 der CDU in Karlsruhe sagte Erhard: „Die Wirtschaftspolitik wird im Empfinden eines Volkes eine um so stärkere Resonanz finden, je besser sie vermag, über die Erfüllung ihrer engeren Aufgaben hinaus zugleich eine zwingende Antwort auf die geistig-seelischen Anliegen einer Zeit zu geben."

Schon die Krise, die sich im Frühjahr 1959 um die Nachfolge von Bundespräsident Theodor Heuss entspann, hatte die politischen Grenzen des nach Dr. Adenauer populärsten deutschen Politikers erkennbar werden lassen. Was ihm fehlte, war die Lust am politischen Kampf als Selbstzweck, auch die Bedenkenlosigkeit Konrad Adenauers. Man warf Erhard Weichheit vor (zweifellos fehlte ihm zumindest der notwendige Pragmatismus des handelnden Politikers), doch sein Ruf als theoretischer wie praktischer Begründer des wirtschaftlichen deutschen Wiederaufstiegs hat darunter kaum gelitten.

Jahrelang hatte Adenauer seinen späteren Nachfolger von der Spitze der Macht fernzuhalten versucht, stets hatte Erhard Adenauers Brüskierungen hingenommen. Man hat ihn grollen hören, zuweilen hat er gedroht, man müsse auf ihn verzichten, doch zuletzt hat er in einer manchmal fast selbstmörderisch anmutenden Loyalität gegenüber seiner Partei und der Regierung, der er seit 1949 angehörte, sich mit Protesten begnügt. Er hatte es hingenommen, daß Konrad Adenauer noch im Jahre 1963 in einem Interview von ihm sagen durfte: „Herr Erhard ist für die Außenpolitik nicht erfahren genug"; er hat sich einen „Gummilöwen" schelten lassen, dem es an Standfestigkeit fehle.

Erst vom 26. Februar 1963 an datierte ein energisches, offenes Aufbegehren. Damals schrieb der mit der Verhandlungsführung Erhards in EWG-Fragen unzufriedene Adenauer in einem Brief: „Wenn der Bundeswirtschaftsminister es für notwendig hält, irgendwie politisch tätig zu werden, muß er sich vorher mit dem Auswärtigen Amt verständigen. Eventuell muß meine Entscheidung eingeholt werden, da ich die Richtlinien der Politik bestimme." Erhard aber wußte, daß er sich in diesen Monaten, in denen sein Kurswert wieder zu steigen begonnen hatte, keine Blöße mehr geben durfte. So antwortete er: „Ich möchte darauf verweisen, daß das internationale Vertrauen, das ich mir in fünfzehnjähriger Tätigkeit als Garant einer freiheitlichen, multilateralen europäischen Ordnung erworben habe, ein positives Element der deutschen Politik ist, und daß ich deshalb die von Ihnen geübte Art der Kritik zurückweisen muß."

Es war nicht die Art Erhards, Gleiches mit Gleichem zu vergelten. Die Lust am Kampf mit dem Gegner, die bei Konrad Adenauer zuweilen keine Schranken kannte, war bei ihm oft gedämpft durch die Frage nach dem sachlichen Inhalt einer Polemik. Die Haltung des betrachtenden Wissenschaftlers schimmerte immer wieder durch. Zuweilen schwang in seinen Reden ein missionarischer Ton. Oft hat er versucht, das Volk über die Parteien hinweg anzusprechen.

Auch Erhard kam, wie Adenauer, aus dem mittleren Bürgertum. Waren es aber das Beamtentum, der Sinn für hierarchische Ordnung und Unterordnung, die Adenauer prägten, so war es bei Erhard das Bewußtsein, wie wichtig die Funktion von Wirtschaft und Industrie für den Bestand eines Staates ist. Er stieß also — anders als Adenauer — von der Peripherie her auf die Politik zu. Erhard hat von den Fragen der liberalen Wirtschaftstheorie zu einer Gesellschafts- und Staatstheorie gefunden. Schon im Jahre 1954 sagte er in einem Interview: „Ich kann nicht zugleich Wirtschaftsminister und Pfarrer sein. Aber ich glaube, daß der Wohlstand sittliche Wirkung hat ... Man kann nicht jedem gleich ein Haus geben, Eigentum fängt klein an, doch verändert es auf jeden Fall das Verhältnis zum Leben." Die Methode, die Adenauer bevorzugt hat, wenn er etwas durchsetzen wollte, war die des Pessimismus. Mit dem Hinweis darauf, daß die Zeiten ernst seien und noch ernster würden, hat er seinen Rücktritt — es finden sich Karikaturen aus dem Jahre 1957, in denen von einem Ende der Ära Adenauer gesprochen wird — bis zum Jahre 1963 hinauszuschieben vermocht. Der Grundzug des Wesens von

Erhard war dagegen Optimismus. Von seiner „Seelenmassage“ ist oftmals abwartend gesprochen worden. Man hat gemeint, er wolle damit nur seine mangelnde Entscheidungskraft verdecken. Aber selbst wenn dies der Fall sein sollte, so steckte doch Methode dahinter. Er selbst hat es so ausgedrückt: „Ich bin von Haus aus Optimist, aber ich bin auch Optimist aus Taktik. Damit meine ich nicht die primitive Methode vom alten Coué: Morgen wird es mir besser gehen und deshalb geht es mir besser. Ich muß in Übereinstimmung mit der großen Linie sein.“

Seit 1965 Bundeskanzler aus eigenem Verdienst, hat er manchen durch sein zuweilen unverständliches Zaudern enttäuscht. Alle Enttäuschung aber hatte nicht vermocht, ihn vom Amt des CDU-Bundesvorsitzenden fernzuhalten. Damals zeigte sich zum ersten Male, daß ihm ein ernsthafter Konkurrent erwuchs: Rainer Barzel, fast dreißig Jahre jünger, seit 1964 CDU-Fraktionsvorsitzender im Bundestag, der ihn schließlich, nach der Zeit Kurt Georg Kiesingers, im Oktober 1971 als Vorsitzender der Christlich-Demokratischen Union ablöste.

Ludwig Erhard blieb das Symbol des wirtschaftlichen Wiederaufstiegs; politischen Einfluß hatte er nach seinem Ausscheiden als Bundeskanzler im Jahre 1966 keinen mehr. Barzel überlebte politisch die Wahlniederlage des Jahres 1972 nicht. Seine beiden Ämter stellte er im Jahre 1973 zur Verfügung. Als Fraktionsvorsitzender löste ihn überraschend Karl Carstens, als CDU-Vorsitzender Helmut Kohl, ab. Die CDU bedurfte der Opfer, um sich selbst regenerieren zu können.

## Berlin und Berliner Blockade

*12. September 1944:* *Die European Advisory Commission sieht die Besetzung Berlins durch die drei alliierten Mächte (Frankreich tritt erst 1945 hinzu) vor.*

| | |
|---|---|
| *10. Juli 1945:* | *Berlin erhält alliierte „Kommandantur" als oberstes Verwaltungsorgan.* |
| *20. Oktober 1946:* | *Erste und einzige Gesamtberliner Wahlen mit vernichtender Niederlage der SED.* |
| *24. Juli 1947:* | *Ernst Reuter zum Oberbürgermeister gewählt. Seine Bestätigung scheitert an der sowjetischen Militäradministration. Für ihn amtiert Louise Schröder.* |
| *22. Juni 1948:* | *Vergebliche Gespräche der Alliierten über einheitliche Währungsreform in Groß-Berlin.* |
| *24. Juni 1948:* | *Währungsreform für die sowjetisch besetzte Zone und für Groß-Berlin von den Sowjets verfügt. Die drei Westmächte erklären diese Maßnahme für ihre Sektoren als nichtig und führen die DM mit dem Aufdruck „B" ein.* |
| *24. Juni 1948:* | *Beginn der Blockade Berlins.* |
| *26. Juni 1948:* | *Beginn der „Luftbrücke".* |
| *6. September 1948:* | *Kommunistische Demonstranten stürmen das im sowjetischen Sektor gelegene Stadthaus.* |
| *30. November 1948:* | *Einsetzung eines kommunistisch beherrschten Stadtrats im Sowjetsektor.* |
| *1. Dezember 1948:* | *Der demokratisch gewählte Magistrat nimmt seine Amtsgeschäfte im Rathaus Schöneberg in Berlin (West) auf.* |
| *5. Dezember 1948:* | *Neuwahlen zur Stadtverordnetenversammlung nur noch in den Westsektoren.* |

| | |
|---|---|
| *7. Dezember 1948:* | *Ernst Reuter, dessen Amtsantritt am Veto der Sowjets gescheitert war, nimmt nach seiner einstimmig erfolgten Wiederwahl seine Amtsgeschäfte als Oberbürgermeister auf.* |
| *12. Mai 1949:* | *Ende der Blockade Berlins.* |
| *1. September 1950:* | *Nach der Berliner Verfassung ist Berlin ein Land der Bundesrepublik.* |
| *3. Oktober 1957:* | *Wahl Willy Brandts als „Regierender Bürgermeister" von Berlin.* |
| *13. August 1961:* | *Errichtung der Berliner Mauer.* |

Vom 20. Juni 1948 datierte der Wiederaufstieg der deutschen Wirtschaft. Und der Wiederaufstieg der deutschen Wirtschaft machte die westlichen Zonen allmählich zu einem beachtenswerten politischen Faktor. Doch der 20. Juni 1948 war auch Ausdruck dafür, daß sich West- und Ostdeutschland endgültig voneinander getrennt haben. Andere Besatzungsmächte, andere Regierungsziele — und nun ein anderes Geld. Im Jahre 1947 hatten Ulbricht noch in West-Berlin und Heuss noch in Eisenach auf Versammlungen gesprochen. Das war jetzt vorbei.

Mit den Sowjets war lange über die Währungsreform verhandelt worden. Erst als sich die Aussichtslosigkeit der Verhandlungen zeigte, hatte man sich in Washington und London zu diesem Schritt entschlossen. In den Westzonen fragte man sich ängstlich: „Was werden die Russen machen?" Marshall Sokolowski erklärte ganz Berlin kurzerhand zum Gebiet der Sowjetzone und verbot, das neue West-Geld als Zahlungsmittel zu verwenden. Erst in diesem Augenblick führten die Westmächte ihr Geld — mit einem Stempel versehen — nach Berlin ein, und noch später verboten sie das Ost-Geld als Zahlungsmittel. Einen Tag danach mußte der Betrieb auf der Interzonenstrecke Berlin-Helmstedt-Hannover wegen „technischer Schwierigkeiten" eingestellt werden.

Die Blockade und die nachfolgende Spaltung Berlins

hatten ihre Vorgeschichte. Mit ihnen wurde das letzte Bindeglied der deutschen Einheit zerrissen, doch die Währungsreform war im Grunde nur ein Vorwand für den Bruch. Seitdem die sowjetische Besatzungsmacht erkannt hatte, daß sie es nicht erreichen werde, durch eine „Unterwanderung“ die ganze Stadt in ihren Einflußbereich herüberzuziehen, versuchte sie es mit Erpressung und offenem Terror. In dem Polizeipräsidenten Markgraf besaßen die Sowjets jahrelang einen Mann, der eine eindeutig nach ihren Zielen ausgerichtete politische Polizei aufgebaut hatte. Willkürliche Verhaftungen und Deportationen waren in allen Sektoren an der Tagesordnung. Wem Markgraf diente, stellte sich im Sommer 1948 heraus, als er es ablehnte, vom Gesamtberliner Magistrat Weisungen entgegenzunehmen.

Schon vor der Blockade war abzusehen, daß die Sowjets früher oder später versuchen würden, die demokratisch gewählte Verwaltung unter Druck zu setzen. Am 10. April kabelte General Clay nach Washington: „Wenn Berlin fällt, dann folgt Westdeutschland als nächstes. Wenn wir beabsichtigen, Europa gegen den Kommunismus zu halten, dann dürfen wir uns nicht von der Stelle rühren. Wenn wir fortgehen, gefährden wir unsere europäische Position. Falls Amerika dies jetzt nicht versteht, wenn es nicht begreift, daß die Würfel gefallen sind, wird es nie zu dieser Erkenntnis kommen, und der Kommunismus wird alles überrennen.“

Oberst Tulpanow, der sowjetische Stadtkommandant, hatte am dritten Jahrestag der sowjetischen Einnahme ganz offen ausgesprochen, was die Ziele seiner Regierung waren. Wenn er damals „Demokraten“ sagte, meinte er „Kommunisten“: „Deshalb können die Demokraten, die in den westlichen Sektoren Berlins leben und tagtäglich dem politischen und psychologischen Druck der ausländischen und deutschen Reaktion ausgesetzt sind, voller Zuversicht in die Zukunft schauen. Genau vor drei Jahren eroberte die Sowjetarmee Berlin für die deutsche Demokratie. Heute liegt es an den deutschen demokratischen Kräften, Berlin als Hauptstadt eines ungeteilten, demokratischen und friedliebenden Deutschland zu erobern.“

Mit der Blockade von Berlin wurden die letzten — oberflächlichen — Gemeinsamkeiten, die zwischen den Westmächten und der Sowjetunion bestanden, endgültig ad acta gelegt. Nach einleitenden Schikanen begann am 24. Juni die Berliner Blockade. Sie bestand nicht allein in einer weitgehenden Behinderung des Personenverkehrs. Auch Strom-, Kohle- und Lebensmittel-Lieferungen aus der Sowjetzone und dem Sowjetsektor Berlins wurden gesperrt. Mit ungewöhnlicher Schnelligkeit organisierten die USA und Großbritannien vom 26. Juni an eine „Luftbrücke". Es war das erstemal, daß die Vereinigten Staaten den Sowjets mit einem beträchtlichen militärischen Risiko gegenübertraten. Die amerikanische Politik der „Eindämmung" der sowjetischen Expansion bestand ihre Bewährungsprobe.

Nicht hoch genug einzuschätzen für die deutsch-amerikanischen Beziehungen aber waren die psychologischen Rückwirkungen auf das gegenseitige Verhältnis. Bisher war es noch immer etwas zwielichtig geblieben, vom Verdacht der „Kollaboration" auf deutscher Seite, von den noch nicht überstandenen Ressentiments auf amerikanischer Seite nie ganz frei. Die Anweisung JCS 1067 hatte erst wenige Monate zuvor neuen Anordnungen Platz gemacht. Deutsche und Amerikaner fanden sich nun plötzlich Seite an Seite. „Die Berliner Frage wurde zum Katalysator, an dem sich beinahe über Nacht die potentielle deutsch-alliierte Interessengemeinschaft aktualisierte. Erst der russische Versuch zur Aushungerung Berlins und der Entschluß des Westens, diesem Versuch mit der Errichtung der Luftbrücke zu begegnen, gaben der bis dahin rein rational begründeten und darum psychologisch wenig wirkungsträchtigen Solidarität zwischen westlichen Siegern und Besiegten die notwendige Tiefenwirkung. Er mobilisierte damit für die nüchterne Aufgabe, Westdeutschland mit einer neuen staatlichen Ordnung auszustatten, die Gefühlskräfte eines zugleich nationalen und gesamteuropäischen Abwehrkampfes." (Allemann).

Wenn sich auch die Blockade für die Sowjets als der größte Fehlschlag der Nachkriegsgeschichte erwies, die Einheit der ehemaligen Reichshauptstadt ging in der Zwischenzeit verloren. Schon am 24. Juni 1947, als Professor Ernst

Reuter (SPD) von der Stadtverordnetenversammlung gegen die Stimmen der SED zum Oberbürgermeister gewählt worden war, hatten sich die ersten Schwierigkeiten in der Verwaltung der Stadt gezeigt. Die Sowjets verhinderten durch ihr Veto und mit der Begründung, Reuter sei während des Krieges in die Türkei emigriert und habe dort für eine „profaschistische Regierung" gearbeitet, seine Bestätigung, so daß Louise Schröder (SPD) als „Regierender Bürgermeister" an die Spitze der Berliner Verwaltung treten mußte.

## Exkurs: Ernst Reuter

Daß den Russen der 1889 in Schleswig/Holstein geborene Ernst Reuter ein Dorn im Auge sein mußte, war eine notwendige Folge seine Werdegangs, der ihn mit den kommunistischen Praktiken allzu vertraut gemacht hatte. Seit 1912 Mitglied der SPD, war er während des Ersten Weltkrieges zur KPD übergetreten und von Lenin im Jahre 1918 als Volkskommissar in die Wolga-Republik nach Saratow entsandt worden. 1920 fungierte er drei Monate lang als Generalsekretär der KPD; dann öffnete ihm die Diskrepanz zwischen Theorie und Wirklichkeit während der mitteldeutschen Kommunisten-Aufstände des Jahres 1921 die Augen. Er fand zur SPD zurück und wurde 1931 Oberbürgermeister von Magdeburg. Er hatte emigrieren müssen. Lange Jahre war er Lehrer an der Verwaltungshochschule in Ankara und Berater der türkischen Regierung gewesen. Anderthalb Jahre hatte er schon versucht, wieder nach Deutschland zurückzukehren, was nicht so leicht war. Zwar wurde viel vom Mangel an demokratisch einwandfreien Fachkräften in Deutschland gesprochen, in der Wirklichkeit aber zeigten die Besatzungsmächte nicht viel Eifer, die deutschen Emigranten in ihre Heimat zurückzuholen. Durch die Einschaltung englischer Sozialisten war es schließlich gelungen. Reuter verkaufte seine Möbel und einen Teil seiner Bibliothek, um die Reise zu finanzieren.

Am 26. November 1946 betrat er in Aachen wieder deutschen Boden. Er war ohne Illusionen gekommen, die Wirklichkeit übertraf seine Befürchtungen. Schon am 5. Dezember wurde er in Berlin zum Stadtrat gewählt. Wenig später schrieb er an einen Bekannten: „Sie glauben gar nicht, wie schnell der Mensch von seinem Thron heruntersteigt, wenn er erst von Ankara nach Berlin gekommen ist."

Bald hatte der Verkehrsdezernent Schwierigkeiten mit den Alliierten — insbesondere mit den Sowjets. Doch ebenso schnell wurde er als künftiger Kandidat für den Posten des Oberbürgermeisters betrachtet. Lange Zeit konnte Reuter nach der Ablehnung seiner Wahl nur als enger Berater Louise Schröders wirken. Als es soweit war, verwandte er sich dafür, daß Berlin in die Währungsreform mit einbezogen wurde. Er hatte recht mit seiner Furcht, die Russen könnten mit der Begründung, Berlin sei wirtschaftlich ein Teil der Sowjetzone, ihre Gesetzgebung auch auf die Westsektoren ausdehnen. So geschah es durch Marschall Sokolowski am 19. Juni 1948. Es war das erste Mal, daß diese Forderung erhoben wurde. (Jahre später löste Chruschtschow durch diese erneuerte Forderung wieder eine Berlin-Krise, Außenminister- wie Gipfelkonferenzen aus.) Eine Sperre der Stadt bis zur Währungsreform — vom 24. bis 28. Juni — war nicht zu umgehen. Aber die Sperren blieben — monatelang.

Als sich der Magistrat der Stadt für die Maßnahmen der westlichen Alliierten aussprach, versuchten kommunistische Rollkommandos, die Stadtverordnetenversammlung in dem im Ostsektor liegenden Rathaus zu sprengen. Nur weil sich der Stadtverordnetenvorsteher Dr. Otto Suhr — später Nachfolger von Reuter — weigerte, unter Druck zu verhandeln, zogen sich die Störtrupps zurück.

Am 24. Juni sprach Reuter vor 800 000 Menschen im Arbeiterviertel Gesundbrunnen. Er sagte: „Wir werden uns mit allen Mitteln, über die wir hier verfügen, bis zum Äußersten gegen den Machtanspruch wenden, der uns zu Sklaven und Heloten einer Partei macht . . . Heute weiß die ganze Welt, daß wir nicht die heimliche, sondern die wirkliche Hauptstadt Deutschlands sind." Einen Tag später telefonierte General Clay mit dem Befehlshaber der amerikanischen Luftstreitkräfte in Europa, Generalleutnant Curtis LeMay in Wiesbaden. Er gab den Befehl zum Aufbau der Luftbrücke. Selbst Reuter war skeptisch, ob das Unternehmen gelingen würde.

Von den Verbindungen nach Berlin waren nur noch die drei Luftkorridore von je etwa 30 km Breite geblieben. Alle anderen Verkehrsmöglichkeiten waren gesperrt worden, zuletzt die Wasserstraßen unter dem Vorwand, daß die Rathenower Schleuse reparaturbedürftig sei. Am 3. Juli besuchten die Generale Clay, Noiret und Robertson noch einmal Marschall Sokolowski, der seine frühere freundliche Zuvorkommenheit gegen eine zynische Überheblichkeit eingetauscht hatte. Sie erkundigten sich, was es mit den technischen Schwierigkeiten auf sich habe, die den Eisenbahnverkehr behinderten. Sokolowski erklärte, daß diese Fragen für die westlichen Alliierten sicherlich wichtig seien. Für ihn jedoch gebe es wichtigere. Am Schluß meinte er: „Ich betone, die gegenwärtige Sperre ist auf technische Gründe zurückzuführen, obgleich ich nicht gewährleisten kann, daß, sollten diese technischen Schwierigkeiten behoben sein, nicht irgendwo anders weitere eintreten könnten.“ Das war eine klare Antwort.

Am 26. Juni schon flogen 32 zweimotorige Maschinen vom Typ Dakota Medikamente, Postsachen und einige Lebensmittel nach Berlin. Noch war man skeptisch, ob man West-Berlin durch die Luft versorgen könne. Man dachte an eine Tagesleistung zwischen 500 und 700 Tonnen, rechnete mit einer Dauer der Blockade von drei bis sechs Wochen. Doch schon im Juli erreichte die Tagesleistung 1500 Tonnen, Anfang August waren es dann 4500 Tonnen. Der erfolgreichste Tag der Luftbrücke war der 16. April 1949: 1400 Maschinen flogen die Westberliner Flugplätze an — Tegel wurde zu diesem Zweck gebaut —, alle 63 Sekunden ein Flugzeug. Sie brachten an die 8000 Tonnen Material: 5300 Tonnen Kohle, 1850 Tonnen Lebensmittel, 1000 Tonnen Rohmaterial.

Oberst Howley, der amerikanische Stadtkommandant, sprach davon, daß seit dieser Blockade die Russen aufhörten, Verbündete zu sein und daß die Deutschen es wurden. Das ist richtig. Wie die Berliner ohne Luftbrücke nicht hätten standhalten können, so wäre die Luftbrücke sinnlos gewesen, wenn Berlin nicht standgehalten hätte.

Reuter wurde zum bestgehaßten Mann der Sowjets. Der Beschluß eines sowjetischen Militärtribunals beschuldigte ihn und andere nach einer Massenkundgebung von 350 000 Berlinern am 9. September 1948 der „Pogrom-Ansprachen faschistischen und militärischen Charakters mit Aufrufen zur Gewalttätigkeit". Worauf der stellvertretende Stadtverordnetenvorsteher Dr. Schreiber am 25. Oktober antwortete: „Zu irgendwelchen Maßnahmen gegen die Beschuldigung sehe ich keine Veranlassung."

Zu diesem Zeitpunkt war Reuter noch immer nicht Oberbürgermeister. Am 15. November „verfügte" sogar der sowjetische Oberst Jelisarow seine Amtsentlassung als Stadtrat. Am 5. Dezember gingen die Westberliner zu den Urnen, um eine neue Stadtverordnetenversammlung zu wählen. Reuter wurde am 5. Dezember erneut zum Oberbürgermeister gewählt. Aber er konnte nur noch über einen Teil der Stadt regieren. Nach vielen vorangegangenen Provokationen hatten sich am 30. November Angehörige der SED und Vertreter kommunistischer Organisationen zu einer „Außerordentlichen Stadtverordnetenversammlung" im Ostberliner Admiralspalast eingefunden, um Friedrich Ebert, den Sohn des ehemaligen Reichspräsidenten, zum „Oberbürgermeister" zu bestellen und an Stelle des gewählten Magistrats einen neuen zu berufen. 1950 wurde er „Regierender Bürgermeister" West-Berlins.

Die gebeugte Gestalt Ernst Reuters mit dem tiefgefurchten Gesicht und der schwarzen Baskenmütze ist bis zu seinem Tode das Symbol einer Stadt geblieben, die bereit ist, für ihre Freiheit Not, Gefahr und Entbehrungen auf sich zu nehmen. In der ganzen freien Welt war Reuter später ein erfolgreicher Anwalt für die Probleme der freien Stadt. „Eine imperialistische, kolonialistische, aggressive Macht will uns vernichten", hatte er den Berlinern zugerufen und sie ermahnt: „Wir können in dieser Mausefalle nur leben, wenn wir unseren Lebenswillen demonstrieren." Den 17. Juni 1953 — den Tag des vergeblichen Aufstandes in der Zone — freilich erlebte er nicht in Berlin. Er war in Wien, und niemand vermochte ihm ein Flugzeug zu besorgen, um den Ereignissen nahe zu sein. Zwei Tage vor seinem Tod ging er noch einmal in Richard Wagners

„Götterdämmerung". Zu einem Freund hatte er gesagt: „Ich bin als Politiker verpflichtet, gegen die Gefahr der entsetzlichen Restauration in unseren deutschen Landen anzukämpfen. Ich überlege mir, ob nicht die „Götterdämmerung" ein Symbol für die Restauration ist. Aber ich gestehe als Zuhörer: der alte Zauberer nimmt einen doch immer wieder gefangen". Er war also ein Revolutionär mit konservativen Neigungen — und mit seinem Sinn für geistige Qualität, der keine Scheuklappen anlegte. Er bedauerte, daß es die alte „Frankfurter Zeitung" nicht mehr gab, er las — das verband ihn mit Konrad Adenauer — am liebsten die „Neue Züricher Zeitung". Am 29. September 1953 um 18.52 Uhr ist Ernst Reuter an einer Herzmuskellähmung gestorben.

Wenige Wochen, nachdem Reuter wieder nach Berlin gekommen war, hatte er an einen Freund geschrieben: „Diese merkwürdig erregende und vitale Stadt übt einen Reiz aus, dem sich manche nicht entziehen können".

## Exkurs: Willy Brandt

Berlin war eine gefährliche Stadt in diesen Jahren; sie rieb die Menschen auf, die hier ihre Lebensaufgabe sahen. Louise Schröder, Dr. Otto Suhr, Dr. Walther Schreiber, auch Jakob Kaiser — sie alle sterben früh. Sie finden auch Nachfolger. In den Tagen, in denen Reuter seinen Brief schrieb, kam ein anderer Emigrant von Norwegen nach Berlin. Es ist ein noch junger Mann mit einem offenen Gesicht und norddeutschem Akzent. Im Krieg war er norwegischer Staatsangehöriger geworden. Im Oktober 1945 hatte er erstmals nach dem Krieg eine Reise nach Deutschland unternommen, um für skandinavische Blätter über den Nürnberger Prozeß gegen die Hauptkriegsverbrecher zu berichten. Später hatte ihm der norwegische Außenminister Halvard Lange angeboten, als Presseattaché nach Paris zu gehen. Aus der Pariser Mission wurde eine Mission beim Alliierten Kontrollrat in Berlin mit dem Range eines Majors.

Bald traf er auf Ernst Reuter. In dem Zehlendorfer

Häuschen von Annedore Leber, der Witwe des nach dem 20. Juli 1944 hingerichteten Sozialisten Dr. Julius Leber, sahen sie sich zum ersten Mal. Brandt schreibt von dem Älteren: „Er sah müde aus, die Haare schütter, das Gesicht von tiefen Furchen durchpflügt, aber die Augen waren jung, ein halb weises, halb spitzbübisches Lächeln irrlichterte in ihnen, spielte um seine Lippen."

Reuter und Brandt wurden Verbündete in ihrem Kampf für Berlin, in ihrem Kampf auch gegen den Parteiapparat, gegen die alten Funktionäre, die es nicht verstehen wollten, daß es etwas anderes ist, in Bonn oder Berlin Politik zu machen. Brandt unterstützte Reuter in seinem Bestreben, aus Berlin ein zwölftes Bundesland zu machen; er unterstützte ihn auch in seiner Ansicht, daß Berlin nur gedient sei, wenn man so eng wie möglich mit der seit dem Jahre 1949 amtierenden Regierung — und werde sie auch von der CDU/CSU gestellt — zusammenarbeite. In der Arbeit für Berlin ist Brandt das geworden, was er heute für die Bundesrepublik ist — einer der „Reformatoren" seiner Partei, der SPD.

Aber noch war es nicht soweit. Um die Jahreswende 1947/48 legte Willy Brandt — der zunächst Karl Frahm hieß, von einem Fischer im Jahre 1933 von Travemünde nach Dänemark gebracht worden war, als Berichterstatter während des spanischen Bürgerkrieges auf der republikanischen Seite gestanden hatte — seine norwegische Staatsbürgerschaft ab und nahm die deutsche Staatsbürgerschaft wieder an. Am 1. Januar 1948 wurde er der Leiter der Berliner Verbindungsstelle der SPD. Im Jahre 1950 kam er ins Berliner Abgeordnetenhaus und im Jahre 1952 kandidierte er mit dem Einverständnis Reuters für den Parteivorsitz in Berlin. Es wurde für ihn eine lehrreiche Niederlage. „Ich wußte, daß ich die Wahl nicht gewinnen konnte", sagt er, „aber ich hatte doch wohl auf mehr als ein Drittel der Stimmen gerechnet." Im Jahre 1955 war es soweit: er wurde Vorsitzender des Abgeordnetenhauses, im Jahre 1958 Vorsitzender der Berliner SPD und dann auch „Regierender Bürgermeister" von Berlin. So nennt sich seit dem Jahre 1950 aufgrund der Verfassung vom gleichen Jahr der Oberbürgermeister in den westlichen Sektoren.

Man will damit betonen, daß Berlin zugleich eine Stadt und ein Land sei.

Berlin bot die Chance der Bewährung: Für Brandt war der Durchbruch zur Parteispitze in Berlin gelungen, als er in den dramatischen Tagen des Aufstandes in Budapest im Jahre 1956 die erregte Menge davon abhielt, in den Ostsektor zu stürmen. Besonnenheit ist in Berlin eine Tugend, die hoch geschätzt wird. Ein Jahr später wird er dort Regierender Bürgermeister.

Williy Brandt hatte auch später noch große Tage in Berlin. Es war die Zeit nach dem 13. August 1961, als das Ulbricht-Regime das vollendete, was es unter Reuter begonnen hatte. So wie es ihm nicht gelungen war, im Jahre 1948 die Westberliner und ihre Politiker durch Druck gefügig zu machen, so war es ihm in den Jahren danach nicht gelungen, Berlin als die vorgetriebene Sappe westlicher Begriffe von Freiheit und Menschenwürde einzunehmen. Die Regierung der DDR zieht — da die ununterbrochene Abwanderung nach dem Westen die Konkurrenzsituation zum westlichen Teil Deutschlands unrettbar verschlechtert — eine Mauer quer durch Berlin. Wieder geschieht es in diesen Tagen, in denen die Berliner in dem notwendigen Glauben an die westlichen Alliierten schwankend zu werden beginnen, daß ein Bürgermeister von Berlin den Mut behält und die Verbündeten an ihre Pflichten erinnert. In diesen Tagen ist ihm allerdings wohl auch klargeworden, daß eine Berlin-Lösung ohne engen Kontakt zur Sowjetunion und auch zur DDR endgültig der Vergangenheit angehörte. Sein Prestige als Berliner Regierender Bürgermeister hat ihn schließlich dazu geführt, als Nachfolger Erich Ollenhauers am 13. 1. 1964 Vorsitzender der SPD zu werden; es reichte allerdings nicht aus, um seine Partei gegen Adenauer 1961 und Erhard 1965 zum Sieg zu führen. Hätte seine Partei mit ihrer traditionellen Solidarität ihn nicht gehalten — er hätte wohl damals in der Politik resigniert. Doch ein Jahr später — 1966 — kam die große Stunde der Reformer in der SPD und damit auch seine Stunde. In der Regierung der Großen Koalition wurde er Außenminister und Vizekanzler, damit auch zum Architekten einer neuen Politik, die ihm im Jahre 1971 den Friedensnobelpreis einbrachte. Sein Regierungsstil seit 1969 wiederholt Vor- und Nachteile seiner Berliner Zeit: Abwartend und oft über die Maßen zögernd, wenn ihm eine Entwicklung nicht drängend schien, doch zupackend, wenn er mit dem Rücken zur Wand steht. Untadelig als Vertreter einer freiheitlichen Demokratie zeigt er Nachsicht gegen deren Verächter, die selbst seine Parteifreunde ungeduldig macht.

### Das Werden eines Staates

| | |
|---|---|
| *1. Juli 1948:* | *Übergabe der „Frankfurter Dokumente“ an die Ministerpräsidenten der Länder betreffend die Grundlagen eines westdeutschen Zusammenschlusses.* |
| *10.—23. August 1948:* | *Vorbereitender Verfassungsausschuß auf Herrenchiemsee.* |
| *1. September 1948:* | *Parlamentarischer Rat in Bonn wird eröffnet.* |
| *28. April 1949:* | *Londoner Sechs-Mächte-Abkommen über die Einsetzung einer Internationalen Ruhrbehörde.* |
| *8. Mai 1949:* | *Grundgesetz vom Parlamentarischen Rat angenommen. (23. Mai 1949 verkündet, am 24. Mai 1949 0 Uhr in Kraft getreten.)* |
| *10. Mai 1949:* | *Bonn zur vorläufigen Bundeshauptstadt gewählt.* |
| *14. August 1949:* | *Wahlen zum ersten Bundestag.* |
| *12. September 1949:* | *Prof. Dr. Theodor Heuss zum ersten Bundespräsidenten gewählt.* |
| *15. September 1949:* | *Dr. Konrad Adenauer zum Bundeskanzler gewählt.* |

*21. September 1949:* *Besatzungsstatut verkündet. Ende der Militärregierungen.*
*7. Oktober 1949:* *„Deutsche Demokratische Republik" begründet.*

Während die Transportflugzeuge der Alliierten in Berlin einflogen, um den bis dahin schwersten Angriff auf die westliche Position zunichtezumachen, setzten sich deutsche Politiker in der „Pädagogischen Akademie" in Bonn zusammen, um über die Form des künftigen westdeutschen Staates zu beraten und damit die Konsequenz aus der Weltlage zu ziehen.

Ohne das Korrelat der „Blockade" kann das „Grundgesetz", das zu schaffen man sich vorgenommen hatte, nicht verstanden werden. Aber auch die Schatten des „Prager Fenstersturzes", bei dem im März 1948 der tschechische Außenminister Jan Masaryk ums Leben gekommen war und eine kommunistische Minderheit in Prag die Macht an sich gerissen hatte, lagen über der etwas trist anmutenden Versammlung, die sich am 1. September 1948 im Saal des Zoologischen Museums in Bonn zusammenfand. Mühsam von Gebüsch verdeckt und mit Papier umkleidet lugten ausgestopfte Riesenhirsche und die Skelette urweltlicher Tiere unter ihren Verkleidungen hervor. Die schmalen Damen und Herren waren in Schwarz oder Grau gekleidet, nur die Robe des Erzbischofs von Köln bildete einen leuchtenden Akzent in der nicht sehr frohgemuten Versammlung. Nicht nur die Not der Stunde bedrückte sie, sondern ebenso das Gefühl, es könne etwas geschehen, was die deutsche Einheit unwiederbringlich zerstöre. Sie waren zum Festakt gekommen, mit dem der neugebildete „Parlamentarische Rat" der drei westlichen Zonen seine Arbeit begann. Er hatte die Aufgabe, ein Grundgesetz, eine vorläufige Verfassung für ein staatliches Gebilde zu schaffen, das noch keinen Namen hatte. Die einen wollen es „Union deutscher Länder" nennen — es sind die extremen Föderalisten — die anderen plädieren eher für „Bundesrepublik Deutschland"; sie möchten sich mit einem losen Staatenbund nicht begnügen, wie ihn die französische Regierung befürwortet.

Ursache dieser Versammlung war die Londoner Konferenz, deren Ergebnisse auch die Blockade Berlins durch die Sowjets ausgelöst hatte. Schon am 7. April hatte der britische Militärgouverneur Sir Brian Robertson vor seinen schon nicht mehr erstaunten Zuhörern im Landtag von Nordrhein-Westfalen einen provisorischen westdeutschen Staat gefordert und dabei die Worte gefunden: „Fürchten Sie sich nicht vor den Böswilligen und Störenfrieden, die da ‚Kollaborateure' rufen. Die Zeit ist gekommen, um sich darüber klarzuwerden, daß die Interessen aller Europäer aufeinander zustreben." Am 1. Juli 1948 wurden den elf deutschen Länderchefs im Frankfurter IG-Hochhaus drei Dokumente ausgehändigt, in denen die alliierten Vorstellungen vom Wiederaufbau eines deutschen Staates aufgezeichnet waren. Im ersten ermächtigte man die Länderchefs, eine Verfassunggebende Versammlung für den Bereich der „Trizone" — Frankreich schloß sich wirtschaftlich am 6. Juli der angelsächsischen Initiative an — einzuberufen. Nach dem Willen der Alliierten sollte die zukünftige Verfassung „eine Regierungsform föderalistischen Typs" begründen, andererseits jedoch eine „angemessene Zentralinstanz" vorsehen. Einer solchen Definition wurde nur ein Bundesstaat gerecht, weder ein Einheitsstaat noch ein Staatenbund.

Die Ministerpräsidenten zögerten jedoch. Sie trafen sich am 8. Juli auf dem ruhigen „Rittersturz" bei Koblenz zu ihrer ersten Beratung, der in den nächsten zwei Wochen noch mehrere folgten. Sie machten Gegenvorschläge: Die geforderte deutsche Nationalversammlung und die Verfassung sollten zugunsten einer provisorischen Lösung zurückgestellt werden. Es sei angebracht, nur einen aus Mitgliedern der Länderparlamente zusammengesetzten „Parlamentarischen Rat" zu bilden und der Verfassung den Namen „Grundgesetz" zu geben. Vor allem aber forderten sie zuvor die Einheit der drei Zonen und ein klar umgrenztes Besatzungsstatut. General Clay sagte ihnen darauf, daß er sich in seinem Kampf mit den Russen um Berlin und um die Entwicklung in Westdeutschland verlassen fühle. Erst in einer dritten Besprechung konnte eine Einigung erzielt werden.

Wenn also die Politiker nicht im Sinne hatten, etwas

Definitives zu schaffen, wenn sie sich vor einer Konstruktion scheuten, von der es kein Zurück mehr gäbe, so zeigte sich doch bald, daß die politischen Bedenken hinter den drängenden politischen Erfordernissen zurückzutreten begannen. Fritz René Allemann, der schon mehrfach zitierte Schweizer Beobachter, sagt mit Recht: „Während sie (Verfassungskonvent und Parlamentarischer Rat) einen Staat mit allen Attributen des Staates und eine Verfassung mit allen Merkmalen einer Verfassung schufen, versicherten sie in einem fort, daß dieser Staat kein Staat und diese Verfassung keine Verfassung sei. Diese sorgsamen Unterscheidungen konnten die eine Tatsache nicht verwischen: daß das ‚Staatsfragment' den Vollstaat und das ‚Grundgesetz' die Vollverfassung in sich trug."

Wenige Tage später trat ein Konvent von Fachleuten, die von den Ländern ernannt wurden, unter dem Vorsitz von Dr. Anton Pfeiffer, dem Chef der bayerischen Staatskanzlei, auf der malerisch gelegenen Insel Herrenchiemsee zusammen. Nahe der Versailles-Nachahmung König Ludwig II. ließ sich gut über die neue Demokratie meditieren. Doch so abgelegen der Ort auch war, so wenig konnte man sich hier der Berichterstatter wie der Mücken erwehren. Tagsüber wurde heftig gearbeitet, des Abends im Insel-Hotel in Gemeinschaft gesungen. Besonders Carlo Schmid tat sich hervor. Der Lohn des Fleißes war ein hundertseitiges Gutachten, das schon wesentliche Teile des späteren Grundgesetzes enthielt. Die Sprache dieser Zeit war freilich rauh. So sagte der Bayernpartei-Vorsitzende Dr. Josef Baumgartner zum Entwurf: „Wir lassen uns nicht im Chiemsee ertränken ... Das Ziel der Bayernpartei ist die Wiederherstellung des Zustandes von 1848, wobei aus Bayern in einem losen deutschen Staatenbund ein selbständiger Staat würde." Mit den föderalistisch eingestellten Bayern hatten alle Parteien ihre liebe Last. Dr. Schumacher — der von Bayern einmal gesagt hat, es sei „jahrhundertlang das stehende Heer Frankreichs in Deutschland" gewesen — erfindet später ein anderes Schlagwort: „Man kann nur deutscher Patriot sein und nicht Patriot von elf deutschen Ländern. Das ist der ganze Unterschied zwischen der Sozialdemokratischen Partei und der Christlich Demokratischen Union." Aber das war ungerecht: Innerhalb der CDU gab es keine einheitliche Meinung. Extreme Föderalisten und Unitaristen standen sich auch hier gegenüber. Die CSU freilich stand in ihrer Mehrheit jeder deutschen Zentralinstanz von Anfang an mit Mißtrauen gegenüber.

Der Entwurf von Herrenchiemsee war nicht der einzige, der sich der zukünftigen Neuordnung Westdeutschlands annahm. Es gab den extrem föderalistischen — der etwa dem Bund keine Finanzhoheit zugestehen wollte — des „Ellwanger Kreises", dem ein hessischer Abgeordneter mit Namen Heinrich von Brentano vorstand, es gab „Heppenheimer Beschlüsse" der CDU, etwas gemäßigter in der föderalistischen Konzeption, und es gab schließlich den Entwurf des Sozialdemokraten Dr. Walter Menzel, der zu einem Einheitsstaat tendierte.

Der Parlamentarische Rat, der von den Länderparlamenten beschickt worden war und aus 65 stimmberechtigten und 5 nichtstimmberechtigten Mitgliedern bestand, gab den Politikern zum ersten Male Gelegenheit, sich vor den Kollegen aus den westlichen Zonen hervorzutun, Es gab da wieder Dr. Konrad Adenauer. Zu dieser Zeit hatte er schon eine solide Hausmacht hinter sich, so daß man vor den Beratungen von einem „eher zentralistisch eingestellten Adenauer-Flügel" sprach: Er wurde jetzt Vorsitzender des Parlamentarischen Rates. Auch die SPD hat ihn gewählt — aber eher, um ihn kaltzustellen. Einer der ihren soll gesagt haben: „Den Adenauer haben wir zum Präsidenten gewählt, um diesen unbequemen alten Nörgler auf einem Ehrenplatz kaltzustellen. Die eigentliche Arbeit wird im Hauptausschuß geleistet, und in dem präsidiert unser Carlo Schmid."

Diese Postenverteilung hatte Anton Pfeiffer der SPD vorgeschlagen, um dem „alten Herrn" nochmals einen ehrenvollen Präsidentenstuhl zu sichern. Carlo Schmid war der zweite Mann, der sich hervortat. Und der dritte war ein Mann namens Theodor Heuss — in den ersten Nachkriegsjahren Kultusminister von Württemberg-Baden —, der sich vor allem der Grundsatzfragen annahm.

Heuss stritt für den Rechtsstaat und für die liberale Tradition von 1848. Deshalb kamen für ihn auch nur die Farben Schwarz-Rot-Gold als neue Bundesfarben — und als Bundesflagge — in Frage. Heraldische Zusätze lehnte er ab — auch das Kreuz, wie es vorgeschlagen worden war. Also sagte er: „In dieser Frage uns auf das Gebiet des graphisch-kunstgewerblich-geometrischen Wettbewerbs zu begeben, wäre ein Armutszeugnis, das wir uns selbst ausstellen würden."

Abgeordneter Lehr (später Bundesinnenminister): „Ich möchte nur bemerken, daß das Kreuz für mich keine kunstgewerbliche Angelegenheit ist . . ."

Heuss: „Für mich auch nicht."

Lehr: „. . . sondern das Symbol einer Kultur, die die Welt befruchtet hat."

Heuss: „Ich danke Ihnen für die Belehrung. Das gilt für mich genauso."

Die Arbeiten des Parlamentarischen Rates, die sich lange hinschleppten, hatten unter zwei Hypotheken zu leiden: unter der Erinnerung an die erste deutsche Republik und unter den Weisungen der Militärbehörden, denen die Entwürfe der deutschen Politiker zu zentralistisch waren. Von Anfang an kam es daher zu harten Auseinandersetzungen. Zudem arbeiteten die Mitglieder des Rates — 27 gehörten der CDU/CSU an, 27 der SPD, 5 der FDP, 2 dem Zentrum, 2 der DP und 2 der KPD (dazu kamen die 5 Vertreter Berlins mit nur beratender Stimme) — gleichsam im luftleeren Raum. Denn das versprochene Besatzungsstatut, das die Privilegien der Besatzungsmächte, „die Mindesterfordernisse der Besetzung und der Kontrolle", zu definieren hatte, konnte wegen der Meinungsverschiedenheiten unter den alliierten Oberbefehlshabern lange Zeit nicht fertiggestellt werden.

Trotz geduldigen Fleißes kam man nur langsam vorwärts. Er sollte — so hieß es — die alliierten Oberbefehlshaber als Schiedsrichter über die internen Meinungsverschiedenheiten angerufen haben. Immer stärker setzte sich bei der SPD die Meinung durch, man dürfe sich von den Besatzungsmächten überhaupt nicht hineinreden lassen. Sie hätten zu dem Verfassungsentwurf ja oder nein zu sagen, dann aber die ganze Verantwortung für das eventuelle Scheitern der Verhandlungen zu übernehmen.

Adenauer bereitete seine Partei schon jetzt auf den kommenden Wahlkampf vor. Zu dem rheinland-pfälzischen Minister Zimmer, der als „Generalbevollmächtigter der CDU“ für den Wahlkampf eingesetzt war, sagte er in diesen Tagen: „Wir müssen wenigstens acht Jahre lang an der Macht bleiben. Dann haben wir Deutschland auf den Weg gebracht, auf dem es weitergehen kann.“

Es kam zur Krise: Die SPD durfte auf einen starken Widerhall rechnen, wenn sie sich den Wünschen der Besatzungsmächte entgegenstellte. Die Sozialdemokraten weigerten sich,weiter an dem vorliegenden Entwurf mitzuarbeiten. Auch die Militärgouverneure konnten sie nicht umstimmen, und General Clay sagte später: „Ich kann mich nicht erinnern, daß jemals drei Militärgouverneure so eifrig und mit so wenig Erfolg bemüht gewesen sind, sich ihrer Machtbefugnisse zu entledigen.“

Kurt Schumacher — der auch vom Krankenzimmer aus seinen Einfluß nie verloren hat — erschien wieder auf der politischen Bühne. Auf dem Parteitag der SPD in Hannover begründete er am 20. April 1949 die Ablehnung seiner Partei. Eine französische Beobachterin schrieb: „Jetzt sind die Würfel gefallen. Schumacher ruft uns. Er hat seinen Platz nicht verlassen, den Körper nach hinten gelehnt, sein einziges Bein in eine Wolldecke gewickelt. Er sieht aus wie ein Idol, das man verstümmelt hat, und sein Anblick ist gleichzeitig quälend und heroisch.“

Die Alliierten gaben nach, sie gaben am 22. April 1949 wesentliche Teile ihrer Einwendungen auf. Drei Tage danach hatten sich die Parteien geeinigt. Später wurde bekannt, daß die SPD schon zuvor von der Bereitschaft der Alliierten erfahren hatte, im Notfall Konzessionen zu machen. Als Adenauer das am 22. Juli 1949 zur Eröffnung des Wahlkampfes in Heidelberg bekanntgab, erwiderte Schumacher: „Man sollte nach dieser Heidelberger Rede den Namen Adenauer in Lügenauer umtaufen.“ Die Intervention der SPD hatte die Verhandlungen über das Grundgesetz zweifellos zum Guten gewendet. Dennoch kann nicht verschwiegen werden, daß sie nicht den heroischen Charakter hatte, wie es am 20. April 1949 schien.

Am 8. Mai 1949 — vier Jahre nach Kriegsende — wurde

das Grundgesetz mit 53 gegen 12 Stimmen angenommen. Sechs der zwölf Neinstimmen stammten von der CSU, die anderen gehörten den Kommunisten, dem Zentrum und der Deutschen Partei. Unter anderem hat Hans-Christoph Seebohm, der spätere Bundesverkehrsminister, gegen das Grundgesetz gestimmt.

Das neue Gesetz — praktisch die „Verfassung" — eines Staatsgebildes, dem der spätere Vorsitzende der FDP und erste Bundespräsident Professor Theodor Heuss den Namen „Bundesrepublik Deutschland" gab, mußte sich von jeder Tradition lossagen. Alle Vorbilder waren durch die geschichtlichen Veränderungen zweifelhaft geworden. Die alten Länder — außer Bayern — hatte man zerschlagen. Weder das Kaiserreich, noch die Weimarer Republik oder gar das „Dritte Reich" konnten als Maßstab dienen. Die Erinnerung an „Weimar" schwang zwar durch alle Beratungen, doch war es nur eine negative Anregung. Viele Wege von damals konnten nicht mehr gegangen werden.

Nüchtern raffte 1959 der Artikel „Deutschland" des „Staatslexikon" die Problematik der Neugründung zusammen: „Es ist heute, zehn Jahre nach 1948, nicht mehr zu beurteilen, welche Entwicklung ein aus den drei westlichen Besatzungszonen hervorgegangenes politisches Gebilde genommen hätte, das sich aus den Intentionen der Erinnerung an die Weimarer Republik, der Widerstandsbewegung und ihrer Programme und der politischen Diskussionen in der Notzeit nach 1945 entfaltet hätte. Die Kontinuität wäre gewahrt geblieben, aber es ist nicht mehr auszumachen, ob es nicht eine Kontinuität der Katastrophe gewesen wäre. Tatsache ist, daß die Bundesrepublik sich innerhalb eines ihr vorgegebenen Datenkranzes entwickelte, dessen wichtigste Größe die ‚Währungsreform' und die ihr zugehörige Wirtschaftspolitik sowie der ... Zusammenschluß ihrer Zonen war, und daß innerhalb dieses hingenommenen Datenkranzes von den drei Westzonen selbst eine echte, von der gesamten Öffentlichkeit bejahte Demokratie hervorgebracht worden ist ... Was also zunächst als Mangel erscheint, die Ungeschichtlichkeit der Bundesrepublik ... erweist sich zugleich als eine Chance, die keineswegs richtig bezeichnet wird, wenn man sie ‚Wirtschaftswunder' nennt."

Entscheidend für das „Grundgesetz für die Bundesrepublik Deutschland vom 23. Mai 1949" war der Anspruch, den es in der Präambel formuliert. Darin wird gesagt, das „Deutsche Volk", vertreten in den Ländern der Westzonen, habe stellvertretend für ganz Deutschland gehandelt: „Es hat auch für jene Deutschen gehandelt, denen mitzuwirken versagt war. Das gesamte Deutsche Volk bleibt aufgefordert, in freier Selbstbestimmung die Einheit und Freiheit Deutschlands zu vollenden." Diese Formel liegt den Wiedervereinigungsbemühungen der folgenden Jahre zugrunde. Damals wie heute haben der Bundestag und die Bundesbehörden die Auffassung vertreten, das Deutsche Reich sei staatsrechtlich nicht untergegangen. Die Bundesrepublik habe in ihrem staatlichen Dasein eine Art Treuhänderschaft gegenüber dem Gesamtstaat übernommen, der über keine Organe mehr verfügt. Nur die Bundesrepublik, so war jahrelang die Auffassung Bonns — die westlichen Verbündeten haben sie bis in die sechziger Jahre oft genug bestätigt —, sei berechtigt, den Gesamtstaat zu vertreten. Der Deutschen Demokratischen Republik (DDR), die aus der Sowjetzone hervorgegangen ist, fehle dagegen jede demokratische Legitimation. Sie sei ein von der sowjetischen Besatzungsmacht aufgezwungenes Regime. Demgegenüber vertrat die Sowjetunion und mit ihr die DDR seit Ende der fünfziger Jahre eine „Zweistaaten-Theorie". Sie besagte, daß sich auf dem ehemaligen deutschen Reichsgebiet zwei gleichberechtigte Staaten entwickelt hätten. Nimmt man die östlichen Vorstellungen von West-Berlin als einem von der Bundesrepublik unabhängigen Territorium hinzu, so kann man auch von einer „Dreistaaten-Theorie" sprechen. (S. weiter dazu S. 139 ff.)

Das Grundgesetz im Detail zu erläutern, ist hier nicht der Platz*). Nur an einige wesentliche Unterscheidungen gegenüber der Verfassung von Weimar sei erinnert. Als entscheidende Gefahrenquelle für den Zusammenbruch des demokratischen Staates hat man die Unstabilität seiner Regierung und die allzu starke Häufung von Machtbefugnissen

*) Siehe u. a. hierzu: Peter Scholz, „Die deutsche Demokratie", in dieser Reihe „Geschichte und Staat", Band 101/102.

beim Reichspräsidenten erkennen wollen. So wurde der neue „Bundespräsident“ rigoros jeder Machtstellung entkleidet und praktisch auf die Funktion der „Staatsrepräsentation“ beschränkt. Dagegen wurde die Stellung des „Bundeskanzlers“ — des Regierungschefs — durch die Einführung des „konstruktiven Mißtrauensvotums“ erheblich gestärkt. Ein Sturz der Regierung ist seitdem nur möglich, wenn sich die parlamentarische Opposition bei Mißtrauensanträgen gegen die Regierung zuvor mit der Mehrheit der Mitglieder des Bundestags auf einen gemeinsamen Kandidaten geeinigt hat. Der Wille, die Regierung zu stürzen, ohne eine Vorstellung von der darauf folgenden Mehrheit zu haben, genügt nicht mehr. Allerdings hat das gescheiterte Mißtrauensvotum der CDU/CSU gegen die erste Regierung Brandt/Scheel im Jahre 1972 gezeigt, daß es kein Patent für die Vermeidung langfristiger Regierungskrisen gibt.

Darüber hinaus hatte man es sich angelegen sein lassen, die Verfassungsgerichtsbarkeit auszuweiten. Es steht nunmehr dem Bundesverfassungsgericht die letzte Entscheidung in allen Fragen zu, die die Verfassung und die Verfassungsmäßigkeit politischer Maßnahmen betreffen. In dem Artikel 21 des Grundgesetzes schließlich hat sich die Erfahrung niedergeschlagen, daß undemokratische Parteien — wie die NSDAP — einen Staat unterhöhlen können. Dem Bundesverfassungsgericht in Karlsruhe steht daher die Möglichkeit des Verbots offen. Sie ist später gegen rechtsradikale (SRP) und linksradikale (KPD) Parteien mit Erfolg angewandt worden.

Wenn auch durch den „Aufstand“ der SPD unter Dr. Kurt Schumacher extrem föderalistischen, ja „partikularistischen“ Bestrebungen der Besatzungsmächte gewehrt worden war, so ergaben sich doch Kompetenzen für die Länder, schon aus dem geforderten föderalistischen Aufbau und allein aus der Tatsache, daß sie vor dem Bund bestanden hatten. Ihnen unterstehen seitdem vor allem das Gemeinde-Polizei-, Schul- und Kultuswesen. Die „Kulturhoheit“ der Länder hat etwa in Rundfunk- und Fernsehfragen zu heftigen Auseinandersetzungen mit dem Bund geführt. Einfluß üben sie darüber hinaus in ihrer Eigenschaft als Verwaltungsgebiete aus, da die Gesetzgebung des Bundes nur über die Länder ausgeführt werden kann. Von der Zentrale her sind die Interessen der Länder durch die Mitwirkung des „Bundesrates“ bei der Gesetzgebung des Bundes gesichert. Dies geschieht um so sicherer, weil die Mitglieder des Bundesrates keine gewählten „Senatoren“ sind, sondern Delegierte der Länderregierungen, die nach Weisungen abstimmen.

Der Bundesrat wird derart zu einem Spiegel der Machtverhältnisse in den Ländern. Er ist im Grunde eine Versammlung von Landesministern. Bei Gesetzen, die allein die Kompetenz des Bundes berühren, hat der Bundesrat nur ein Einspruchsrecht, das von der Bundestagsmehrheit überwunden werden kann. Bei den sogenannten „Zustimmungsgesetzen“, auch föderative Gesetze genannt, die der Genehmigung auch durch die Länder bedürfen, wie auch bei Verfassungsänderungen muß die Zustimmung des Bundesrates (im letzten Falle mit zwei Dritteln der Stimmen) zwingend eingeholt werden. Selbst bei den „einfachen“ Gesetzen vermag der Bundesrat darüber hinaus die Arbeit der Bundesregierung dann stark zu behindern, wenn in ihm die Oppositionsstimmen in der Überzahl sind. Es zeigen sich dann Wechselwirkungen, die Eschenburg so beschreibt: „Während der Bundesrat gerade ein föderalistisches Organ sein soll, hat die Verzahnung von Bundespolitik und Landespolitik im Bundesrat dazu geführt, daß die Landespolitik selber zentralistischen Einwirkungen stark ausgesetzt ist ... Der betonte Föderalismus hat zu zentralistischen Reaktionen dadurch geführt, daß die Gliedstaaten im Gegensatz zur Schweiz und zu Amerika an der Gestaltung der Bundespolitik beteiligt sind und daß die Landesparteien nicht selbständig, sondern Teile der Bundesparteien sind ... Die Landtagswahlen können zu mittelbaren Bundestagswahlen werden, die durch ihre zeitliche Streuung innerhalb der Bundestags-Legislaturperiode wie Nachwahlen wirken.“ Das ist eine Bemerkung des politischen Wissenschaftlers, die von jeder Landtagswahl bestätigt wird.

Nachdem die Militärgouverneure den Text des Grundgesetzes genehmigt und die Länder ihm — mit Ausnahme von Bayern — zugestimmt hatten, konnte diese vorläufige Verfassung der westdeutschen Republik am 23. Mai verkündet werden und am 24. Mai in Kraft treten. Zur gleichen Zeit begann in Paris eine weitere Außenministerkonferenz der vier Großmächte, die trotz der Aufhebung der Berliner Blockade am 4. Mai wieder keine Einigung in der Deutschlandfrage brachte.

Zwei Tage nach der Annahme des Grundgesetzes im Parlamentarischen Rat war eine weitere Entscheidung zu fällen: Noch war unklar, wo die künftige Bundeshauptstadt ihren Platz finden sollte. Frankfurt am Main und Bonn standen zur engeren Wahl. Eine Kommission hatte nachgeforscht und ausgewertet und war eigentlich eher zu dem Ergebnis gekommen, daß Frankfurt vorzuziehen sei. Zuvor war der Sachbearbeiter wegen Überlastung zusammengebrochen. Am Schluß waren es nicht die Argumente, die zählten, sondern eine Falschmeldung. Der Reporter einer Nachrichtenagentur meldete am Tag der Wahl, Kurt Schumacher habe auf einer Fraktionssitzung in Köln erklärt, die Wahl Frankfurts werde einen Sieg der SPD und eine Niederlage der CDU darstellen. Carlo Schmid sagte noch vor dem Wahlgang im Parlamentarischen Rat, die Nachricht sei falsch. Doch er rettete nichts mehr. Mit der notwendigen absoluten Mehrheit von 30 zu 29 Stimmen — nicht eine hätte fehlen dürfen — rettete sich Bonn ins Ziel. Bei der Verabschiedung des Grundgesetzes hatten sich die Bonner nicht sonderlich interessiert gezeigt. Doch jetzt drängten sie sich in den Gängen der Pädagogischen Akademie, wurden nach der Wahl in den Bonner Lokalen wahrhafte Volksfeste gefeiert und die Bonner Geschäftsleute tranken freudig auf eine gute Zukunft.

Kurt Schumacher konnte im August nur noch erklären: „Dadurch, daß ein Dena- und ein DPD-Journalist eine Äußerung von mir erfanden, stimmten drei CDU-Abgeordnete für Bonn und nicht für Frankfurt. Das Resultat ist also anfechtbar. Für unverantwortlich halte ich es, eine Hauptstadt am linken Rheinufer zu haben.“ Schumacher hatte die Gefahr der klerikalen Verschwörung an die Wand gemalt, als er vor der Stadt am Rhein warnte: „In Bonn würden sich Kardinal Frings und Adenauer quasi über die Ortsleitung miteinander unterhalten. Das Parlament im eigenen Hause!“ Auf die Rolle der Kirche im politischen

Leben von Professor Heuss angesprochen, erwiderte darauf Adenauer eines Tages: „In der Politik hat Frings weder ja noch nein zu sagen, sondern nur Amen.“ Später entschied sich der Bundestag noch einmal für Bonn.

Niemand ahnte im Mai 1949, daß mit der Wahl Bonns schon ein Indiz für den kommenden Wahlsieg der ersten Bundestagswahlen gegeben worden war. Noch am Vortage des 14. August standen die Wetten ausländischer Korrespondenten 70 zu 30 für Schumacher und seine Partei. Doch er erlebte die größte Enttäuschung seines Lebens. Adenauer verbrachte die Wahlnacht zu Hause und ging um zehn Uhr abends zu Bett; Schumacher verlebte die für ihn bittersten Stunden im Parteibüro der SPD in Hannover. Die Morgenstunden zeigten den Sieg der CDU. Von den 402 Abgeordneten gehörten 139 der CDU/CSU an und 131 der SPD.

Diese Wahl war noch keine Adenauer-Wahl gewesen. Es war die Wahl der „Sozialen Marktwirtschaft“ Ludwig Erhards, so wie auch noch die nächste. Aber Adenauer hatte sich als der große politische Dirigent erwiesen. Als er für eine kleine Koalition mit der FDP und der Deutschen Partei eintrat, erhob sich kein ernstzunehmender Widerspruch. Auch seine Kandidatur als Bundeskanzler war bald klar. Für den Bundespräsidenten schlug er den Führer der zweitstärksten Fraktion der kommenden „kleinen Koalition“, Theodor Heuss, vor.

„Weiß denn Professor Heuss schon von seinem Glück?“ fragte ihn ein Gesprächspartner. „Bis jetzt noch nicht“, antwortete Adenauer. Ein bayerischer Vertreter wandte ein: „Professor Heuss ist, soviel ich weiß, nicht gerade kirchenfreundlich eingestellt.“ Aber Adenauer bescheidet ihn: „Er hat eine sehr fromme Frau, das genügt.“

## Exkurs: Theodor Heuss

Am 12. September wurde Theodor Heuss im zweiten Wahlgang — (gegen Dr. Kurt Schumacher) — zum Bundespräsidenten gewählt. Sein Amt ist im wesentlichen auf Repräsentation beschränkt. Und doch wurde Heuss in den folgenden acht Jahren zu einem Repräsentanten des „besseren Deutschland“, des zivilen deutschen Geistes. Mit Theodor Heuss ist dem jungen deutschen Staat der seltene Glücksfall widerfahren, daß sich Amt und Geist im Staatsoberhaupt zusammenfinden. Heuss gesellt nach dem christlichen Politiker Adenauer und dem Sozialisten Schumacher der Farbskala von politischen Ordnungsvorstellungen den Tupfen sozial verpflichteten Liberalismus zu, der in seinem Heimatland Württemberg eine alte Tradition besitzt, doch dem deutschen Volke insgesamt recht wenig sagt.

Der 1884 in Brackenheim bei Heilbronn geborene Politiker hat nichts aus seinem Leben ausgeschlossen. Als gelernter Nationalökonom hat er sich der Kunstgeschichte befleißigt, als liberaler Abgeordneter im Reichstag hat er die Wissenschaft von der Politik gelehrt und als unverfälschter Schwabe hat er doch Jahrzehnte seines Lebens in Berlin verbracht.

Sein politisches Wirken ist schon früh von Friedrich Naumann geprägt, der einem christlichen und sozialen Liberalismus das Wort redete und in dessen Zeitschrift „Hilfe“ er schon im Jahre 1905 eintrat. Sein politisches Wirken in der Deutschen Demokratischen Partei (später Deutsche Staatspartei) begann im Jahre 1918. Von 1924 bis 1928 und von 1930 bis 1933 war er Reichstagsabgeordneter. Schon 1931 hatte er in seinem Buch „Hitlers Weg“ vor dem Aufkommen des Nationalsozialismus gewarnt.

Heuss blieb während des Dritten Reiches in Deutschland. Nach 1945 hatte er das Amt des Kultusministers in Württemberg-Baden inne. Später wurde er in den Parlamentarischen Rat berufen. 1946 war er zum Vorsitzenden der Freien Demokraten in der US-Zone gewählt worden. Mitte Juni 1949 übernahm er den Vorsitz der Bundespartei. Der erste Präsident der Bundesrepublik ist der Verfasser des Vorspruchs ihres Grundgesetzes. Nicht von der Technik der Macht, sondern von dem Geist des neuen Staatswesens erwartete er die Gesundung der schwach entwickelten deutschen Demokratie. Diese läuternde und geläuterte Gesinnung machte aus dem leeren Repräsentationssessel des Bundespräsidenten eine Institution, die auch die Nachfolger verpflichtete. Heuss wurde zu Beginn seiner zweiten Amtsperiode ohne Gegenkandidat wiedergewählt, ein Zivilist, der die allgemeine Wehrpflicht verteidigte, ein Bürgerlicher, der die Probleme des 20. Jahrhunderts wie kaum einer verstand. „Wo er ist und wo er sich bemerkbar macht", so schrieb Friedrich Sieburg, „da wird der Bildungsbegriff ganz unproblematisch und erweist sich als Lebenselement".

Mit Theodor Heuss war inmitten einer Gesellschaft, in der das „Bürgerliche" fragwürdig geworden ist, noch einmal ein Angehöriger der alten deutschen Bildungsschicht auf den ersten Platz im Staate gerückt. Ein Intellektueller als erster Mann des Staates — das war für Deutschland etwas neues. Soweit es ein einzelner vermochte, hat er der deutschen Politik einen Stil vorgeprägt. Von seiner Aufgabe hat er bemerkt: „Ich bin da, um moralisches Gewicht für die Bundesrepublik und für meinen Nachfolger zu sammeln". Im Herbst des Jahres 1959 hat er seinem Nachfolger Heinrich Lübke, einem Mann anderen Typs, der eher das Aufrecht-Biedersinnige im Deutschen verkörperte, seinen Platz geräumt. Heuss war ein Mann ohne Macht, jedenfalls ohne staatsrechtlich faßbare Macht, dessen Wirken indessen aus den ersten zehn Jahren des Bestehens der Bundesrepublik nicht wegzudenken ist. 1963 ist er gestorben.

In einer Gedenkrede sagte der Soziologe Theodor W. Adorno von ihm: „Zunächst war Heuss wohl als erstes deutsches Staatsoberhaupt seit Menschengedenken Zivilist durch und durch ... Heuss war ein Staatsoberhaupt, das, ohne zu zittern, anstelle des Schwertes seinen Füllfederhalter führte ... Er bewährte eine der seltensten und besten Tugenden des Intellektuellen, die der Selbsterweiterung ... Es bestand zwischen ihm und den angeblich anonymen und entfremdeten Massen etwas kaum noch Vorstellbares: Kontakt ohne Demagogie."

## Die Gründung der NATO

Während die neue deutsche Demokratie ihre Form fand, war es zu einem Vertragsabschluß gekommen, der die Beziehungen der europäischen Völker und der USA auf eine neue Basis stellte: Am 4. April 1949 hatten die USA, Großbritannien, Frankreich, Kanada, die Benelux-Länder, Dänemark, Norwegen, Island, Italien und Portugal den „Nordatlantikpakt“ abgeschlossen. (Griechenland und die Türkei traten im Jahre 1951 bei.) Die Mitgliedsstaaten verpflichteten sich, den bewaffneten Angriff auf einen von ihnen, sei es in Europa oder Nordamerika, als einen gegen alle gerichteten Angriff zu betrachten. Eine Atlantikpakt-Organisation (NATO) wurde ins Leben gerufen, welche die militärischen Voraussetzungen für einen Verteidigungsfall zu schaffen hatte. Wenn es auch nicht ausgesprochen wurde, so war dieser Defensivpakt als Zusammenschluß gegen die Bedrohung durch den sowjetischen Block gedacht.

Zwei Dinge machten Epoche: Zum ersten Male in ihrer Geschichte engagierten sich die USA außerhalb eines Krieges militärisch auf dem europäischen Festland. Sie gaben den dort beheimateten Nationen damit den Rückhalt, der ihnen bis dahin fehlte, die Möglichkeit auch, wieder ein europäisches Selbstvertrauen zu entwickeln, für das der Marshall-Plan den wirtschaftlichen Boden bereitet hatte. Darüber hinaus aber zeigte die Stoßrichtung des Paktes, daß die Ängste der Jahrhundertmitte sich endgültig verlagert hatten. Der Brüsseler Pakt vom Jahre 1948 war noch gegen Deutschland gerichtet gewesen. Jetzt wurde es nicht mehr als Bedrohung empfunden. Im Gegenteil: Die NATO empfing einige Jahre später den freien Teil als Partner, nicht aus Gründen warmen Wohlwollens, wozu kein Anlaß bestand, sondern aus politischer Notwendigkeit. Aus der „Einen Welt“ der Kriegszeit, die zerbrochen war, war das „Gemeinsame Boot“ der europäischen Nationen und der USA geworden.

Das Grundgesetz galt in einem Staat, der praktisch von der Welt abgeschirmt war. Das Besatzungsstatut, das nach langen internen Auseinandersetzungen der Westmächte alsbald in Kraft trat, schränkte den Wirkungsbereich des neuentstandenen Staates entscheidend ein. In vielen kleinen Schritten wurde die Souveränität erst im Jahre 1955 erreicht. 1949 konnte die Bundesrepublik weder Außenpolitik noch Außenhandelspolitik treiben; sie stand unter scharfer wirtschaftlicher wie politischer Kontrolle und hatte vorläufig die Produktionsbeschränkungen zu tragen, die der zweite Wirtschaftsplan vom August 1947, der eine Industrie-Produktion von 90 bis 95 Prozent des Vorkriegsstandes vorsah, ihr auferlegt hatte. Die Liste der zu demontierenden Betriebe war seit dem April 1949 allerdings stark eingeschränkt worden.

## Sowjetzone und DDR

| | |
|---|---|
| *15. November 1946:* | *Entwurf einer Verfassung für eine „Deutsche Demokratische Republik" von der SED veröffentlicht.* |
| *14. Juni 1947:* | *Bildung einer zentralen „Deutschen Wirtschaftskommission" in der Zone.* |
| *18. März 1948:* | *Der zweite „Volkskongreß für Einheit und gerechten Frieden" erklärt sich zur einzigen Repräsentation Deutschlands.* |
| *3. Juli 1948:* | *Verbände der Kasernierten Volkspolizei werden in der Zone aufgestellt.* |
| *28. Januar 1949:* | *Politbüro der SED zur strafferen Führung der Partei eingesetzt.* |
| *7. Oktober 1949:* | *Der am 30. Mai gewählte Deutsche Volksrat konstituiert sich als provisorische Volkskammer, d. h. Parlament. Sie setzt die Verfassung der DDR in Kraft.* |
| *11. Oktober 1949:* | *Wilhelm Pieck zum Präsidenten der DDR gewählt.* |
| *16. Oktober 1949:* | *Austausch von diplomatischen Vertretungen zwischen der UdSSR und der DDR.* |
| *17. Juni 1953:* | *Volksaufstand in der DDR.* |

Der aus „Einheitslisten“ hervorgegangene „Deutsche Volkskongreß“ bestätigte seinerseits am 30. Mai 1949 die erste Verfassung der „Deutschen Demokratischen Republik“. Sie nahm keinerlei Bezug auf die deutsche Teilung. Im Artikel 1 hieß es: „Deutschland ist eine unteilbare demokratische Republik; sie baut sich auf den deutschen Ländern auf.“ Am 7. Oktober 1949 erklärte sich der „Deutsche Volksrat“ selbst zur „Provisorischen Volkskammer“ und beauftragte den ehemaligen Sozialdemokraten Otto Grotewohl (geboren 1894), der als einer der wenigen Spitzenfunktionäre der SPD dem Druck Moskaus und Ulbrichts nachgegeben und der Verschmelzung zur Einheitspartei zugestimmt hatte, mit der Regierungsbildung. Mit der Wahl von Wilhelm Pieck — ebenso wie der Generalsekretär der SED, Walter Ulbricht, sowjetischer Staatsbürger — zum Präsidenten etablierte sich die DDR endgültig.

Mit diesem Vorgang fand eine Entwicklung in der Zone ihr provisorisches Ende, die bis dahin in der Blockpolitik der sogenannten „antifaschistisch-demokratischen Parteien“ bestand. Diese Politik, mit der es den einzelnen Fraktionen unmöglich gemacht wurde, eigene Beschlüsse zu fassen, hatte sich im ersten Stadium der Nachkriegsgeschichte der Sowjetzone als notwendig erwiesen, da die staatstragende Partei, die SED, von sich aus keine Mehrheit erringen konnte. Aus solcher Blockpolitik entsprangen auch die Einheitslisten der Volkskammerwahlen des Jahres 1950 mit ihren fest zugeteilten Mandatsquoten. Erst später wurde der Einfluß der SED durch Hinzutritt der kommunistisch beherrschten Nationaldemokratischen Partei (NDPD) und der Demokratischen Bauernpartei (DBD), dazu von Fraktionen der sogenannten Massenorganisationen, wie des „Freien Deutschen Gewerkschaftsbundes“ (FDGB) und der „Freien Deutschen Jugend“ (FDJ) hinlänglich gesichert, um auf die Blockbildung verzichten zu können. Damit schwanden auch die letzten geringen Einflußmöglichkeiten der „bürgerlichen“ Parteien.

Auf das eine Ziel einer Umwandlung der Gesellschaft im kommunistischen Sinne, auf die Vergesellschaftung des Menschen, sind in der DDR seitdem alle staatlichen Maßnahmen zugeordnet. Nicht nur die Kollektivierung und

Enteignung von Großbetrieben bis hinunter zum Einzelhändler, Handwerker und Bauern dienen dieser Absicht; jede gesellschaftliche Funktion wird diesem Zwecke untergeordnet. Mit der Vokabel von der „Demokratisierung" aller Lebensbereiche wird dieser Tatbestand zugedeckt. Vom Richter wird verlangt, daß er „parteilich" urteile. Die Rechtssprechung dient damit allein dem politischen Ziel. „Einhaltung der Gesetzlichkeit bedeutet Wahrung der Parteilichkeit." Der Soldat wird auf die „Arbeiter- und Bauernmacht" eingeschworen. Der FDGB ist nur ein „Treibriemen" der Staatspartei. „So verläuft das Leben der SBZ-Deutschen auf einer ständig kontrollierten, von den Thälmann-Pionieren über die FDJ zur SED führenden Bahn" (Schenburg).

Trotz härtester Zwangsmaßnahmen, die eine Flucht von Millionen aus der Zone zur Folge hatten, ist es dem Regime der DDR lange Jahre nicht gelungen, die innere Anerkennung durch die Bevölkerung zu erlangen. Zum schlagenden Ausdruck für die schwärende Unzufriedenheit in der Sowjetzone wurde der Volksaufstand des 17. Juni 1953, als die Bevölkerung, vor allem die Arbeiter, zuerst eine Aufhebung der Normenerhöhung und schließlich freie Wahlen, damit die Befreiung von dem unerträglich gewordenen System verlangten. Vorausgegangen war die Ankündigung auf der 2. Parteikonferenz der SED im Jahre 1952, daß der beschleunigte „Aufbau des Sozialismus" begonnen werde und mit einer „Verschärfung des Klassenkampfes" zu rechnen sei.

Nach dem Tode Stalins hatte sich bei den Spitzenfunktionären der SED Unsicherheit über den einzuschlagenden Kurs ausgebreitet. Als deren Folge und auf Anweisung von Moskau beschloß das Politbüro der SED am 9. Juni 1953 mit dem Eingeständnis einer „Reihe von Fehlern", die seit Mitte 1952 beschleunigt vorangetriebene Entwicklung zur Volksdemokratie zu bremsen. Normerhöhungen bis zu zehn Prozent, die man inzwischen von den Arbeitern zu fordern begonnen hatte, führten dann jedoch zu den ersten Arbeitsniederlegungen von etwa 10 000 Arbeitern an der Ost-Berliner Stalin-Allee am 16. Juni. Die Demonstration weitete sich am nächsten Tag zu einem Volksaufstand in der ganzen Zone aus. Etwa 270 Orte wurden davon erfaßt; mehr als 370 000 Arbeiter streikten. Nach Berlin waren es vor allem das mitteldeutsche Industriegebiet und der Magdeburger Raum, die sich unzufrieden zeigten. Waren es zuerst wirtschaftliche Forderungen, die zu dem Aufstand geführt hatten, so gewannen wenig später politische Forderungen die Oberhand.

In diesem Stadium griffen die sowjetischen Truppen ein, die sich zuerst abwartend verhalten hatten. Der Aufstand, von dem der Westen ebenso überrascht worden war wie der Osten und der sich niemals eine zentrale Führung hatte schaffen können, war vergeblich. Er schlug aber seine Wellen bis in die Zwangsarbeitslager von Workuta (UdSSR) und die Satellitenländer und wirkte so weit über seinen direkten Anlaß hinaus*).

## Petersberger Abkommen und Mitbestimmung

Bald nach der Errichtung der Bundesrepublik steigerten sich die innenpolitischen Spannungen. Das Besatzungsstatut war im September in Kraft getreten; die militärischen Oberbefehlshaber wurden durch zivile Hohe Kommissare ersetzt, die auf dem Petersberg bei Bonn ihren Sitz genommen hatten. Niemanden nimmt es wunder, daß es das Ruhrstatut und die immer noch anhaltenden Demontagen waren, die zur ersten schweren Auseinandersetzung zwischen Regierung und Opposition führten. Mit Knüppeln und Steinen waren in den Sommer- und Herbstmonaten des Jahres 1949 die Arbeiter des Ruhrgebietes gegen die Demontage-Kolonnen vorgegangen. Der englische Gouverneur für Nordrhein-Westfalen hatte mit der Anwendung von Gewalt gedroht, wenn dieser Widerstand nicht aufhöre. Erbittert waren die Arbeiter, weil nicht nur Kriegspotential abgebaut werden sollte, sondern ebenso Schiffswerften,

*) Ausführlich über die Entwicklung in der DDR Heisenberg/Sühlo/Bröll: „Der andere Teil Deutschlands", München [3]1971, in dieser Reihe „Geschichte und Staat", Band 117/117a.

Raffinerieanlagen und Werke, die zur Herstellung von Waschmitteln dringend benötigt wurden. Sie appellierten an die amerikanischen Gewerkschaften um Hilfe. Und sie hatten Berechtigung dazu. Denn welch ein wirtschaftlicher Unsinn, wenn etwa das Stahlwerk von Krupp in Essen-Borbeck mit zehn Millionen Mark dem Reparationskonto gutgeschrieben wird, die Kosten der Demontage aber zwanzig Millionen Mark betragen.

Die Arbeiter kämpften unter dem Wahlspruch: „Wirtschaftskonkurrenz darf kein Anlaß zu Demontage sein." Sie hängten schwarzgekleidete Puppen an die Fabriktore mit dem Schild: „Sie nahmen mir mein Brot, mir bleibt nur noch der Tod." Das Prestige der neugebildeten Regierung Adenauer hing davon ab, daß es ihr gelang, diesen Demontagen Einhalt zu gebieten. Dazu gab sich plötzlich eine Möglichkeit: Die westlichen Alliierten boten den Deutschen an, einen Platz in der 1949 gebildeten Internationalen Ruhrbehörde einzunehmen. Sie war für die Kontrolle des Ruhrgebietes verantwortlich. Das Ruhrstatut war in London beschlossen worden. Für die Deutschen bedeutete es in diesem Augenblick nichts anderes, als daß sie sich mit drei von fünfzehn Stimmen praktisch nicht gegen die Maßnahmen der Behörde wenden konnten, dennoch aber für ihre Maßnahmen mit verantwortlich waren.

Die Frage war, ob man auf die Zukunft vertraute, die den Deutschen diese Last von selbst abnehmen würde. (Wer dachte schon in diesem Augenblick an das Jahr 1952, in dem das Ruhrstatut zu den Akten gelegt wurde?) Es war ein Stück Spekulation dabei — und ein Stück deutschen Wohlverhaltens. Denn die Alliierten wollten den Beitritt. Schumacher und die Opposition aber lehnten es ab, einer Organisation beizutreten, die ohne deutsche Beteiligung zustande gekommen war.

Dennoch wagte Adenauer das Spiel. Am 16. November 1949 hatte die erste außenpolitische Debatte des Bundestags die unversöhnliche Gegnerschaft der beiden Rivalen festgehalten. Adenauer zitierte in einem Zuge Reden Schumachers und Aussprüche von Ribbentrop und Gregor Strasser; Schumacher nannte Adenauer den „Sprecher einer versunkenen Welt".

Am 22. November 1949 schloß Dr. Adenauer mit den Hohen Kommissaren ohne Rücksprache mit dem Parlament das „Petersberger Abkommen" ab. Es war nicht nur der erste, zumindest nach außen hin, frei verhandelte Vertrag, nicht nur ein erstes Anzeichen beginnender Gleichberechtigung, sondern ebenso erste Andeutung der Politik in der Ära Adenauer. Im Petersberger Abkommen erklärten sich die Alliierten zu weitgehenden Konzessionen bereit. 18 große Industriewerke wurden von der Demontageliste gestrichen, die Berliner Betriebe gerettet, die Basis zu einem Neuanfang für den deutschen Schiffsbau geschaffen. Wörtlich heißt es — einige Absätze seien zitiert, um die Bedeutung der damaligen Vereinbarung für die kommende wirtschaftliche Entwicklung zu kennzeichnen — in dem Abkommen:

„8. Die Hohe Kommission hat die Frage der Demontage angesichts der von der Bundesregierung gegebenen Zusicherung erneut überprüft und folgenden Änderungen des Demontageplans zugestimmt.

Die nachstehend aufgeführten Werke werden von der Reparationsliste gestrichen und die Demontage ihrer Einrichtungen wird sofort eingestellt:

a) Synthetische Treibstoff- und Gummiwerke, Farbenfabriken Bayer, Leverkusen; Chemische Werke, Hüls (mit Ausnahme bestimmter Einrichtungen für Forschungszwecke, die unter dem Gesichtspunkt der Sicherheit Bedeutung besitzen); Gelsenberg Bezin-A.-G., Gelsenkirchen; Hydrierwerke Scholven A.-G., Gelsenkirchen-Buer; Ruhröl GmbH., Bottrop; Ruhrchemie A.-G., Oberhausen-Holten; Gewerkschaft Viktor, Castrop-Rauxel; Krupp-Treibstoff-Werke, Wanne-Eickel; Steinkohlenbergwerk Rheinpreußen, Moers; Dortmunder Paraffin-Werke, Dortmund; Chemische Werke, Essener Steinkohle, Bergkamen.

b) Stahlwerke: August-Thyssen-Hütte, Duisburg-Hamborn; Hüttenwerke Siegerland A.-G., Charlottenhütte, Niederschelden; Deutsche Edelstahlwerke, Krefeld; Hüttenwerk Niederrhein A.-G., Duisburg; Klöckner-Werke-A.-G., Düsseldorf; Ruhrstahl A.-G., Heinrichshütte, Bochumer Verein A.-G., Gußstahlwerke, Bochum.

Die Demontage oder der Abbruch solcher Elektroöfen,

die für die Aufrechterhaltung des Betriebes dieser Werke nicht notwendig sind, wird weiterhin durchgeführt.

c) Die Demontage in den IG Farben-Werken Ludwigshafen-Oppau wird eingestellt mit Ausnahme der Einrichtungen für die Herstellung von synthetischem Ammoniak und Methanol, soweit deren Entfernung im Reparationsplan vorgesehen ist.

d) In Berlin wird jegliche Demontage eingestellt, und die Arbeit in den betreffenden Werken wird wieder ermöglicht."

Der Bundesrepublik wurde als erstes Zeichen beginnender außenpolitischer Tätigkeit die Befugnis zugestanden, Konsulate im Ausland zu errichten. Man akzeptierte sie auch als gleichberechtigtes Mitglied in der Marshallplan-Organisation. Diesen Zugeständnissen waren Konzessionen der Bundesregierung vorausgegangen. Sie erklärte sich bereit, in den Europarat einzutreten, die vorgesehenen Dekartellisierungsmaßnahmen zu unterstützen, an der Alliierten Sicherheitsbehörde, welche die Abrüstung in Deutschland überwachte, mitzuarbeiten. Entscheidender Streitpunkt war jedoch — wie schon gesagt — der Beitritt zur „Ruhrbehörde", in der Westdeutschland bisher nur als Beobachter vertreten war. Ihr Statut beruhte auf einem einseitigen Akt der Siegermächte (Londoner Sechs-Mächte-Konferenz vom 28. April 1949) und entzog die Ruhr der deutschen Verfügungsgewalt. Die Alliierten hatten auf einem deutschen Eintritt bestanden, damit ihre vorangegangene einseitige Entscheidung von den Deutschen selbst legitimiert werde. Nach Meinung der Opposition wurden mit diesem Schritt Entscheidungen über die deutsche Wirtschaft vorweggenommen, die sich in einer günstigeren Atmosphäre als verfrüht erweisen konnten.

Am Donnerstag, den 24. November 1949, um 17 Uhr wurde das Abkommen gleichzeitig in London, Paris, Washington und Bonn bekanntgegeben. Adenauer trug es im Bundestag vor. Aus diesem Anlaß formulierte Adenauer zwei Sätze, mit denen die Regierungspolitik eigentlich bis heute gekennzeichnet werden kann. „Das deutsche Volk muß sich darüber klar sein, daß es nur schrittweise das volle Vertrauen der Welt wiedergewinnen kann ... Zur

Erlangung dieses Vertrauens ist eine sklavische Unterwürfigkeit ebenso falsch wie eine dumme und überhebliche Politik."

Der Entschluß, dem Ruhrstatut beizutreten, sei notwendig gewesen, sagte Adenauer, um die Einstellung der Demontagen zu erreichen. Zu 90 Prozent sei dies gelungen. „In diesem Augenblick gehen die Einstellungsbefehle heraus." Die SPD fühlte sich und das Parlament übergangen. Sie formulierte einen Mißtrauensantrag, mit dem Adenauer „verfassungswidriges Verhalten" vorgeworfen wurde. Um 20.40 Uhr begann die Aussprache über das Abkommen.

Die heiße Debatte wurde noch heißer durch die Erklärung Adenauers, er habe vom Vorstand des Deutschen Gewerkschaftsbundes — der erst im Oktober gegründet worden war — ein Telegramm erhalten, daß er mit dem Petersberger Abkommen einverstanden sei. Die SPD will es zunächst nicht glauben. Adenauer erklärt: „Ich möchte den Herrn Kollegen Schumacher bitten, sich nicht an mich zu wenden, sondern an Herrn Dr. Böckler." Dann aber mußte die SPD einsehen, daß sie von ihrem wichtigsten Bundesgenossen verlassen worden war. Adenauer hatte recht: Der Deutsche Gewerkschaftsbund unter Hans Böckler hatte sich selbständig gemacht. Die Position der SPD war durch die Stellungnahme des DGB, der sich unter Führung von Hans Böckler — wir werden auf ihn noch zurückkommen — für das Petersberger Abkommen mit seinen Konsequenzen einsetzte und die Erfolge auf dem Gebiet der Demontage begrüßte, entscheidend geschwächt worden. Es ist ein weiteres Beispiel dafür, wie in dieser Zeit politische Einsichten auf allen Gebieten immer wieder von Einzelpersönlichkeiten geprägt wurden, während die Massenorganisationen selbst noch kaum einen eigenen Willen entwickelten.

Die Debatte nahm die Nachtstunden in Anspruch. Zum viertenmal betrat Adenauer das Rednerpult, um seine Vorstellungen zu verteidigen. Was dann voll dramatischer Spannung folgte, hat das Bundestagsprotokoll so aufgezeichnet:

Adenauer: „Ich stelle fest — ich muß das nach den letzten Reden des Herrn Kollegen Ollenhauer leider feststellen —, daß die Sozialdemokratische Fraktion bereit ist, eher die ganze Demontage bis zum Ende gehen zu lassen, als an Stelle eines Beobachters einen Vertreter in die Ruhrbehörde zu entsenden (Zuruf bei der SPD: ‚Eine politische Taktlosigkeit'). Das ist die Frage, um die es sich handelt ... Wenn sie erklärt: Nein, dann weiß sie auf Grund von Erklärungen, die mir ... General Robertson gemacht hat, daß die Demontage bis zum Ende durchgeführt wird."

Schumacher: „Das ist nicht wahr" (Zurufe bei der SPD: „Sprechen Sie als deutscher Kanzler? Wo steht denn das?").

Schumacher: „Der Bundeskanzler der Alliierten."

(Stürmische Protestrufe, großer Lärm, Glocke des Präsidenten. Abgeordnete der SPD und der CDU erheben sich von den Plätzen und führen erregte Auseinandersetzungen.)

Bundestagspräsident Dr. Köhler: „Herr Abgeordneter Dr. Schumacher! Für diese Bezeichnung des Bundeskanzlers als Bundeskanzler der Alliierten rufe ich Sie zur Ordnung — Herr Bundeskanzler fahren Sie bitte fort!" (Fortdauernder Lärm. Abgeordneter Ollenhauer: „Herr Adenauer hat ihn herausgefordert und niemand anders!" — Weiter erregte Zurufe und persönliche Auseinandersetzungen. Glocke des Präsidenten.)

Dr. Köhler: „Ich habe doch Herrn Abgeordneten Dr. Schumacher zur Ordnung gerufen." (Zuruf in der Mitte: „Das genügt nicht!" Abgeordneter Strauß: „Entschuldigen Sie sich, Herr Schumacher, sonst ziehen wir aus dem Parlament aus!" — Dr. Adenauer verläßt die Rednertribühne.)

Um 3.21 Uhr wurde die Sitzung unterbrochen, der Ältestenrat einberufen. Während dieser Zeit sitzt Schumacher in seinem Fraktionszimmer. Ein Augenzeuge berichtet darüber: „In den frühen Morgenstunden des 25. November saß im Fraktionszimmer der SPD im Bonner Bundeshaus ein Mann ganz allein und starrte zur Decke. Ringsum standen Gruppen von Abgeordneten eifrig gestikulierend oder mit betrübt hängenden Köpfen untereinander tuschelnd. Aber keiner von ihnen ging zu dem einsamen Mann hin, der mit einem verfallenen, übernächtigten und nervös zuckenden Gesicht dumpf vor sich hinbrütete. Es war, als ob eine unsichtbare Mauer der Isolierung um ihn herum errichtet wäre, die niemand zu überschreiten wagt."

Schumacher gab die verlangte Entschuldigung nicht. Dr. Köhler sperrte ihn für zwanzig Sitzungstage aus dem Parlament aus, danach stand die SPD wieder geschlossen hinter ihrem Vorsitzenden. Nach drei Unterredungen erst konnte eine gemeinsame Erklärung von Adenauer und Schumacher herausgegeben werden. Doch die Erregung dieser Nachtsitzung hat das Klima des Bundestages bis hin zu Schumachers Tod im Jahre 1952 belastet.

Die deutschen Arbeiter hatten gegen den Hunger demonstriert; sie hatten sich gegen die Demontagen gewandt, so heftig sie konnten. Daß der Arbeitsplatz gesichert werde, das war in diesen Jahren die erste Sorge. Am 24. Januar 1950 hatte die Zahl der Arbeitslosen 1,75 Millionen erreicht, sie stieg einen Monat später auf über zwei Millionen an. Es wurden immer neue Arbeitsplätze geschaffen, doch die Zahl der Arbeitslosen nahm nicht ab. Zu den zehn Millionen Flüchtlingen, die schon in der Bundesrepublik lebten, kamen im Monat 30 000 bis 35 000 Bewohner der Sowjetzone hinzu.

Das war die Lage; sie verlockte zur Radikalität. In solcher Situation war es wichtig, einen Mann an der Spitze der Gewerkschaften zu wissen, der nicht aufwiegelte, sondern versuchte, die sachlichen und menschlichen Probleme eines geschlagenen Landes mit zu meistern. In Hans Böckler, dem ersten Vorsitzenden des am 13. Oktober 1949 in München gegründeten Deutschen Gewerkschaftsbundes, war er gefunden worden.

Mit dem „Deutschen Gewerkschaftsbund" war für das Gebiet der Bundesrepublik Deutschland die seither stärkste und einflußreichste der wirtschaftlichen Interessenorganisationen eines an Interessenverbänden wahrlich nicht Mangel leidenden Staates entstanden. Auf diesem ersten Kongreß stellten die Teilnehmer vier Forderungen auf: Vollbeschäftigung, Mitbestimmung der Arbeitnehmer an der Wirtschaftsführung, Überführung der Schlüsselindustrien in Gemeineigentum und gerechte Verteilung des volkswirtschaftlichen Ertrages. Später ist vor allem die Forderung nach Arbeitszeitverkürzung hinzugetreten.

Nach den Erfahrungen der Weimarer Zeit nahmen und nehmen die Gewerkschaften für sich in Anspruch, über tarif- und sozialpolitische Forderungen hinaus zu politischen Fragen allgemein Stellung zu nehmen. Sie weisen auf ihre parteipolitische Unabhängigkeit hin, doch kann ihrer Meinung nach „von einer politischen Neutralität der Gewerkschaften nicht die Rede sein". (Lepinski.) In diesem Sinne haben sie einige Jahre später mit ihrer Parole „Wählt einen besseren Bundestag", mit ihrem Kampf gegen die Atombewaffnung, 1965 gegen eine Notstandsverfassung in die Politik, 1972 mit prononcierten Stellungnahmen für die Regierung Brandt/Scheel, aktiv eingegriffen.

Im Zeichen des „Union"-Gedankens, der aus der Zeit der Unterdrückung gerettet wurde, hatten sich die Arbeitnehmer darauf geeinigt, nicht mehr die alten sozialistischen, christlichen und liberalen Gewerkschaften der Weimarer Zeit ins Leben zu rufen. Statt der früher vorwiegend üblichen Berufsgliederung wählte man nun die Organisation in Industrieverbänden; 16 solcher Industriegewerkschaften bilden das Fundament für den DGB.

War während der Regentschaft des „starken Mannes" Hans Böckler mit seinen gemäßigten Tendenzen der Vorstand des DGB in politischen Fragen maßgebend, so bekamen später die stärksten Gewerkschaften (IG Metall, ÖTV usw.) unter schwächeren Vorsitzenden — Christian Fette, Walter Freitag, Willi Richter — ein nicht zu übersehendes Übergewicht. Auch führte die marxistische Auslegung des Arbeitgeber-Arbeitnehmer-Verhältnisses insbesondere unter dem zeitweiligen Chefideologen Viktor Agartz zu starken Spannungen innerhalb der Organisation. Sie konnten jedoch bisher stets beigelegt werden. (Eine „Christliche Gewerkschaftsbewegung Deutschlands" hat keinen politischen Einfluß entfalten können.) Heute (1973) zählt der DGB knapp 7 Millionen Mitglieder. Als größere Organisationen blieben ihm nur die Deutsche Angestelltengewerkschaft und der Deutsche Beamtenbund fern. Seit den sechziger Jahren wurde die vorwiegend noch marxistisch inspirierte Führungsgruppe mit Arbeiterführern konfrontiert, die sich an den undogmatischen amerikanischen Leitbildern orientierten: Ludwig Rosenberg als DGB-Vorsitzender und Georg Leber von der IG Bau standen für sie. Seit den späten sechziger Jahren sieht sich die Gewerkschaftsführung erneut einem radikalen Druck ausgesetzt, der ursprünglich von der marxistischen „Neuen Linken" ausgeht, sich dann jedoch bis in die SPD hinein verbreitert hat. Allerdings hat der DGB in seiner Führungsspitze diesem Druck bisher nicht nachgegeben.

## Exkurs: Hans Böckler

Ebenso wie Adenauer und Schumacher in ihrem Bereich hat Hans Böckler, der im Jahre 1875 in Mittelfranken geboren wurde, die Haltung der Gewerkschaften in wesentlichen Fragen festgelegt. Er war der vierte der Großen in den ersten Jahren der Bundesrepublik; er war der „letzte Arbeiterführer". Ein linksstehender Autor — Theo Pirker — hat seine Art von der Adenauers und Schumachers unterschieden: „Hans Böckler war vom Machiavellisten vom Schlage Adenauers wie vom Volkstribun vom Schlage Schumachers gleich weit entfernt. Wenn er auch im innergewerkschaftlichen Kampf nicht ohne Schlauheit und Härte war: es fehlte ihm die Verachtung des Menschen wie der Ideen, um ihn zum Machiavellisten werden zu lassen. Es fehlte ihm aber auch die an Fanatismus grenzende Überzeugung und die zündende Rede, um zu einem Tribun im Stile Schumachers zu werden. Seine Autorität, von der auch er ganz erfüllt war, gründete sich auf die Unerschütterlichkeit seiner Ansichten und die Unmittelbarkeit, mit der er diese Ansichten vertrat".

Hans Böckler vergaß niemals sein Herkommen aus dem Sozialismus, aber ebenso wenig vergaß er, in welcher Lage sich Deutschland befand. So kämpfte er schon seit Monaten dafür, daß die Bundesrepublik dem Marshallplan beitreten sollte. Nicht nur Adenauer, auch er brachte „Vorleistungen". Eine seiner Grundüberzeugungen war es, daß die Vergesellschaftung der Grundstoffindustrien notwendig sei. Als er im März 1948 von einer internationalen Tagung der Gewerkschaften aus London zurückkehrte, sagte er zwar, die Zustimmung der Gewerkschaften zum Marshallplan könne in Frage gestellt werden, falls die Forderungen der Gewerkschaften nicht gehört würden. Doch dann folgte der

Nachsatz: „Sollte aber das Leben unseres Volkes von der amerikanischen Hilfe abhängen, dann wären wir bereit, die Sozialisierungsforderung vorerst zu vertagen."

Aus solcher Haltung heraus hatte er — der dem Kölner Oberbürgermeister Adenauer als Stadtverordneter der SPD lange gegenüber gesessen hatte — sich auch für das Petersberger Abkommen entschieden. Gegen Ende seines Lebens war es der Kampf für die Mitbestimmung in den Kohle- und Stahlwerken, der ihn aufzehrte. Nicht zuletzt seiner Autorität war es zu verdanken, daß diese Kraftprobe nicht zu einer Katastrophe für den neugebildeten Staat wurde. Am 1. Februar 1951 wollten 230 000 Arbeiter in den Stahlwerken in den Streik treten, 600 000 Bergarbeiter waren zum Ausstand bereit. Da saß Mitte Januar Hans Böckler dem Bundeskanzler gegenüber. Sie einigten sich rasch. Es kam zu einem der berühmt gewordenen Alleingänge Adenauers, zu einem seiner „einsamen Entschlüsse", die in diesen Jahren häufiger noch als später seinen Regierungsstil bestimmten. Am 19. Januar trafen sich Unternehmer und Gewerkschaftler mit dem Bundeskanzler am runden Tisch.

Am 14. Februar 1951 lag das „Gesetz über das Mitbestimmungsrecht der Arbeitnehmer in der Kohlen- und Eisenindustrie" vor. Es fand harten Widerstand auch in den eigenen Reihen. Der Aufsichtsrat der betroffenen Industrien sollte von nun an aus elf Mitgliedern bestehen, von denen fünf die Aktionäre, fünf die Arbeiter stellen sollten, während der elfte Man von den zehn Vertretern gemeinsam zu wählen war. Ein Sprecher des Koalitionspartners FDP erklärte: „Wir werden dieses Gesetz ablehnen, weil es eine Maßnahme des Klassenkampfes ist." CDU- und CSU-Abgeordnete wandten sich dagegen. Auch Ludwig Erhard gehörte zu den Nein-Sagern. Am 10. April ging das Gesetz in die dritte Lesung: Die Diskussion zog sich stundenlang hin. Die Herren auf der Regierungsbank sahen auf die Uhr. Doch um Mitternacht war es geschafft; Adenauer konnte zur Gründung der Europäischen Montanunion nach Paris abfliegen. Auch in dieser Frage hatte er lange Zeit Böckler als Bundesgenossen. Doch der große alte Mann der Gewerkschaften war schon am 16. Februar in Köln-Lindenthal an einem Herzschlag gestorben.

Auch die Industrie machte von Ihrer neugewonnenen Freiheit Gebrauch. Ein Gründungsappell rief am 21. September 1949 alle Industrieverbände auf, sich an einer neuen Arbeitsgemeinschaft zu beteiligen. Sie nahm Anfang 1950 den Namen „Bundesverband der Deutschen Industrie“ (BDI) an. Die Anzahl der ihm angeschlossenen Verbände war im Laufe der Zeit von 32 auf 38 gestiegen. Ziel des Verbandes, der die Nachfolge des schon im Jahre 1919 gegründeten „Reichsverbandes“ angetreten hat, ist es, „alle gemeinsamen Belange der in ihm zusammengeschlossenen Industriezweige zu wahren und zu fördern ... Ausgenommen ist die Vertretung sozialpolitischer Belange.“

Dieser Aufgabe haben sich die regionalen „Arbeitgeberverbände“, in der „Bundesvereinigung der Deutschen Arbeitgeberverbände“ (BDA) zusammengeschlossen, angenommen. Sie sind die Partner der Gewerkschaften in Tariffragen*).

## Souveränität und Europa

*28. April 1949:* *Die Bundesregierung tritt dem Ruhrstatut bei.*

*24. November 1949:* *Petersberger Abkommen; Errichtung von Konsulaten im Ausland wird erlaubt.*

*15. Dezember 1949:* *Die Bundesrepublik tritt dem Marshallplan bei.*

*26. Mai 1952:* *Der Deutschlandvertrag (erste Fassung) zur Ablösung des Besatzungsstatuts und zur Wiederherstellung der Souveränität wird unterzeichnet.*

*27. Mai 1952:* *Vertrag über die Europäische Verteidigungsgemeinschaft wird unterzeichnet. (Scheitert am 30. August 1954*

*) Zu Gewerkschaften und Arbeitgeberverbände siehe: Hans Limmer, „Die deutsche Gewerkschaftsbewegung“ (Bd. 116) und Herbert Schneider, „Die Interessenverbände“ (Bd. 105) in dieser Reihe.

*am Widerstand des französischen Parlaments.)*

*25. Juli 1952:* *Der Vertrag über die Montanunion tritt in Kraft; Ruhrstatut entfällt.*

*23. Oktober 1954:* *Die Pariser Verträge werden unterzeichnet; die Bundesrepublik erhält mit der Ratifizierung die militärische Gleichberechtigung und die Souveränität.*

*5. Mai 1955:* *Wiederherstellung der Souveränität.*

*8. Mai 1955:* *Beitritt der Bundesrepublik zur NATO.*

*1. Januar 1957:* *Das Saargebiet wird der Bundesrepublik angegliedert.*

*26. März 1957:* *Vertrag über die Errichtung der Europäischen Wirtschaftsgemeinschaft. „Römische Verträge."*

Das „Petersberger Abkommen" bedeutete den Einstand der Bundesrepublik in der Außenpolitik. Schon für die Jahre vor 1949 war nachzuweisen, daß sich weltpolitisches Geschehen in den innerdeutschen Veränderungen spiegelt. Nun verklammern sich deutsches Handeln, westalliierte Reaktionen und von der Weltpolitik gesetzte Marken in weit komplizierterer Weise. Komplizierter schon deshalb, weil zur Innen- wie Außenpolitik die Wiedervereinigungspolitik kommt, in der sich beide Sphären verweben: Alliierter Viermächte-Verantwortung für Gesamtdeutschland, die sich nicht verwirklichen kann, steht deutsches Drängen nach Wiedervereinigung gegenüber. Sowjetische Aktionen von Deutscher Demokratischer Republik lautstark unterstützt, versuchen einmal auf die deutsche Öffentlichkeit, dann auf die Weltpolitik zu wirken.

Vier Problemkreise überschneiden sich — um das vorwegzunehmen — bis zum Jahre 1955, dem Jahre der wiedergewonnenen Eigenverantwortlichkeit, auf mannigfache Weise. Es sind dies:

a) Die Gewinnung der uneingeschränkten Souveränität. Sie wurde in vielen Schritten am 5. Mai 1955 erreicht und von der Regierung mit den freudigen Worten begrüßt:

„Wir sind ein freier und unabhängiger Staat. Was sich auf der Grundlage wachsenden Vertrauens seit langem vorbereitete, ist nunmehr zur rechtsgültigen Tatsache geworden: Wir stehen als Freie unter Freien, den bisherigen Besatzungsmächten in echter Partnerschaft verbunden... Freiheit verpflichtet. Es gibt für uns in der Welt nur einen Platz, an der Seite der freien Völker." Zu diesem Zeitpunkt hatte die Bundesrepublik außenpolitisch völlige Manövrierfreiheit bekommen. Sie war, wie auch die anderen außenpolitischen Erfolge, auf die Politik der „Vorleistungen" zurückzuführen, die Forderungen erst nach eigenen Konzessionen stellte. Als weitere Probleme stellten sich

b) die Europäische Integration, die

c) mit der deutschen Wiederbewaffnung eng verbunden war und

d) das Bemühen um die deutsche Wiedervereinigung, die nicht weitergetrieben werden konnte.

Der Gewinn der Souveränität hing mit der europäischen Politik und deren militärischen wie wirtschaftlichen Komponenten eng zusammen. Das Ganze muß auf dem Hintergrund der Wiedervereinigungspolitik und — noch weiter gefaßt — der allgemeinen Sicherheitspolitik gesehen werden.

Mit der „Europa-Politik", einer Politik, die aus der Erkenntnis der schwachen Lage Europas zwischen den beiden Blöcken die Konsequenzen zu ziehen suchte, ist ein neues Moment in die europäische Politik getreten. Die psychologischen Voraussetzungen waren verschieden. In Deutschland herrschte zuerst eine aus dem Zusammenbruch geborene, etwas verschwommene und um die Realitäten wenig bemühte Europa-Sehnsucht vor. Die Franzosen ihrerseits, als die vor allen anderen in Frage kommenden Partner, wurden von dem Wunsch bestimmt, die deutsche Kraft in europäischem Rahmen unter Kontrolle zu halten, verbunden mit der Einsicht, dem Druck von zwei Seiten allein nicht mehr standhalten zu können. Entscheidend wurde die wirtschaftliche Notwendigkeit, die in der Gegenwart bis an die Schwelle — allerdings nur bis dorthin — der Verwirklichung einer politischen europäischen Gemeinschaft geführt hat.

Das Problem einer deutsch-französischen Zusammenarbeit war nicht zu lösen von dem Saarproblem. Immer offensichtlicher war es seit Kriegsende geworden, daß Frankreich das Saargebiet endgültig aus dem deutschen Staatsverband herauslösen wollte. Am 15. Juli 1949 schon hatte das Saarparlament ein Gesetz verabschiedet, in dem eine eigene Staatsbürgerschaft vorgesehen war. Frankreich bestand darauf, daß die Saar als Staat Mitglied im Europa-Rat von Straßburg wurde. Die anderen Mächte unterstützten solche Haltung.

Wie sollte sich die Bundesregierung in solcher Lage verhalten? Am 13. Januar 1950 kam der französische Außenminister Robert Schuman nach Bonn. Kurz vorher war bekannt geworden, daß das Saargebiet seine Kohlengruben für fünfzig Jahre an Frankreich verpachten wollte. Schuman, der in Bonn studiert hatte, sah alte Freunde von damals wieder, auch die persönliche Verständigung mit Adenauer war gut. Sachlich kam man nicht von der Stelle. Im kleinen Kreise meinte Adenauer etwas später: „Wir können nicht auf den Tisch schlagen und ‚Deutsch ist die Saar' singen; wir müssen abwarten und im Stillen arbeiten." Auf einer Pressekonferenz am 5. März 1950 sagte er aber zu den neuen Saarkonventionen: „Dieses Abkommen ist ein schwerer Schlag für die Sache der französisch-deutschen Verständigung." Schuman antwortete in Paris keineswegs besonders freundlich: „Die westdeutsche Regierung ist ebenso sehr eine provisorische, aus einem alliierten Beschlusse herrührende Schöpfung wie die Saar-Regierung und unterscheidet sich in nichts von ihr." Aber er fügte immerhin hinzu: „Frankreich liegt eine Verständigung mit Deutschland nach wie vor am Herzen."

Adenauer suchte unterdes nach einer Möglichkeit, dem am 3. August 1949 gegründeten Europa-Rat in Straßburg beitreten zu können, damit die Bundesrepublik gleichberechtigt in den Kreis der europäischen Völker zu stellen, zugleich aber das Gesicht in der Saarfrage zu wahren. In diesem Augenblick kam ihm Schuman zu Hilfe. Am Vorabend einer Konferenz der Außenminister der „Großen Drei" in London machte er am 9. Mai 1950 einen Vorschlag, mit dem ein erster tatsächlicher Schritt zur Vereinigung Europas getan wurde: Er schlug vor, die Kohle- und Stahlindustrie Frankreichs und Deutschlands einer gemeinsamen Behörde zu unterstellen; andere Staaten könnten beitreten. Der „Schuman-Plan“ war geboren.

In einem Brief, der Adenauer am gleichen Tag übergeben wurde, schrieb der französische Außenminister: „Europa läßt sich nicht mit einem Schlag herstellen und auch nicht durch eine einfache Zusammenfassung; es wird durch konkrete Maßnahmen entstehen, die zunächst eine Solidarität der Tat schaffen.“ Dieser Brief eines Realisten, der gewisse Europa-Enthusiasten des „Alles oder Nichts“ enttäuschte, war der Beginn einer tatsächlichen Europapolitik. Das „Ruhrstatut“ konnte im gleichen Augenblick fortfallen, in dem die „Montanunion“, der gemeinsame Markt für Kohle und Stahl, in Kraft trat.

Noch in der gleichen Nummer vermochten die Zeitungen die positive Reaktion Adenauers auf die Vorschläge Schumans zu bringen. Die Briten dagegen waren leicht erbittert — sie blieben dem neuen Zusammenschluß fern. Die Beneluxländer entschlossen sich für ihn. Am 20. Juni trat in Paris die erste Konferenz der sechs Schuman-Staaten zusammen.

Die Situation war einigermaßen grotesk: Am 8. Mai 1950 — einen Tag vor der Geburt des „Schuman-Planes“ — hatte die Alliierte Hohe Kommission das „Gesetz zur Verhinderung einer deutschen Wiederaufrüstung“ erlassen. In ihm ging es keineswegs um die Wiederbewaffnung, sondern noch immer um die Begrenzung der deutschen Stahlproduktion, der Aluminiumproduktion und anderer Grundindustrien. Noch immer sprach man in einem Atemzug von Demontage und Remontage; die Alliierten bauten ab, die Landesregierungen gaben den Werken Zuschüsse zum Wiederaufbau.

(Die Wandlung ging hier ebenso schnell vonstatten wie bei der deutschen Wiederbewaffnung. Die ließ selbst die Amerikaner lächeln. Sie erfanden die Geschichte von den beiden Amerikanern auf dem New Yorker Flughafen Idlewild, beide auch auf dem Wege zur Bonner Hochkommission. „Was ist Ihre Aufgabe dort?“, fragt der eine, „Entmilitarisierung“, sagt der andere. „Das ist aber merkwürdig“, wundert sich der andere, „meine heißt Remilitarisierung“.)

Das Gesetz über die Mitgliedschaft im Europa-Rat hat der Bundestag im Juni 1950 gegen die Stimmen der Opposition gebilligt. (Von der CDU stimmte nur der Abgeordnete Matthias Mehs dagegen. Er stammt aus Rheinland-Pfalz, und der Bischof von Trier, Bornewasser, zu dessen Diözese das Saargebiet gehört, hatte sich gegen das Gesetz ausgesprochen.) Im April 1951 wurde die Bundesrepublik vollberechtigtes Mitglied, und wenige Tage später erklärte Adenauer in Straßburg: „Ich möchte von der Tribüne dieses Hauses nur erklären, daß das deutsche Volk, mit wenigen Ausnahmen, in seiner Gesamtheit wünscht, daß zwischen Deutschland und Frankreich in Zukunft alle psychologischen Hemmnisse beseitigt werden, auf daß endlich Friede werde in Europa.“

Als Beobachter hatten die deutschen Delegierten am 7. August 1950 zum ersten Male ihre Plätze im Europa-Parlament eingenommen. Eine eisige Atmosphäre umgab sie damals. Der Zufall hatte es gewollt, daß auf den Sesseln 14 und 15 — man saß nach Namen, nicht nach Staatsangehörigkeit — der deutsche Delegierte Dr. Heinrich von Brentano und der saarländische Delegierte Dr. Hans Braun ihren Platz gefunden hatten. Doch: Nicht weit von dem deutschen Delegierten Dr. Pünder hatte sich Sir Winston Churchill, zu dieser Zeit noch Führer der Opposition im britischen Parlament, niedergelassen. Der große alte Mann Großbritanniens erhob sich schwer aus seinem Sessel und streckte dem Deutschen die Hand hin: die frostige Zurückhaltung war gebrochen.

Die Deutschen waren es auch, die als erste offizielle Gäste Churchills in Straßburg empfangen wurden. Es war die Zeit der ersten Besuche Adenauers in Paris, die Zeit, in der er noch im Flugzeug des französischen Hohen Kommissars François-Poncet fliegen mußte. Es war die Zeit, in der der Maître d’Hôtel des Restaurants, in dem der französische Hohe Kommissar ein Frühstück für den Bundeskanzler gab, auf eine prüfende Frage antwortete, das Menu sei „simple et correct“, einfach, den Umständen entsprechend.

Die Zeit der großen alten Staatsmänner und der europäischen Einigung begann. Die Zeit auch, in der die Gemeinsamkeit des „Abendlandes“ immer aufs neue beschworen wurde. Das Wort gehörte zum Stammvokabular dieser Jahre. Drei Politiker standen im Vordergrund, alle drei an Orten geboren, an denen sich europäische Kulturen annähern oder überschneiden: Der Elsässer Robert Schumann, der Tridentiner Alcide De Gasperi und der Rheinländer Konrad Adenauer. Es waren diese „christlichen“ Staatsmänner, die in den Sozialisten Europas immer wieder einmal den Verdacht wachriefen, als sei hier eine finstere klerikale Verschwörung im Gange gewesen.

Adenauer kam als erster Regierungschef nach dem Krieg in die italienische Hauptstadt. De Gasperi erwiderte den Besuch. Von diesem Mann der Democrazia Christiana sagte ein linksstehender Parteikollege: „De Gasperi ist das Zentrum einer Politik des Gleichgewichtes, nach der sein Volk sich sehnt ... Sehr blaß, groß, mager, mit verschlossenem Gesicht wirkt der nun Siebzigjährige auf den ersten Blick nicht gerade sympatisch, aber nach einer ersten Bekanntschaft kann man nicht mehr den Ausdruck der Gequältheit übersehen. Es ist die Gequältheit des Menschen, des Bürgers, des Christen, der zu soviel Verantwortlichkeit gelangt ist, die er persönlich gar nicht so schätzt.“ Auch nach England begab sich Adenauer, wurde dort von Georg VI. im Buckinghampalast empfangen. Als Adenauer nach fünftägigem Aufenthalt eine Pressekonferenz gab, tönte für einen Augenblick aus dem Lautsprecher die Stimme eines Schlagersängers: „The stars will remember“ — „Die Sterne werden sich daran erinnern.“ Seit diesen Tagen ist das Verhältnis zu Großbritannien durch einen ständigen Wechsel von Anziehung und Abstoßung gekennzeichnet. Von großer Herzlichkeit war wenig die Rede. Sachlichkeit in den Beziehungen wurde guten Zeiten vorbehalten. Immer wieder wirkten die Bemühungen der Briten, zwischen Ost und West — auf Kosten der Bundesrepublik — zu vermitteln, abkühlend auf die Beziehungen. Erst der Besuch Königin Elisabeths im Frühjahr 1965, eine späte Antwort auf die Visite von Bundespräsident Heuss im Jahre 1959, hat eine atmosphärische Lockerung gebracht.

Adenauer war in diesen Jahren nicht nur Bundeskanzler,

sondern auch „Minister des Auswärtigen". Am 15. März 1951 hatte er dieses Amt übernommen, so wie er für einige Zeit auch noch die Urform eines Verteidigungsministers sein sollte. Als Außenminister fuhr er am 11. April 1951 nach Paris zur Unterzeichnung des Montanvertrages. Schuman machte den Versuch, Saarbrücken als Sitz der Hohen Behörde zu bestimmen, damit eine „Europäisierung" des Gebietes in die Wege zu leiten. Adenauer lehnte ab. Um vier Uhr morgens verließ er die Sitzung. Am 17. April wurde der Vertrag unterzeichnet. Es war eine Unterschrift unter Blankobogen. Die französische Staatsdruckerei war bei der Fülle der Änderungen nicht mehr fertig geworden. Nur das Schlußblatt war bedruckt.

Dies war der erste große außenpolitische Erfolg Adenauers. Carlo Schmid aber sagte als Sprecher der Opposition in der Debatte des Bundestages am 12. 7. 1951: „Was bleibt dann vom Schuman-Plan übrig, wenn der scharfe Wind der Analyse den goldenen Rauch des Mythos weggeblasen hat, den man vor den Realitäten aufsteigen ließ, die sich hinter den Worten verbergen? Man hat versucht, diesen Mythos zu schaffen und man hat dem Volk nicht nüchtern gesagt, was verlangt und was geleistet werden muß." Die Sozialdemokraten befürchteten, daß die Behörde, die sich in Luxemburg auftun sollte, ein „Super-Kartell" der europäischen Kohle- und Stahlmagnaten werde.

Am 25. Juli 1952 trat der Montanvertrag in Kraft. Dieser Vertrag ist zur Keimzelle für die weitere europäische Planung geworden, wenn auch die bruchstückhafte Zusammenarbeit auf einem Teilgebiet Schwierigkeiten verursachte. Mit der Liberalisierung gegenüber Staaten, die nicht der OEEC angehören, mit der freien Konvertierbarkeit der Währung, der Gründung einer „Europäischen Wirtschaftsgemeinschaft" (EWG) und einer „Europäischen Atomgemeinschaft" (Euratom) sind allen Widerständen zum Trotz Fortschritte erzielt worden, die allein durch die Tatsache gedämpft wurden, daß sich — durch die britischen überseeischen Verpflichtungen bedingt, aber auch durch die Vorstellungen des französischen Staatspräsidenten Charles de Gaulle mit seinem „Europa der Vaterländer", — nach der

Gründung der Europäischen Freihandelszone (EFTA) bis zum Jahre 1972 die Gefahr abzeichnete, daß Europa in zwei wirtschaftliche Blöcke gespalten blieb.

Die deutsche Wirtschaft hatte damit den Anschluß an die Welt gewonnen. Schon im Jahre 1956 konnte Professor Erhard, dieser überzeugte Anhänger von möglichst großen Freihandelsräumen, sagen: „Die deutsche Wirtschaftsentwicklung nach dem totalen Zusammenbruch kann als ein Experimentalbeweis dafür gelten, daß zur Herstellung einer gleichgewichtigen Ordnung nicht Macht und Reichtum, sondern nur guter Wille und Disziplin erforderlich sind ... Keine mögliche europäische Lösung darf aber in ihrer Wirkung und Zielsetzung einer europäischen Isolierung oder gar einer Inzucht der europäischen Volkswirtschaft gleichkommen."

Niemals hat sich dann die Verklammerung von Weltpolitik und deutscher Politik in der Nachkriegszeit so deutlich gezeigt wie in der Folgezeit des 25. Juni 1950, als das von der Sowjetunion ausgerüstete Nordkorea über den im Friedensvertrag mit Japan ausgehandelten 38. Breitengrad drang und das antikommunistische Südkorea angriff. Die Vereinten Nationen verurteilten die Aggression. Amerika setzte in fliegender Eile seine wenigen noch aktiven Truppen im pazifischen Raum in Bewegung, um den nordkoreanischen Vormarsch zu stoppen. Nach anfänglichen Mißerfolgen gelang das.

Für die westliche Welt wurde der Angriff zu einem Signal. Allzu heftig hatte die Parallele des gespaltenen Deutschland an den westlichen Nerven gezerrt. Die Folgen zeigten sich bald. Am 26. Oktober 1950 gab der französische Ministerpräsident Pleven seinen Plan für eine „Europäische Verteidigungsgemeinschaft" (EVG) bekannt, in die auch deutsche Streitkräfte integriert werden sollten. Die Folge war eine hitzige Diskussion in und um Deutschland. Fünf Jahre nach dem Krieg ließ man sich im Ausland angesichts der Erfahrungen, daß der Wohlstand Europas unteilbar sei, ein wirtschaftlich aufwärtsstrebendes Deutschland gefallen. Eine neue deutsche „Wehrmacht" schien jedoch lange Zeit außer jeder Diskussion.

Im Inland waren die Vorurteile fast noch stärker. Nicht

nur der Schock des Zusammenbruchs lastete auf der mittleren Generation. Nicht allein, daß sie die sinnlosen Opfer noch nicht vergessen hatte, die man von ihr gefordert hatte, auch die Ergebnisse der gründlichen „Umerziehung“ hatten den Deutschen das Militär verleidet.

Die genaue Betrachtung des Pleven-Planes hätte zeigen können, daß die Franzosen mit ihm jenes Kunststück der Politik fertig zu bringen versuchten, das darin besteht, das Nötige möglich zu machen. Nicht von ungefähr hatten die französischen Vertreter im Jahre 1950 in New York dem Vorschlag widersprochen, die deutschen integrierten Kontingente in die NATO aufzunehmen. Jetzt sollte das Bataillon die kleinste homogene Einheit der europäischen Armee werden. Die deutschen Vertreter kämpften lange um die Gleichberechtigung. Daß es ihnen schließlich gelang, die nationale Einheit auf die Stärke einer Division heraufzudrücken, mag an ihrer Zähigkeit gelegen haben, mehr jedoch am Einspruch der anderen NATO-Staaten, die kleinere Verbände für militärisch sinnlos hielten. So war die Grundkonzeption der EVG geboren.

Für die Regierung war die deutsche Wiederbewaffnung — neben dem Sicherheitsaspekt — vor allem ein Teil ihrer Europapolitik. Die Opposition lehnte es dagegen zuerst ab, eine Wiederbewaffnung „auch nur in Erwägung zu ziehen“ (Ollenhauer). Ihre Argumentation gegen die Remilitarisierung richtete sich unter Schumacher vor allem gegen die nach ihrer Meinung mangelnde Gleichberechtigung. Später traten Bedenken in den Vordergrund, daß eine vollzogene Aufrüstung der Bundesrepublik die Wiedervereinigung verhindern könne. Die SPD forderte stattdessen ein gesamteuropäisches Sicherheitssystem, in dem die Bundesrepublik die ihr zustehenden Aufgaben übernehmen und das eine Stützung durch die NATO überflüssig machen sollte.

Noch im Petersberger Abkommen hatte die Bundesregierung ihre „ernste Entschlossenheit“ ausgedrückt, „die Entmilitarisierung des Bundesgebiets aufrecht zu erhalten und sich mit allen ihr zur Verfügung stehenden Mitteln zu bemühen, die Wiedererstehung bewaffneter Streitkräfte irgendwelcher Art zu verhindern.“

Seitdem hatte sich die Weltmeinung gewandelt: Im Spätsommer 1950 hatte Winston Churchill vor dem Europarat eine integrierte europäische Armee unter Mitwirkung deutscher Kontingente und unter Leitung eines europäischen Verteidigungsministers gefordert. Adenauer antwortete am 19. August 1950 mit einem Memorandum. Darin wies die westdeutsche Regierung in Anbetracht der Entwicklung in Korea auf die Gefahren hin, die ihr aus der Entwicklung in der Sowjetzone zu erwachsen drohten.

Wirklich hatte die Sowjetzone schon seit der Mitte des Jahres 1948 Maßnahmen getroffen, die als Vorbereitung für eine künftige mitteldeutsche Armee zu gelten hatten. Seit dieser Zeit baute sie eine auf die SED eingeschworene „Kasernierte Volkspolizei" auf, die bis Anfang 1951 zu einer Armee von 65 000 Mann anwuchs. Vom Januar 1952 an wurden aus diesem Gerüst sechs motorisierte Divisionen aufgestellt, der Aufbau einer Luftwaffe seit 1951 begonnen. Zu diesem Zeitpunkt standen weitere 31 000 Mann kasernierte Polizeitruppen zur Verfügung.

Daß diese Verbände nach weiterem Ausbau erst am 18. 1. 1956 in „Nationale Volksarmee" unbenannt wurden, ändert nicht ihren Charakter. Denn schon seit dem Mai 1952 bezeichnete die Staatspartei der Zone „nationale Streitkräfte" vor allem aus politischen Gründen als notwendig. Auf der schon genannten, für den Umbau der Zone in eine „Volksdemokratie" als Wendepunkt zu nennenden II. Parteikonferenz der SED erklärte man die Armee zum „Hauptinstrument bei der Schaffung der Grundlagen des Sozialismus". Ulbricht sagte: „Die nationalen Streitkräfte werden . . . ein Werkzeug zur weiteren Stärkung der volksdemokratischen Grundlagen unserer staatlichen Ordnung sein."

Die Besorgnisse der Bundesregierung waren daher verständlich, die sich allein auf die von ihr als genügend erachteten Besatzungstruppen der Alliierten verlassen konnte. Erst einige Monate später verfügte sie über 10 000 Mann Grenzschutz. Er war mit leichten Waffen ausgerüstet und wurde im Jahre 1953 um das Doppelte aufgestockt.

In seinem Memorandum forderte Dr. Adenauer die Verstärkung alliierter Kontingente in Deutschland. Es heißt dann weiter: „Der Bundeskanzler hat ferner wiederholt seine Bereitschaft erklärt, im Falle der Bildung einer internationalen westeuropäischen Armee einen Beitrag in Form eines deutschen Kontingents zu leisten. Damit ist eindeutig zum Ausdruck gebracht, daß der Bundeskanzler eine Remilitarisierung Deutschlands durch Aufstellung einer eigenen militärischen Macht ablehnt." Dies war eigentlich nichts Neues: Schon im Jahre 1949 hatte Adenauer von der Möglichkeit deutscher Streitkräfte in einer europäischen Armee gesprochen. Sein jetziges Angebot jedoch zeitigte die Auseinandersetzung mit dem Bundesinnenminister Dr. Heinemann, der eine Wiederbewaffnung aus Gewissensgründen ablehnte und seinen Rücktritt einreichte. Er gehörte zu den vielen Deutschen, die davon überzeugt waren, es sei ein Gericht Gottes gewesen, das ihnen zweimal in einem halben Jahrhundert die Waffen aus der Hand geschlagen hatte.

Antwort der westlichen Alliierten auf das Drängen nach einer Sicherheitsgarantie war der Beschluß, ihre Truppen nicht mehr als Besatzungskontingent, sondern als Schutz der Bundesrepublik und der Westsektoren Berlins zu betrachten. Jeder Angriff auf Westdeutschland sollte als Aggression gegen die Schutzmächte angesehen werden.

In diesen Jahren verfilzt sich vieles: Die Europa-Politik, die Wiederaufrüstung und nicht zuletzt die immer weitere Annäherung an die noch zu erreichende volle Souveränität der Bundesrepublik sind nicht voneinander zu trennen. Die Besuche Adenauers in Paris häuften sich. Er kam so oft in die französische Hauptstadt, daß selbst sein Bewunderer Wilhelm Hausenstein, der erste Generalkonsul dort, der Meinung war, er sei so oft dort erschienen, daß darunter die Gewichtigkeit des einzelnen Besuches hätte leiden können. Aber Adenauer wußte, was er tat, denn zu dem gleichen Wilhelm Hausenstein hatte er gesagt: „Wir Alten müssen es machen."

Am 27. Mai 1952 wurde im Uhrensaal des Quai d'Orsay schließlich der EVG-Vertrag unterzeichnet. Er beinhaltete einen deutschen, auf der allgemeinen Wehrpflicht beruhenden Beitrag von 500 000 Mann, der, wie die anderen europäischen Streitkräfte auch, dem NATO-Oberbefehlshaber unterstellt werden sollte. Ihm vorangegangen war am

26. Mai die Unterzeichnung des Deutschlandvertrages, der das Besatzungsstatut ablösen und die deutsche Souveränität wiederherstellen sollte. Dieser Vertrag war im Bundesratssaal des Bundeshauses von den Außenministern Dean Acheson (USA), Anthony Eden (Großbritannien), Robert Schuman (Frankreich) und Konrad Adenauer unterzeichnet worden. Noch war man nicht perfekt in Protokollfragen, denn erst seit dem 13. Juni 1951 durften diplomatische Beziehungen mit dem Ausland aufgenommen werden. Deshalb mußte man sich noch das silberne Schreibzeug aus Privatbesitz borgen. Die beiden Längsseiten des Saales waren mit zwei geliehenen Gobelins aus dem 18. Jahrhundert, darstellend „Apoll und Daphne“ und „Venus und Adonis“ geschmückt. Das Angebot, einen Gobelin aufzuhängen, der die „Entführung der Europa“ zeigt, wurde aus naheliegenden symbolischen Gründen abgelehnt. Kurt Schumacher freilich hielt nicht viel von diesen Unterzeichnungen. In einem Interview sagte er: „Wer dem Deutschlandvertrag zustimmt, hört auf, ein guter Deutscher zu sein.“ Von dem feierlichen Akt selbst meinte er, er sei „eine ganz plumpe Siegesfeier der alliiert-klerikalen Koalition über das deutsche Volk.“

Nach der schweren Auseinandersetzung um das Petersberger Abkommen wurde die Diskussion um den Deutschlandvertrag zur — bis dahin — größten Auseinandersetzung um Grundfragen der deutschen Politik. 34 Stunden lang trat in der zweiten Lesung ein Redner nach dem anderen an das Rednerpult, allein sechzehn Stunden lang wurde am zweiten Tag der Debatte gesprochen. Ein Höhepunkt der Diskussion war das Auftreten des Bundestagspräsidenten Hermann Ehlers. Ehlers galt lange Zeit als der unbestrittene „Kronprinz“ der CDU. Mit seinem frühen Tod im Jahre 1959 setzten eigentlich erst die Kämpfe um die Nachfolge Dr. Adenauers mit voller Heftigkeit ein. Er hatte Dr. Erich Köhler abgelöst, dessen Nerven der rauhen Gangart, die im ersten Nachkriegsparlament herrschte, nicht gewachsen waren. Es war schließlich noch die Zeit, in der der wilde Agitator Alfred Loritz — eine der vielen abenteuerlichen Nachkriegserscheinungen — im Bundestag saß.

Lange Ratifizierungskämpfe in den anderen europäischen Parlamenten folgten. In diesem Stadium setzte die sowjetische „Entspannungspolitik" ein. Moskau versuchte seit dem Tode Stalins 1953, unter dessen Nachfolgern Malenkow, Bulganin und Chruschtschow aus der außenpolitischen Isolierung herauszukommen. Es war der Versuch, den Risiken zu begegnen, die sich für den Ostblock durch den militärischen Zusammenschluß der westlichen Völker abzeichneten. Die sowjetische Führung schien insbesondere durch die geplante Wiederaufrüstung Westdeutschlands innerhalb der Europaarmee beunruhigt zu sein. Zu dieser Zeit erhoben sich in Deutschland Stimmen, die forderten, daß die Integration der deutschen Streitkräfte gegen die deutsche Wiedervereinigung „eingetauscht" werden sollte. Die Entwicklung ließ ihnen keine Chance.

Nicht diese Gedankengänge führten zum Fall der Europaarmee, sondern die damalige Hoffnung Frankreichs, auf einer kommenden Viererkonferenz doch noch zu einem Arrangement mit der Sowjetunion zu kommen und damit die EVG überflüssig zu machen: Am 30. August 1954 lehnten die französischen Parlamentarier die weitere Behandlung der EVG-Vorlage ab. Die Gegner einer deutschen Wiederbewaffnung hatten sie durch einen Geschäftsordnungsantrag vom Tisch gefegt. Es kam nicht einmal mehr zu einer Abstimmung. In die erhitzte Atmosphäre hinein hatte der greise Edouard Herriot, Präsident der Nationalversammlung gerufen: „Für mich, für uns ist die Europäische Verteidigungsgemeinschaft das Ende Frankreichs!" Damit hatten die nationalen Vorstellungen Frankreichs, dessen Regierungen seitdem immer schwächer wurden, für die restliche Zeit der „Vierten Republik" endgültig über die totale deutsche „Europa-Sehnsucht" gesiegt. (Das Regime General de Gaulles, die „Fünfte Republik", hat die nationale Note mit seinen Großmachtansprüchen nur noch gestärkt.) Es war die schwerste Enttäuschung für Dr. Adenauer, der erklärt hatte: „Die Europäische Verteidigungsgemeinschaft ist für mich eine Frage der Weltanschauung."

Eine schnellere Annäherung Deutschlands an Frankreich wurde — neben den militärischen und sicherheitspolitischen Aspekten — durch die nicht gelöste Saarfrage erschwert.

Seit dem Jahre 1953 hatte es sich die französische Regierung zur Maxime gemacht, ein „europäisches" Statut für die Saar gegen die Ratifizierung des EVG-Vertrages einzutauschen. Nach der Ablehnung der EVG unterzeichnete Adenauer schließlich am 23. Oktober 1954 ein „europäisches Statut" für die Saar im Rahmen der Westeuropäischen Union. In der Bundesrepublik beschuldigte man Adenauer, dem französischen Regierungschef Mendès-France nicht hart genug widerstanden zu haben. Es scheint aber auch, daß Adenauer sich mit dem Abkommen identifizierte, denn seine Intervention im Bundestag war heftig und eindeutig. Diesmal aber kam es nicht so, wie der Kabarettist Werner Finck einmal sagte: „Der Kanzler erhält immer alles, was die anderen wollen — nur etwas früher." Die Bevölkerung an der Saar lehnte das Statut ab. Dennoch: Die Zeit war zu weit fortgeschritten, als daß neue deutsch-französische Auseinandersetzungen hätten entstehen können. Am 5. Juni 1956 einigten sich Adenauer und Guy Mollet, der Mendès-France ersetzt hatte, daß die Saar mit Wirkung vom 1. Januar 1957 politisch wieder an Deutschland angegliedert würde. Damit war ein wichtiges Hindernis, das den Ausgleich immer wieder belastete, beseitigt.

Die politischen Erfordernisse hatten sich andererseits als gebieterischer erwiesen als die Erregung der Nachtsitzung, die im August 1954 zum Falle der EVG geführt hatte. Anstelle einer europäischen Armee stimmte dieselbe französische Nationalversammlung vier Monate später, am 30. 12. 1954, den „Pariser Verträgen" vom 23. Oktober zu, die eine eigene deutsche Nationalarmee vorsahen. Daß es sich dem Sinn wie der Anlage nach bei der deutschen Wiederbewaffnung um einen Verteidigungsbeitrag handelte, konnte nicht besser dokumentiert werden als durch die Anlagen I bis IV des Protokolls Nr. 3 über die Rüstungskontrolle. Damit verzichtete die Bundesrepublik auf die Herstellung von atomaren, biologischen und chemischen Waffen und erklärte sich bereit, deren Kontrolle zu gestatten. Eine Liste von bedingt verbotenen Waffen untersagte darüber hinaus die Herstellung von weitreichenden, gelenkten Geschossen, Influenzminen, größeren Kriegsschiffen und strategischen Bombern. Mit diesem Verzicht schaltete sich die Bundesrepublik bewußt aus dem Kreis der militärischen Großmächte aus.

Dem Vertragsschluß gingen Verhandlungen in London und Paris voraus, die der englische Außenminister Eden angeregt hatte. Mit diesen Abmachungen erkämpfte sich die Bundesrepublik nicht nur die militärische Gleichberechtigung innerhalb der neugeschaffenen „Westeuropäischen Union" (WEU), sondern auch die Souveränität. Der Beitritt Bonns zur NATO am 8. Mai 1955 war nur die logische Folge der Aufstellung der Nationalarmee.

Es war drei Tage nach dem Tag, an dem die Bundesrepublik ihre volle Souveränität wiedergewann. Das Besatzungsstatut war damit außer Kraft getreten.

Schon die Unterzeichnung der Verträge war in der Bundesrepublik heftig umstritten. Die Argumente der Opposition gipfelten in den Sätzen: „Wer in diesem Stadium und in dieser Lage die Ratifizierung der Verträge vor neue Verhandlungen über die Wiedervereinigung setzt, ... der dokumentiert damit, daß er unter allen Umständen der definitiven Eingliederung der Bundesrepublik in das Nordatlantik-System den Vorzug vor der Wiedervereinigung gibt" (Ollenhauer).

Die Bundesregierung hatte starke psychologische Hemmungen zu bekämpfen, um den Wehrbeitrag zu verwirklichen. Ihre tragfähige parlamentarische Mehrheit sicherte der Politik trotz heftiger Angriffe den Erfolg. Dennoch hatte die Bundeswehr keinen leichten Start. Schon der erste Berater des Bundeskanzlers, der ehemalige General von Schwerin, mußte im Oktober 1950 um die Entbindung aus seinem Amt bitten, da er sich allzu weitgehende Gedanken für ein kommendes Freiwilligengesetz gemacht hatte. An seine Stelle trat Theodor Blank, ein christlicher Gewerkschaftler, der Gewähr dafür zu bieten schien, daß die Wiederaufrüstung nicht in „reaktionäre" Hände kam. Zu Blank traten die ehemaligen Generale Speidel und Heusinger. Aber die „Dienststelle Blank", die am 6. Juni 1955 in ein Verteidigungsministerium umgewandelt wurde, entwickelte nicht viel Glück. Der „Bürger in Uniform", der den „Reformern" in der Ermekeil-Kaserne in Bonn vorschwebte, wollte so manchem General nicht in den Kopf. Es gelang

Blank nicht, die taktisch, strategisch und militärtechnisch auseinandergehenden widerstreitenden Meinungen der Offiziere zu koordinieren. Noch war der Politiker, der Zivilist an der Spitze der Bundeswehr kein Mann, der sich souverän über seine Offiziere hinwegzusetzen verstand.

Das geschah erst, als ein Mann das Feld der Verteidigung zu beackern begann, der zu den umstrittensten dieser Nachkriegszeit gehört. 1952 hatte Adenauer mit Interesse den jungen Mann betrachtet, der sich mit Bravour in der Debatte um den deutschen Verteidigungsbeitrag schlug. Ein sicherlich wohlwollender Beobachter wie Walter Henckels, sagt dann von dem Sonderminister aus dem Jahre 1953: „Dieser Franz Josef Strauß . . . kann kein Mann von besonderem Charme sein. Er leidet nicht . . . an dem Malheur, ein Musterknabe gewesen zu sein. Dieser Franz Josef Strauß ist ein Genie des Ellbogens." Schon bei der Regierungsbildung im Jahre 1953 hatte Strauß mit dem Verteidigungsministerium geliebäugelt, aber noch hielt Adenauer an Blank fest. Im Jahre 1956 war es soweit: Strauß übernahm das begehrte Ressort und begann zugleich mit umfangreichen Reformen. Es bleibt sein Verdienst, den Wettlauf nach zwölf deutschen Divisionen, die der NATO versprochen worden waren zu stoppen und statt 270 000 Mann erst einmal 120 000 Mann mit guter Ausbildung bereitzustellen.

Kurt Schumachers ständige Rede war es gewesen: Gleichberechtigung für Deutschland. Er war damit erfolglos geblieben. Strauß — ein Gegner der SPD — hat dieselbe Linie auf militärischem Gebiet von Anbeginn an verfolgt. Seine Gedanken waren es, die dem Wahlkampf vom Jahre 1957 sein Gepräge gaben. Mit Vorbehalt sei es niedergeschrieben, doch ist es so von dem ehemaligen amerikanischen Diplomaten Thayer behauptet worden, Strauß habe ihm erklärt: „Jeder deutsche Verteidigungsminister, der seine Truppen nicht atomar ausrüsten will, gehört vor ein Kriegsgericht." So deutlich wurde Strauß in der Öffentlichkeit nie, aber er sagte ähnliches am 8. April 1957 vor den Bundestagswahlen: „In den nächsten 20 Monaten ist aus technischen und politischen Gründen an eine Ausrüstung der Bundeswehr mit taktischen Atomwaffen noch nicht gedacht." Dann aber würden sie wohl kommen, ist zwischen den Zeilen zu lesen. Dann erklärte Strauß weiter: „Soweit man nach den derzeitigen Überlegungen und Planungen sagen kann, wird die Bundeswehr strategische Atomwaffen nicht beanspruchen und erwerben." Daß sie es eines Tages vielleicht doch tun könne, ließ er offen. Seit diesen Tagen ist Strauß das Hauptangriffsziel der Opposition gewesen. Die Diskussion darüber, ob und wieweit die Bundesrepublik an der atomaren Planung des Westens beteiligt werden sollte, beherrscht auch noch die sechziger Jahre.

Wenig später hatte Strauß die berühmt gewordene Erklärung der 18 Atomwissenschaftler gegen sich, die eine deutsche Atombewaffnung ablehnten, aber er hatte Adenauer für sich, der sich auf die Seite seines Verteidigungsministers stellte und Atomwissenschaftler und überhaupt alle, die anderen Sinnes waren, aufs schärfste attackierte. Noch nie wurde ein Wahlkampf mit soviel Emotionen geführt wie der des Herbstes 1957: Adenauer gewann — zusammen mit Erhard und Strauß — wieder die Wahl, weil er das Sicherheitsbedürfnis des deutschen Volkes richtig einschätzte. Die Atompilze und Totenköpfe der SPD hatten es nur verschreckt. (Franz Josef Strauß, der als Folge des „Spiegel"-Skandals im November 1962 zurücktrat, hat in der Zeit der Großen Koalition (1966—1969) noch einmal das Amt des Finanzministers innegehabt. Doch stärker als diese Positionen zählte sein Amt als unbestrittener Vorsitzender der CSU und darüber hinaus seine Wirkung als Sprecher des konservativen Flügels der Union.)

In konsequenter Fortsetzung des einmal eingeschlagenen Kurses verweigerte die SPD auch in der Folgezeit zahlreichen Wehrgesetzen ihre Zustimmung, stimmte aber der wichtigen zweiten Wehrergänzung des Grundgesetzes im Jahre 1956 zu, nachdem sie 1954 die erste Wehrergänzung, die dem Bund die Wehrhoheit gab, abgelehnt hatte. In Erinnerung an die Erfahrungen der Weimarer Zeit glaubte sie, daß sich eine Bundeswehr, die ohne ihre Mitwirkung zustande kam, in undemokratischer Weise entwickeln könne. Dem Wehrpflichtgesetz dagegen verweigerte sie ihre Zustimmung, obwohl gerade die allgemeine Dienstpflicht eine der Hauptforderungen ihrer Frühzeit gewesen war.

Heftige Auseinandersetzungen entbrannten von neuem, als Pläne bekannt wurden, nach denen die Bundeswehr im Ernstfall mit taktischen Atomwaffen ausgerüstet werden sollte. Eine Entschließung der Koalitionsparteien vom 25. März 1958 brachte den Wunsch zum Ausdruck, die Bundeswehr im Falle der Notwendigkeit mit modernsten Waffen auszustatten. Dr. Adenauer erklärte in der Diskussion, die Entscheidung ergehe damit für oder gegen die NATO. Der seit 1950 immer wieder aufflammende Zwist fand eine letzte Neuauflage, als der Bundestag den Entschließungsantrag der SPD nicht billigte: „Eine atomare Ausrüstung der Bundeswehr ist abzulehnen, weil sie eine politische Lösung der deutschen Frage bis zur Hoffnungslosigkeit erschwert ..."

Die Mehrheit des Parlaments hatte sich zum Prinzip der Sicherheit als Leitmotiv des Handelns bekannt, während die Opposition immer noch eine ferne Möglichkeit sah, die entschwebende Wiedervereinigung durch militärische Konzessionen zu verwirklichen. Die geplatzte Pariser „Gipfelkonferenz" vom Mai 1960 hat neben den Erwägungen, die der kommende Wahlkampf mit sich brachte, dann die Wendung auch der SPD gebracht. Sie hat auch die letzten Wiedervereinigungs-Hoffnungen illusorisch gemacht. Die SPD hat ihre Konsequenzen daraus gezogen.

## Die Wendung der SPD

Mit der Rede Herbert Wehners vom 30. Juni 1960 — er anerkannte die Notwendigkeit der NATO und einen deutschen Verteidigungsbeitrag — hob nicht nur eine neue Ära der Außenpolitik, sondern auch der Innenpolitik an. Diese Wendung war in ihren Konsequenzen ebenso entscheidend wie der Entschluß Schumachers im Jahre 1946, sich der Verschmelzung der beiden Arbeiterparteien entgegenzustellen. Was sich hier außenpolitisch andeutete, der Weg von einer ideologisch bestimmten zu einer pragmatischen Politik, war innenpolitisch durch das „Godesberger Programm" der SPD vom Jahre 1959 vorweggenommen worden.

Aber so radikal war dieses „Godesberger Programm" mit dem Kernsatz „Freiheit soweit wie möglich, Planung soweit wie nötig", gar nicht. Bis zum Tode Schumachers im Jahre 1952 freilich war von Reformen keine Rede gewesen. Aber schon nach der Wahlniederlage des 6. September 1953 hatten sich die „Reformer" in der Partei formiert, wenn auch die „Traditionskompanie" der alten marxistischen Kämpen sie noch nicht zur Entfaltung kommen ließ. Einer der ersten Wortführer für Reformen war der Bundestagsabgeordnete Fritz Erler gewesen. Zu ihm kamen Willy Brandt, Herbert Wehner, Carlo Schmid und der Wirtschaftsexperte Heinrich Deist. Erler sah damals rot, wenn er Rot sah auf den Versammlungen seiner Partei. Er sagte im Jahre 1953 zur Anrede „Genossen und Genossinnen": „Unsere Zuhörer müssen denken: Aha, das ist ein Klub, der unter sich sein will. Mit dieser Anrede müssen wir genauso vorsichtig umgehen wie mit der roten Fahne in der Öffentlichkeit." Später — etwa seit 1968 — hat sich das wieder geändert; zuminderst ein Teil der Mitglieder versteht sich erneut mehr als Angehöriger einer sozialistischen Partei denn als linke Volkspartei.

Damals sprach man davon, man müsse die Massenpsychologie zu Hilfe nehmen, um den Umbau von einer Klassen- zu einer Volkspartei zu erreichen. Etwas hilflos stand man dem Phänomen Adenauer gegenüber. Daß es schließlich nicht zur Reform kam, war nicht zuletzt Adenauer und Franz Josef Strauß mit ihren Parolen von der atomaren Bewaffnung der Bundeswehr zu verdanken. Doch die Anti-Atomargumente der SPD zogen nicht. Wieder steckte die SPD im Jahre 1957 eine Niederlage ein. Und danach schrieb Herbert Wehner: „Es wäre gefährlich, wenn sich die SPD daran hindern ließe, mit dem hinter ihr liegenden Erlebnis als Kämpfer um den dritten Bundestag geistig fertig zu werden, weil sie oder führende Kräfte in ihr sich in Igelstellung gegen die vielfältigen von außen auf sie eindringenden kritischen Anregungen begeben haben." Es war der Auftakt zur Revision der Parteilinie.

Die entscheidende Wende kam mit dem Parteitag des Jahres 1958 in Stuttgart. Noch mahnte Albert Schweitzer auf den Plakaten: „Keine Atomwaffen!", noch wurde die etwas ridiküle Atomkantate von Weisenborn gesungen, noch ertönte das alte Kampflied „Brüder, zur Sonne, zur Freiheit". Aber die Wirtschaftsreformer hatten ihren Sieg in der Tasche, als Dr. Heinrich Deist verkündete, die Gewerkschaften hätten keinen Anspruch auf Kontrolle der Wirtschaft. Wichtiger aber noch wurde es, daß ein Mann als stellvertretender Parteivorsitzender gewählt wurde, der dem deutschen Bürger bisher als der lebendige Gottseibeiuns dargestellt worden war. Selbst die Partei hatte Angst vor ihrer eigenen Courage — sie suchte vergeblich den kranken Erwin Schoettle für das Amt zu gewinnen — denn sie glaubte, mit seiner Wahl könnte der Eindruck erweckt werden, als habe sie einen Linksruck vollzogen. Der zur Wahl stehende Mann war vom Jahre 1927 bis zum Jahre 1942 Mitglied der Kommunistischen Partei gewesen, sogar Mitglied des Politbüros der Exil-KPD in Moskau. Mit Ulbricht und Pieck hatte er dort zusammengesessen. Neben Ernst Reuter ist er der prominenteste Exkommunist. Konrad Adenauer hatte ihn den „bösen Dämon der SPD" genannt.

## Exkurs: Herbert Wehner

Dieser Mann ist Herbert Wehner. In schwedischen Gefängnissen hat er im Jahre 1942 seine Abkehr vom Kommunismus vollzogen. Einen mehr als 200 Seiten langen Rechenschaftsbericht hat er darüber geschrieben. Ein Biograph sagte im Jahre 1954 von ihm: „Er ist eine Romanfigur, eine jener Gestalten, wie sie bei Koestler agieren könnten. Dieser Lebensweg, wir scheuen uns nicht, das zu sagen, hat einen großartigen Zug ... Seine Rede ist nie moussierend süß, sondern ein essigsaures Getränk." Dieser Wehner, von Kurt Schumacher entdeckt und gefördert, machte sich mit anderen daran, endlich die Lösung von der „Ära Schumacher" zu vollziehen; nicht von seiner Person, aber von seiner Politik.

Mit Wehner, der den Apparat der SPD meisterhaft beherrscht, wird nicht mehr von Reformen gesprochen, sondern gehandelt. Seine Parteifreunde haben den Dresdner vom Jahrgang 1906 danach oft in die außenpolitischen Debatten geschickt. Trotz seiner glanzlosen Rhetorik und seinem wenig gewinnenden Wesen hat er es noch immer verstanden, Aufmerksamkeit zu erregen. Diesen Mann drängte es nicht, den Applaus an der Bühnenrampe zu empfangen. Er wollte nur eines: die Macht für seine Partei. Aus seinen Erfahrungen gewinnt er die Freiheit, Ballast über Bord zu werfen, wie es kein anderer seiner Parteifreunde gewagt hätte. Am 17. April 1957 hatte er noch erklärt: „Die SPD wird die Wehrpflicht abschaffen, wenn sie an der Regierung ist. Dieser Beschluß ist unwiderruflich." Am 30. Juni 1960 trat er für den deutschen Wehrbeitrag ein. Die NATO-Zugehörigkeit war für ihn wie für seine Partei jahrelang allein ein Tauschobjekt für die Wiedervereinigung. Es schien, als stürze er „die Partei in ihre bisher größte Krise". Der Münchner Landtagsabgeordnete Essl erklärte: „wir sollten uns nicht scheuen, uns öffentlich von diesen unglücklichen Aussagen zu distanzieren."

Aber die Partei distanzierte sich nicht. Im Gegenteil: Sie bekam ihren Funktionärsapparat überraschend schnell wieder unter Kontrolle. Am 13. Juli 1960 schließlich wählte eine Siebenerkommission den Berliner Regierenden Bürgermeister Willy Brandt zum Kanzlerkandidaten der SPD. Er war gleichsam die Testfigur, an der sich die politische Linie der Partei ausrichtete. Der Figur Adenauers, die die Autorität der Väter und Großväter symbolisierte, sollte mit Willy Brandt der Typ des strahlenden, optimistischen, jüngeren Mannes gegenübergestellt werden, der mit Vitalität und Schwung Karriere gemacht hat. Die SPD hatte damit die Folgerungen aus ihren Wahlniederlagen gezogen. Nicht nur, daß sie ihr Programm änderte, sie holte jetzt auf wissenschaftlich fundierte Weise nach, was die Person Adenauers in der Bundesrepublik begründete. Schon seit langem wählte man nicht mehr Programme, sondern einen Kopf, den Indianerkopf des scheinbar nie alternden Bundeskanzlers. Statt Programme zierten Porträts die Litfaß-Säulen. Die „Entideologisierung" hatte damit auch bei der SPD begonnen.

Der Parteitag des Jahres 1960, der im klassizistischen Beethovensaal der Stadthalle von Hannover stattfand, war nur noch ein weiterer und im Grunde vorletzter Schritt in dem Prozeß der Auflösung einer Weltanschauungspartei. Zum erstenmal konnte Herbert Wehner mit besonderer Herzlichkeit die Vertreter der Bundeswehr begrüßen. Zum erstenmal auch lehnte die SPD eine Atombewaffnung nicht mehr kompromißlos ab. Adenauer hatte zuvor dieses Bekenntnis sozusagen zu einem Testfall für die staatsbürgerliche Gesinnung der SPD gemacht, doch Wehner antwortete darauf: „Ein Hurra zur nuklearen Bewaffnung ist nicht drin. Auf diese Sprosse der Leiter treten wir erst recht nicht, denn sie ist nicht nur morsch, sondern auch eingeseift." Erich Ollenhauer, glückloser Nachfolger des glücklosen Kurt Schumacher, der sich so schnell nicht an die neuen Methoden seiner Partei gewöhnen konnte, erhielt zwar Applaus, als er, entgegen den Beschlüssen des Parteivorstandes, sein Nein zur Atombewaffnung sprach, wie er es eh und je getan hatte. Doch der Applaus der Funktionäre galt nicht mehr viel. Fritz Erler machte klar, daß Atombewaffnung nicht mehr eine Frage der Moral und der Weltanschauung sei, sondern bestenfalls eine Frage der politischen Nützlichkeit. In der Öffentlichkeit meinte er: „Man kann sich nicht von vornherein vor jeder möglichen Entwicklung sichern." Aus war es mit der Unterstützung der Ostermärsche der Atomwaffengegner, aus mit all den Oppositionsgruppen, die sich mit der Existenz der Bundesrepublik, so wie sie ist, nicht abfinden wollten.

Die Sozialdemokraten haben die Wahl des Jahres 1961 trotz Willy Brandt, trotz Wehner und trotz der Berliner Mauer verloren. Aber sie haben auch gewonnen. Was sie gewonnen haben, das zeigte sich erst ein Jahr später. Mit dem damaligen Innenminister Gerhard Schröder hatte Wehner im Jahre 1957 eine der heftigsten Auseinandersetzungen seiner parlamentarischen Laufbahn. Er warf damals Schröder vor, daß er sich in Fragen eines Amnestiegesetzes Konstruktionen bediene, die denen des berüchtigten sowjetischen Anklägers Wyschinski ähnelten. Später entschuldigte er sich für diese Entgleisung, und als Außenminister wurde Schröder mit seinem gegenüber Heinrich von Brentano elastischeren Kurs, der erste Erfolge in der Ostpolitik brachte, schließlich ein wohlgelittener Bundesgenosse der SPD.

Es wandelte sich aber noch mehr. Den größten Triumph seiner Laufbahn hatte Wehner an jenem 26. November 1962 zu verzeichnen, als der Bundeswohnungsbauminister Paul Lücke bei ihm anrief und ihm eine Aussprache vorschlug. Von 19 bis 22.45 Uhr desselben Tages saßen die beiden Männer zusammen und zimmerten den Plan einer Großen Koalition. Er war möglich geworden, weil der Verteidigungsminister Strauß mit seinem eigenmächtigen Vorgehen in der „Spiegel"-Affäre den letzten Kredit bei den Freien Demokraten verspielt hatte und ein neues Kabinett zusammengestellt werden mußte. Am nächsten Mittag saßen Wehner und Lücke am Mittagstisch des CSU-Bundestagsabgeordneten Karl Theodor Freiherr zu Guttenberg, und schließlich war es Konrad Adenauer selbst, der den Vorschlag machte, über eine Große Koalition mit den Sozialdemokraten zu verhandeln.

Wer erinnerte sich in diesen Tagen noch daran, daß Adenauer sich im Jahr 1946 mit dem früheren preussischen Innenminster Carl Severing, einem Sozialdemokraten, getroffen hatte, um über eine gemeinsame politische Grundlage zu sprechen? Sie wurde nicht gefunden. Wer erinnerte sich daran, daß gerade Adenauer es war, der im Jahre 1949 gegen manchen Widerstand einer bürgerlichen Koalition den Vorrang vor einer Großen Koalition mit den Sozialdemokraten gegeben hatte?

Damals war es die Wirtschaftspolitik, die es zu verwirklichen galt, später fand man sich nicht in der Europa-Politik, die Wiedervereinigungspolitik brachte einen neuen Gegensatz, und die Wiederbewaffnung sah die SPD auch in einer scharfen Opposition. Aber waren die Sozialdemokraten jetzt nicht auch Bürger geworden, nahmen sie nicht auch teil an dem wirtschaftlichen Aufschwung? Die Illusion der ersten Jahre der Bundesrepublik, daß man mit den Sowjets reden könne, war zerstoben. Man traf sich auf dem Boden der Desillusion und der gesamt-deutschen Resignation. Und man sah, daß die Bundesrepublik noch einiges brauchte, um wirklich krisenfest zu werden. Die Sozialdemokraten waren seitdem koalitionsfähig geworden. Zur Großen Koalition des Jahres 1967 war kein qualitativ neuer Sprung mehr zu tun. Worin diese Wendung bestand, sagte der damalige

Bundestagspräsident Gerstenmaier, der Anfang Dezember von einer Israelreise zurückgekehrt war: „Ein Tabu ist durchbrochen. Ein Tabu, das dreizehn Jahre lang bestand. Adenauer hat wesentlich zur Demontage dieses Tabus beigetragen. Das ist das Entscheidende". Die Bundestagswahlen 1965 brachten nochmals eine Kleine Koalition der FDP und CDU/CSU unter Bundeskanzler Erhard. Doch die Große Koalition mit der SPD, die dann zwei Jahre später kam, wäre schon damals vielen Politikern der CDU/CSU nicht unlieb gewesen.

## De Gaulle und Deutschland

Die großen Linien der deutschen Politik haben sich seit der Aufnahme der Bundesrepublik in die NATO kaum mehr verändert. Was sich veränderte, war die Welt, die von Bonn neue Entscheidungen erwartete. Und hinzugekommen war noch eines: Die Freundschaft mit einem Frankreich, dessen Europa-Sehnsucht geringer wurde und das unter Führung des Generals de Gaulle sich von der — auf der tatsächlichen Macht gegründeten — Bevormundung der USA zu befreien suchte. Adenauer machte diese Schwenkung mit: Mit der Heraufkunft des neuen amerikanischen Präsidenten Kennedy im Jahre 1961 kühlte sich sein Verhältnis zu Washington ab. Kennedy, am Ausgleich der beiden Supermächte USA und UdSSR interessiert, hatte mit dem Anti-Kommunismus vom Stile Adenauers nur noch wenig gemeinsam. So kam es zu einer noch stärkeren Bindung Adenauers an Paris.

De Gaulle wurde im Juni 1958 Ministerpräsident eines Landes, das unter dem Trauma Algerien litt. Die Einladung Adenauers nach Colombey-les-deux-Eglises, wo de Gaulle seinen Landsitz hat, war noch mehrdeutig. Will de Gaulle seinen deutschen Patrtner abtasten, um zu wissen, was er von ihm zu halten hat? Ist dieser erste Besuch eines europäischen Regierungschefs auf seinem Privatbesitz „La Boisserie" die erste der großen Gesten, mit denen eine neue Ära deutsch-französischer Freundschaft — manche Böswillige sagen: eine „Achse Bonn-Paris" — eingeleitet wird? Die

Zukunft zeigt, auf welcher Basis sie sich trafen. De Gaulle hatte es schon vor dem Besuch gesagt: „Adenauer ist mir ebenbürtig; er ist ein Staatsmann."

An einem heißen Septembersonntag trat Adenauer zum ersten Male de Gaulle gegenüber. Als er in den Park des schmucklosen Hauses einfuhr, dem allein ein Turm mit stumpfem Dach die Würde eines Herrensitzes verleiht, war sein Gesicht ernst, fast verkrampft. (Tage später, als er im Bundestag über seine Begegnung mit de Gaulle berichtete, wurde die ganze Erleichterung spürbar, die er danach empfand.) Das Gespräch im Arbeitsraum des Generals, vollgestopft mit den Erinnerungen an die große Zeit de Gaulles und an die großen Zeiten Frankreichs, verlief voller Harmonie. Es war ein Gespräch im „Lande der Zwietracht", in der Champagne, nahe Lothringen, unweit von Lunéville, dessen Frieden das Deutsche Reich endgültig dieses Land kostete. Es ist ein Land zwischen Verfall und Wiederaufbau, symbolisch für die Nation, deren Führung de Gaulle vor einem Vierteljahr übernommen hatte.

Was beim Mittag- und Abendessen, beim Gespräch an einem französischen Kamin wirklich gesprochen worden ist, erfuhr niemand, so wenig wie bei den kommenden Begegnungen. Ergebnis waren immer Kommuniqués. In dem ersten schon steht der Satz: „Wir sind der Überzeugung, daß die enge Zusammenarbeit zwischen der Bundesrepublik Deutschland und der französischen Republik die Grundlage jedes konstruktiven Aufbaues in Europa ist. Sie trägt zugleich zur Stärkung des atlantischen Bündnisses bei und ist unentbehrlich." Gerade das Verhältnis zum atlantischen Bündnis — das heißt praktisch: zu den Vereinigten Staaten — hat das deutsch-französische Verhältnis später immer wieder belastet. Hin- und hergerissen — vor allem nach der Wahl Kennedys — zwischen seinen Sympathien zu de Gaulle und zu Frankreich und dem verstandesmäßigen Kalkül, daß ohne die Vereinigten Staaten die Position der Bundesrepublik innerhalb der westlichen Mächte nicht zu halten sein werde, nahm Konrad Adenauer seitdem eine unentschiedene Haltung ein. Sie hat auch unter seinem Nachfolger Ludwig Erhards den Stil der gesamten deutschen Außenpolitik geprägt.

Wo immer Adenauer und de Gaulle sich trafen — immer ist die Geschichte als lautlose Macht dabei. Schließlich versteht sich Charles de Gaulle selbst als geschichtliche Größe. André Malraux hat einmal von ihm gesagt: „Vergleichbar mit Jeanne d'Arc — der französischen Nationalheldin — ist bei de Gaulle vielleicht das Bewußtsein der Berufung; und was die Berufung angeht, so akzeptiert man geläufig die religiöse, dagegen sehr viel weniger leicht eine diesseitige, im Laienstand." So möchte er den graziösen Amtssitz des französischen Staatspräsidenten in Paris gegen das vor den Toren von Paris gelegene Schloß von Vincennes vertauschen. Dort ist das Pathos der Geschichte zu Hause, hier nur deren Charme. De Gaulle identifiziert sich ganz mit seinem Land. Die Schlußsätze seiner Memoiren lauten: „Altes Frankreich, überladen von Geschichte, mitgenommen von Krisen und Revolutionen, im steten Auf und Ab von Größe und Niedergang, aber von Jahrhundert zu Jahrhundert vom Geiste eines neuen Lenzes wiederaufgeweckt! Alter Mann, gewachsen an Prüfungen, fern dem Getriebe der Welt, spürend, wie sich die Kälte der Ewigkeit naht, aber niemals müde werdend, im Dunkel nach dem Licht der Hoffnung auszuspähen."

Was Adenauer über seine „Berufung" dachte, weiß man nicht so genau. Während de Gaulle an die historische Macht der großen Geste glaubte, war Adenauer karg in seinen Äußerungen, auch in denen seiner Gefühle. Soweit uns bekannt ist, hat er sich über seine Rolle in diesem Jahrhundert nie klar geäußert. Das haben andere um so reichlicher für ihn getan. Aber Parallelen bestehen zwischen beiden: zwischen dem patriarchalisch regierenden Adenauer und dem autoritär gestimmten Charles de Gaulle, die die Führung ihres Landes im Zustand tiefer Erniedrigung übernommen haben.

Die Geschichte der deutsch-französischen Beziehungen wurde auch beim zweiten Treffen wach, das Adenauer mit de Gaulle auf dessen Wunsch in Bad Kreuznach zusammenführte. Niemand weiß, was den französischen Präsidenten dazu veranlaßte, diesen hübschen, aber von den Flugwegen abgelegenen Ort zu wählen. Vielleicht waren es die Erinnerungen: Hindenburg und Ludendorff hatten in den Jahren 1917 und 1918 hier ihr Hauptquartier aufgeschlagen, Marschall Foch, der Sieger von Verdun, residierte hier nach dem Waffenstillstand 1918, 1940 dirigierte Feldmarschall von Witzleben die Truppen der 1. Armee von hier in den Frankreichfeldzug und schließlich hatte von 1945 bis 1951 — der klassiszistische Bau Emanuel von Seidls zeigte sich allen Beanspruchungen gewachsen — das Kommando der französischen Besatzungstruppen in Deutschland hier residiert. (Zum letzten Mal war der General zuvor im Jahre 1945 in Deutschland gewesen, um dort französische Besatzungstruppen zu inspizieren.)

In diesen Novembertagen des Jahres 1958 erläuterte de Gaulle dem Bundeskanzler den Plan eines Dreierdirektoriums (Frankreich, Großbritannien, USA) an der Spitze der NATO, wurden die Schwierigkeiten erörtert, die es mit den britischen Vorstellungen von einer Freihandelszone gegeben hatte. Mit dem Dreierdirektorium ist es nichts geworden, dafür baute de Gaulle seine eigene Atomstreitmacht auf. Der Beitritt Großbritanniens zur EWG ist — bis zu diesem Tag zumindest — ein Traum geblieben, da de Gaulle kurz vor der Unterzeichnung des deutsch-französischen Freundschaftsvertrages brüsk die Türen zuschlug. Zumindest war er es, der sich den Vorwurf zuzog, ein Groß-Europa verhindert zu haben. Wie weit die Verhandlungsbereitschaft der Briten auch eine Bereitschaft war, die Lasten der EWG mitzutragen, ob sie überhaupt fähig gewesen wären, sich der Bindungen an ihr Commonwealth so weit zu entledigen, wie es ihre Aufnahme in die EWG erfordert hätte, ist auf diese Weise nie geprüft worden. De Gaulle aber hat seitdem oft gezeigt, wie wenig er von einem Europa hält, das nicht unter französischer Suprematie steht.

Den Preis europäischer Verstümmelung mußte Adenauer zahlen, um Frankreich als Freund zu gewinnen. Seit den Tagen von Colombey und von Kreuznach hat man von Konrad Adenauer niemals mehr eine ernsthafte Kritik an der französischen Haltung gehört. Bestenfalls hat er sich als Vermittler gefühlt zwischen dem stärksten Bundesgenossen — den USA — und dem ihm nächsten, Frankreich. Wo seine Sympathie lag, war schon vor dem Jahre 1958 klar.

Adenauer und de Gaulle vereinte der Glaube daran, daß Europa noch lebendig sei, bestimmt, einen wichtigen Part im Konzert der Weltmächte zu spielen. Dieser Glaube an ein Europa als selbständige Kraft war der Kern des neugewonnenen deutsch-französischen Verhältnisses. Der Tod de Gaulles im Jahre 1970 hat in diesem Glauben nur die Akzente verschoben.

Mit seiner Unterschrift unter den deutsch-französischen Vertrag am 22. Januar 1963 sollte der Endpunkt gesetzt werden unter vierhundert Jahre deutsch-französischer „Erbfeindschaft". Vor dieser Signatur hatte man schon gesagt, das Werk Konrad Adenauers bliebe ein Werk der Resignation, ein unvollendetes Werk: die Einigung Europas vorwärtsgetrieben, doch nicht vollendet, die Wiedervereinigung erstrebt, doch nicht erreicht. Dieser eine Baustein ist richtig gesetzt worden. Nicht erst seit dem Ende des Zweiten Weltkrieges hatte Adenauer dafür gekämpft. Manchmal scheint es jetzt, als seien die Jahre der deutsch-amerikanischen Freundschaft, als sich Adenauer mit Außenminister John Foster Dulles (er starb im Jahre 1959) fast auf Du und Du unterhielt, doch nur ein Umweg gewesen, die Freundschaft mit dem Nachbarn im Westen zu suchen. Doch trug die Freundschaft Adenauers mit Dulles wie mit de Gaulle auch gemeinsame Züge. Alle drei hatten sie große weltpolitische Entwürfe in ihrem Sinn, glaubten sie an die Überlegenheit des Westens. Hinter die Fassaden der Freundschaften mit Dulles und de Gaulle muß man sehen, um in den kühlen, beherrschten, vom taktischen Spiel um die Macht eingenommenen Adenauer die Züge eines Träumers zu finden. Sie zeigten sich übrigens schon in seiner ersten Kölner Oberbürgermeisterzeit, als er ohne Rücksicht auf die Finanzlasten für die Stadt sich und Köln zur höheren Ehre Bauwerke, Brücken und Parkanlagen schaffen ließ. In de Gaulle hatte er schließlich einen Partner gefunden, der eine Schwäche Frankreichs nicht gelten ließ, weil er sich selbst stark fühlte. Seinen Visionen zu folgen, verbot den Deutschen ihr geschärfter Sinn für Realitäten nach zwei Niederlagen.

| | |
|---|---|
| *29. April 1946:* | *Der amerikanische Außenminister Byrnes schlägt den 12. 11. 1946 als Eröffnungstag für eine deutsche Friedenskonferenz vor.* |
| *9. Juli 1946:* | *In dem nach ihm genannten Plan lehnt der sowjetische Außenminister Molotow den Byrnes-Plan ab und verlangt die „Demokratisierung" Deutschlands nach Art der Sowjetzone.* |
| *1950:* | *Plan des Ministerpräsidenten der Sowjetzone mit der Losung „Deutsche an einen Tisch".* |
| *20. Dezember 1951:* | *Beschluß der Vollversammlung der UNO über eine Untersuchungskommission zur Prüfung der Verhältnisse in Deutschland; die Sowjetzone verweigert Einreise.* |
| *10. März 1952:* | *Sowjetischer Deutschlandplan mit der Forderung, Deutschland als einheitlichen Staat wiederherzustellen. Westmächte: Keine Voraussetzung für freie Wahlen.* |
| *25. 1. — 18. 2. 1954:* | *Vier-Mächte-Konferenz in Berlin über Deutschland.* |
| *18. — 23. Juli 1955:* | *Genfer Gipfelkonferenz der Regierungschefs.* |
| *9. — 13. Sept. 1955:* | *Besuch Adenauers in Moskau und spätere Aufnahme diplomatischer Beziehungen zwischen Moskau und Bonn.* |
| *27. 10. — 16. 11. 1955:* | *Genfer Außenministerkonferenz. Sowjetische Propaganda für die Zwei-Staaten-Theorie.* |

| | |
|---|---|
| *10. November 1958:* | *Chruschtschow löst Berlin-Krise aus: 27. 11.: Aufkündigung des Vier-Mächte-Statuts von Berlin.* |
| *11. Mai 1959:* | *Beginn der Genfer Außenministerkonferenz mit Teilnahme der Bundesrepublik und der Sowjetzone an getrennten Tischen. Kein Ergebnis. Letzte internationale Konferenz über Deutschland.* |
| *17. Mai 1960:* | *Gipfelkonferenz der vier Großmächte scheitert in Paris, bevor über Deutschland gesprochen wird.* |

Die Wiedervereinigungspolitik galt Jahrzehnte als die innenpolitische Aufgabe der Bundesrepublik, die sich jedoch vorwiegend außenpolitischer Mittel bedienen mußte, wenn sie wirksam werden wollte. Dieses Paradox ist das Resultat einer verzweifelten Situation: Die Nachkriegszeit hat der stellvertretend für Gesamtdeutschland handelnden Bundesrepublik keine andere Wahl gelassen. Der souveräne westdeutsche Staat ist in der entscheidenden Frage, deren Lösung für ihn auf die Dauer lebenswichtig wird, nicht souverän. Es ist dies das Resultat des dutzendemale, angeblich oder wirklich, verletzten Potsdamer Abkommens, in dem zuletzt die Verantwortlichkeit der Großmächte für Gesamtdeutschland festgelegt wurde.

Auch das gehört zu den Anomalien der Nachkriegsverhältnisse, daß ein Staatsteil stellvertretend für den anderen zu handeln versuchte. Wo sich Innenpolitik in den Jahren seit 1949 in die Wiedervereinigungs-Politik mischte, ist sie bis in die Mitte der sechziger Jahre von der DDR ausgegangen. Sie versuchte mit diesem Verfahren, über den Umweg gesamtdeutscher Verhandlungen in der internationalen Welt Fuß zu fassen. Später — als die de facto-Anerkennung erreicht war — suchte sie allerdings die „Abgrenzung“ von der Bundesrepublik. Dieser Zustand, der im innerdeutschen Gespräch der Bundesdeutschen Regierung die Hände band und sie notwendigerweise in Passivität verharren ließ, ist von den Sprechern der parlamentarischen

Opposition oft kritisiert worden. Sie waren der Meinung, der innerdeutsche Ausgleich sollte nicht durch formaljuristische Selbstgerechtigkeit erschwert werden. Da aber auch sie die Gefährlichkeit des in der Sowjetzone aufgebauten kommunistischen Regimes nicht verkannten, sind für die Überwindung des Dilemmas nur selten Vorschläge gemacht worden, die über ein Wunschdenken hinausgingen. Früh zeigte es sich, daß Lösungen nur aus einer allgemeinen Entspannung kommen konnten.

Der Antagonismus der Weltblöcke erlaubte in den fünfziger und auch noch sechziger Jahren — jedenfalls in den Augen der Regierungsmehrheit und auch der Mehrheit der Bevölkerung — keine eigenständige Entscheidung. Bei dem Ringen, das sich in vielen Notenwechseln und vergeblichen Konferenzanläufen ausdrückte, ging es allein darum, das einmal geschaffene Mächtegleichgewicht zu halten, keine Machtposition ohne Gegenwert zu verlieren. Insoweit ist es richtig, daß eine Verschiebung des Mächteparallelogramms — die Wiedervereinigung der beiden Teile Deutschlands also — sich allein dann als möglich erwiesen hätte, wenn eine solche Veränderung in der Linie der Staatsräson der weltpolitischen Gegner und Konferenzpartner lag. Das war bisher nicht der Fall. Die Theorie der „friedlichen Koexistenz", seit einigen Jahren zuerst aus bolschewistischem Mund hörbar, sodann als Konsequenz einer „Status-quo-Politik" der Großmächte weiterentwickelt, könnte tragischerweise sogar dazu führen, daß die deutsche Beteiligung an der Diskussion, da jede kriegerische Lösung ausgeschlossen ist, immer weniger interessant wird. Anzeichen dafür sind seit dem Jahre 1955 vorhanden.

Im Einklang mit den weltpolitischen Einflüssen lassen sich zwei Grundrichtungen in der deutschen Politik erkennen. Die eine, die der Regierung, ist zu kennzeichnen durch das Schlagwort von der „Politik der Stärke", des Zurückdrängens der sowjetischen Positionen also, welche die USA mit dem Amtsantritt des — 1959 verstorbenen — Staatssekretärs John Foster Dulles seit Ende des Jahres 1952 forcierten. Sie ging von der Überzeugung aus, daß die weltrevolutionäre Sowjetunion nur dann zu erfolgversprechenden Verhandlungen zu bewegen sei, wenn man ihr in mindestens gleicher Stärke gegenübertrete. Die Beobachtung der sowjetischen Politik schien gezeigt zu haben, daß Moskau Verhandlungs- und Konzessionsbereitschaft stets als Zeichen westlicher Schwäche interpretierte. Die Bedrohung durch den Bolschewismus fand als Antwort einen Antikommunismus, der vor allem die militärische Stärkung des Westens pflegte.

Für Westdeutschland bedeutete die Anwendung dieser Doktrin, daß die deutsche Teilnahme an den westlichen Verteidigungsanstrengungen nicht nur das Vertrauen der Verbündeten begründe, sondern auch die einzige Möglichkeit sei, mit den Russen in ein Wiedervereinigungsgespräch zu kommen. Als Konsequenz ließ man die da und dort auftauchenden Winke sowjetischer Verhandlungsbereitschaft — mochten sie erst gemeint sein oder nicht — Jahre hindurch unbeachtet. Man konzentrierte sich darauf, zu einem unübersehbaren Faktor innerhalb des westlichen Verteidigungsbündnisses zu werden.

Die Gegenposition bestand darin, den deutschen Verteidigungsbeitrag, so weit es anging, in die Ferne zu schieben, um nicht eventuelle Verständigungsmöglichkeiten mit der Sowjetunion zu verbauen. Bei der Sozialdemokratie, die erstmals der Außenpolitik ein stärkeres Gewicht zumaß, spielten auch ideologische Gründe mit hinein. Sie sahen in den Verteidigungsanstrengungen des Westens, zumindest im Anfang, kein wesentliches Abschreckungsmittel.

Ende 1948 hatte der Parteivorstand erklärt: „Soweit eine Bedrohung durch den östlichen Totalitarismus besteht, ist der wirksamste politische Schutz dagegen eine konsequente demokratische und soziale Politik in Westdeutschland selbst.“ Das jahrzehntealte Mißtrauen dieser stärksten Oppositionspartei gegenüber der Armee bestimmte sie immer wieder, zu Verzögerungstaktiken zu greifen. Auch die andersgearteten Vorstellungen von Art und Wesen der Wiedervereinigung brachten es mit sich, daß immer wieder innenpolitische Gegensätze auftraten. Eine Stellungnahme aus dem Jahre 1952 zur Wiederaufrüstung gibt nochmals den oft wiederholten Tenor dieser Politik wieder: „Diese Politik sperrt den Weg zur friedlichen Wiedervereinigung Deutschlands in Freiheit. Sie liefert dem sowjetischen Imperialismus den willkommenen Vorrang, die sowjetische Besatzungszone im erhöhten Maße zum militärischen Aufmarschgebiet zu machen. Sie erschwert damit die Lage des freiheitlichen Berlin.“ Zwischen diesen beiden Polen bewegte sich die deutsche Wiedervereinigungs-Politik.

Das diplomatische Tauziehen um die Wiedervereinigung setzt in dem Augenblick ein, in dem die Bundesrepublik und die „DDR“ konstituiert waren. Präludiert wird den Auseinandersetzungen durch zwei Erklärungen, die den Grundakkord des Westens bis zum heutigen Tag anschlagen. In einem Berlin-Kommunique nach der Londoner Außenministerkonferenz (11. bis 13. Mai 1950) heißt es: „Die drei westlichen Besatzungsmächte werden fortfahren, ihre Rechte in Berlin zu behaupten. Sie sind heute so wie in der Vergangenheit entschlossen, die demokratischen Rechte der Berliner zu schützen . . . “

Die New Yorker Außenministerkonferenz (12. bis 15. September 1950) bestätigte den deutschen Anspruch auf alleinige Vertretung der gesamtdeutschen Interessen mit der Erklärung: „Da die Vereinigung Deutschlands noch in der Schwebe ist, betrachten die drei Regierungen die Regierung der Bundesrepublik Deutschland als die einzige deutsche Regierung, die frei und legitim konstituiert wurde und daher berechtigt ist, für Deutschland als Vertreterin des deutschen Volkes in internationalen Angelegenheiten zu sprechen.“

Die Antwort des Ostblocks, mit der für das kommende Jahrzehnt Stellung bezogen wurde, ließ nicht auf sich warten. Die Prager Konferenz, auf der ein paritätisch gebildeter „Gesamtdeutscher Rat“ zur Vorbereitung einer deutschen Regierung gefordert wurde, zeigte, daß die Ostblockstaaten die Fiktion zu nähren sich bemühten, als bestehe in der Art und Struktur der beiden Teile Deutschlands kein Unterschied. Diesem Beispiel folgte als erste Initiative der Sowjetzone die sogenannte „Deutsche-an-einem-Tisch-Kampagne“ Grotewohls, mit der dieser Vorschlag aufgegriffen und unter Hinweis auf den „nationalen Notstand“ der Spaltung, „der durch die Remilitarisierung und Einbeziehung Westdeutschlands in die Pläne der Kriegsvorbereitung verschärft wurde“, detailliert ausgeführt wurde.

Die Bundesregierung, die schon zuvor auf die Notwendigkeit freier gesamtdeutscher Wahlen hingewiesen hatte, ergriff seit dem Beginn des Jahres 1951 ihrerseits die Initiative, indem sie den Versuch unternahm, die Frage der gesamtdeutschen Wahlen auf die Ebene der Vereinten Nationen hinüberzuspielen. Diese sollten nach ihrer Vorstellung die als ersten Schritt zur Wiedervereinigung vorgesehenen freien Wahlen kontrollieren.

In einer Entschließung des Bundestages vom 9. März 1951 ist der Satz zu finden: „Wir lehnen den Krieg und jede Kriegsvorbereitung ab. Wir wollen aber keinen Scheinfrieden, mit dem der Kommunismus seine Angriffsabsichten und Unterdrückungen verschleiert und die Welt in dauernder Unrast und Spannung hält." Freie gesamtdeutsche und international kontrollierte Wahlen als erste Voraussetzung einer Wiedervereinigung sind bis zur Genfer Außenministerkonferenz des Jahres 1959 das Credo der offiziellen deutschen Wiedervereinigungspolitik geblieben. Eine Verwirklichung dieser Forderung wurde mit der Erstarkung der „DDR" und der Veränderung der weltpolitischen Machtverhältnisse immer illusorischer. Als theoretisches Axiom, das auf dem Prinzip der „Selbstbestimmung" der Völker gegründet ist, wurde diese Forderung bis heute nicht zugegeben. Doch immer stärker schob sich der Gedanke in den Vordergrund, mit „kleinen Schritten" — Gesamtdeutschen Ausschüssen, Berlin als Kernzelle — das Problem der Wiedervereinigung anzugehen und erst an die vorletzte oder letzte Stelle freie Wahlen zu rücken.

Die Bundesregierung hatte mit ihren Forderungen im ersten Anlauf im Jahre 1951 insoweit Erfolg, als ein von den UN eingesetzter Untersuchungsausschuß bereit war, die Voraussetzungen für freie Wahlen in beiden Teilen Deutschlands zu prüfen. Der Auftrag scheiterte jedoch an der Weigerung der Sowjetzone, derartige Kontrollen zuzulassen. Wir finden hier nicht zum erstenmal die unglaubwürdige Begründung, sie bedeuteten einen Eingriff in die Souveränität der „DDR". Durch diese Weigerung wurde die Zusage Grotewohls, eventuell auch über einen nicht paritätisch zusammengesetzten „Gesamtdeutschen Rat" zu verhandeln, nicht mehr auf die Probe gestellt.

Die zweite Forderung, die Grotewohl aufgestellt hatte: Beschleunigte Ausarbeitung eines Friedensvertrages mit Deutschland, wurde wie in einem Stafettenlauf von der Sowjetunion durch eine Note vom 10. März 1952 aufgenommen. Sie provozierte einen vierfachen ergebnislosen Notenwechsel, der sich bis in den Spätherbst hineinzog.

Das Pferd wurde nun von hinten aufgezäumt. Während zuvor die Bildung einer gesamtdeutschen Regierung im Vordergrund stand, sollte jetzt ein Friedensvertrag mit einer provisorischen gesamtdeutschen Regierung ausgehandelt werden, deren Zustandekommen nicht näher definiert wurde. Über diese Note ist lange diskutiert worden, da sie — kurz vor dem Abschluß der EVG-Verträge abgesandt — in Deutschland schlummernde nationale Gefühle wachrief: sie verhieß einem künftigen Gesamtdeutschland eigene nicht integrierte Streitkräfte. Von den mitgegebenen „Politischen Leitsätzen" waren vor allem die Abschnitte zwei, fünf und sieben, dazu die vorweggenommene Anerkennung der Oder-Neiße-Linie, für die Westmächte unannehmbar. Abschnitt zwei sah vor, sämtliche ausländischen Streitkräfte spätestens ein Jahr nach Inkrafttreten des Friedensvertrages abzuziehen und die Militärstützpunkte zu liquidieren. Abschnitt fünf erläuterte, daß „Organisationen, die der Demokratie und der Sache der Erhaltung des Friedens feindlich sind, nicht bestehen bleiben dürfen". Das bedeutete nach sowjetischem Sprachgebrauch, daß die bürgerlichen Parteien oder auch Unternehmerverbände keine Existenzberechtigung mehr hatten. Abschnitt sieben forderte die Neutralisierung Deutschlands. Es sollte sich verpflichten, „keinerlei Koalition oder Militärbündnis einzugehen, die sich gegen irgendeinen Staat richten, der mit seinen Streitkräften am Krieg gegen Deutschland teilgenommen hat".

Die Westmächte haben negativ darauf geantwortet. Ihre Hauptbefürchtung war — wie später bei allen militärischen Verdünnungsplänen — es könne in Deutschland ein Machtvakuum entstehen, das über kurz oder lang ganz Mitteleuropa in den Sog der sowjetischen Machtexpansion bringen müsse. In dieser Haltung wurden sie durch die Bundesregierung bestärkt. Im Laufe dieser Jahre ist es schwer, festzustellen, wo die treibende Kraft beim Zusammenwirken Bonns mit den Schutzmächten lag. Die Bundesregierung fühlte sich mit guten Gründen so lange in ihrer Existenz bedroht, wie sie nicht durch Verträge in die Verteidigungspakte der westlichen Welt hineingebunden war. Es kann nicht gänzlich ausgeschlossen werden, daß einige Ansätze zu Verhandlungen in den Jahren 1952 bis 1955 mit dem Hinweis nicht hinreichend geprüft worden sind, man werde zwar Ost-West-Gespräche suchen, jedoch erst nach der endgültigen Integration in den Westen. Zudem fürchtete man, das mühsam erworbene Vertrauen der Verbündeten in die prowestliche Haltung Deutschlands zu verlieren. Ob die Argumentation, damals habe die Chance bestanden, eine unabhängige deutsche und damit der Wiedervereinigung förderliche Politik mit Billigung der Westmächte zu betreiben — sofern man diese nur hätte überzeugen können, daß deren Staatsräson mit dem deutschen Verlangen übereinstimme — richtig ist, konnte unter diesen Voraussetzungen niemals bewiesen werden.

Tatsache bleibt: ebenso wie die Sowjetunion nicht bereit war, freie Wahlen und die daraus folgende Entscheidungsfreiheit Gesamtdeutschlands zu akzeptieren, weil sie damit ein Machtpotential aus der Hand gab, ebenso waren die Westmächte nicht bereit, die verschleierten sowjetischen Expansionsabsichten durch eine erzwungene Neutralisierung Deutschlands zu erleichtern. Westdeutschland blieb für sie ein lebenswichtiges Vorfeld. Kritiker der Bundesregierung meinten in dieser Zeit, es wäre nötig gewesen, den guten Willen der Sowjets auf die Probe zu stellen. In der Rückschau scheint es allerdings so, daß diese bestenfalls bereit gewesen wären, im Zeichen der amerikanischen atomaren Überlegenheit, auf Zeit zu spielen. Die erste Explosion einer russischen Wasserstoffbombe im Jahre 1954 und die spätere zeitweise russische Überlegenheit auf dem Raketengebiet drängten schließlich den machtpolitischen Faktor Europa auf Jahre hinaus zurück.

Daß es sich auch beim Notenwechsel von 1952 um die von den nach traditioneller diplomatischer Weise vorgehenden Westmächten lange nicht begriffene sowjetische „Propaganda-Diplomatie“ handelte, zeigt der bemerkenswerte Umschlag im Ton zwischen der zweiten und dritten Note.

Während man der ersten Note — wenn man auch russisch gefärbte — Sachlichkeit bescheinigen muß, zeigt der Schluß des Notenwechsels recht ungewöhnliche Züge, die viel von dem entdecken lassen, was hinter dem Wortlaut verborgen liegt. Da heißt es etwa: „Das Bonner Separat-Abkommen der USA, Großbritanniens und Frankreichs mit der Adenauer-Regierung stellt ein unverhülltes Kriegsbündnis dar, das eindeutig aggressive Ziele verfolgt. Dieses ‚Abkommen' legalisiert die Wiedergeburt des deutschen Militarismus und die Aufstellung einer westdeutschen Söldnerarmee mit hitlerfaschistischen Generalen an der Spitze. Wir setzen das Wort ‚Abkommen' in Anführungszeichen, da das Bonner Separat-‚Abkommen' von den Deutschen Westdeutschlands gegen den Willen des deutschen Volkes aufgezwungen wurde."

Einen ähnlichen klaren Ton, allerdings von einer starken missionarischen Überzeugung getragen, schlug erst der Nachfolger Dean Achesons, John Foster Dulles, auf der Berliner Vierer-Konferenz der Außenminister (25. Januar bis 28. Februar 1954) an, als er etwa sagte: „(Molotow) schlägt im Namen des Friedens eine Methode vor, um den soliden Sowjetblock bis zum Rhein auszudehnen. Im Namen dessen, was er Demokratie nennt, hat er das klassische kommunistische Schema für die Ausrottung jener Demokratie, wie sie seit 2000 Jahren verstanden wurde, festgelegt."

Die Berliner Konferenz gehört zu den wesentlichen Stationen auf dem ergebnislosen Weg zur Wiedervereinigung. Allerdings nicht in erster Linie durch die neuen Vorschläge zur Deutschland-Frage. Der erste „Eden-Plan", der die westlichen Vorstellungen zusammenfaßte, beruhte auf dem schon oft vorgetragenen Grundgedanken der freien Wahlen und der Vier-Mächte-Verantwortung für Deutschland, die von Molotow stereotyp mit dem Bemerken abgetan wurde: „Ein solcher Vorschlag ist ein Versuch, die Durchführung gesamtdeutscher Wahlen in die Hände der Besatzungsbehörden zu legen und praktisch die Deutschen von der Organisierung und Durchführung gesamtdeutscher Wahlen fernzuhalten." Andererseits brachte die Sowjetunion ihren alten Friedensvertrags-Vorschlag fast unverändert vor.

Wesentlicher war die Forderung Molotows, daß die Aufstellung deutscher Streitkräfte bis zum Abschluß eines Friedensvertrages nicht zugelassen werden solle. Das hätte Moskau die langwährende Möglichkeit einer Verzögerung gegeben. Ein Gedanke, der später von der westdeutschen Opposition aufgegriffen wurde, blieb allerdings in der Diskussion: der Plan Molotows für ein System kollektiver europäischer Sicherheit, mit dem Moskau die bevorstehende Ratifizierung der EVG-Verträge und damit die Stärkung der NATO zu verhindern suchte. Er sah zuerst vor, daß ein Sicherheitssystem geschaffen werde, aus dem die USA ausgeschaltet bleiben sollten. Später trug man der westlichen Ablehnung Rechnung und gestattete, die USA einzubeziehen. Da ein derartiges Sicherheitssystem praktisch der Selbstauflösung der NATO gleichgekommen wäre, wurde der Vorschlag abgelehnt.

Zukunftsweisend an der sonst ergebnislos verlaufenden Berliner Konferenz sollte es werden, daß die deutsche Frage zum erstenmal in den Gesamtrahmen der Weltpolitik gestellt wurde. Das hatte sich schon bei der Bestimmung der Tagesordnung herausgestellt, als man auch über China und über Fragen der Abrüstung, die durch die sowjetische Wasserstoffbombe akut geworden waren, sprechen wollte. Es war dies vor allem eine Folge des Todes von Stalin im Mai 1953, der in der Welt eine Reihe von Hoffnungen und Illusionen erweckte. Sie wurden durch die Tatsache erklärt, daß die Sowjetunion aus ihrer bis dahin geübten „Splendid Isolation" heraustrat und den Kontakt mit den Großmächten in der erklärten Absicht aufnahm, zur „friedlichen Koexistenz" der beiden Machtblöcke und der unterschiedlichen Gesellschaftssysteme zu gelangen. Damit wurden die Verhandlungen jedoch nicht erleichtert. Wie sich bald herausstellte, gab die veränderte und verfeinerte Taktik Moskaus den Westmächten neue Rätsel auf.

Das Jahr 1955 scheint rückblickend zu einem zumindest vorläufig entscheidenden Wendepunkt in der Frage der Wiedervereinigung geworden zu sein. Die Ereignisse setzten ein mit der Note der Sowjetunion vom 18. Januar, in der sie darauf hinwies, daß noch ungenutzte Möglichkeiten für eine Wiedervereinigung Deutschlands bestünden. Zum erstenmal erklärte sie sich im Prinzip mit einer internationalen Kontrolle gesamtdeutscher Wahlen einverstanden. Der Grund für den Wandel ist klar: Die UdSSR versuchte, die Unterzeichnung der Pariser Verträge, durch die sich die künftige Nationalarmee der Bundesrepublik mit dem westlichen Paktsystem verband, zu verhindern. Darauf folgt die noch nicht ganz eindeutige Drohung, daß nach Ratifizierung dieser Verträge notwendigerweise eine neue Lage entstehen müsse. Dr. Adenauer — vom Grundgedanken seiner Politik weiterhin überzeugt — lehnte das russische Ansinnen eine Woche später ab. Er glaubte nicht daran, daß Moskau mit seiner Drohung ernst machen werde und sagte: „Was wir erstreben, ist der Zusammenschluß der freien Völker des Westens einschließlich Deutschlands, weil wir überzeugt sind, daß alsdann mit Sowjetrußland aussichtsreiche und vernünftige Verhandlungen gepflegt werden können." Seine Entscheidung gründete er auf Überlegungen, die er schon eine Woche vor der Ratifizierung der Pariser Verträge, am 19. Februar, präzisiert hatte: „Wir müssen in Gemeinschaft mit unseren Vertragspartnern handeln, nicht zuletzt aus Gründen der eigenen Sicherheit. Der heiße und kalte Krieg überfordern die Kräfte Sowjetrußlands. Keine sowjetische Führung hat zugleich den Lebensstandard in der Sowjetunion verbessern und eine riesige Rüstung aufbauen können."

So unzweifelhaft die Erfolge des Bundeskanzlers waren, mit welch guten Gründen man auch die Pariser Verträge bejahen kann, man wird doch sagen müssen, daß sich Dr. Adenauer in der Beurteilung der Zukunft in diesem Punkte geirrt hat. Die Richtung der sowjetischen Politik setzte sich nach der Note vom 18. Januar nicht in der von ihm vorhergesagten, sondern in der von Moskau angekündigten Weise fort. Darüber konnte auch die Genfer Konferenz der Regierungschefs (17. bis 23. Juli) nicht hinwegtäuschen, in deren atmosphärischen Entspannungstendenzen, dem „Geist von Genf", die Öffentlichkeit falsche Hoffnungen hegte. Eden brachte als erster Staatsmann seinen Plan einer entmilitarisierten Zone zwischen Ost und West vor, eine Anregung, die drei Jahre zuvor der deutsche Politiker und Diplomat Karl Georg Pfleiderer entwickelt hatte. Sinn des

Vorschlages war es, die Entspannung zu fördern, indem man die Machtblöcke militärisch auseinanderrückte. Damals wie später fand man keinen Modus, Entspannung und Sicherheit miteinander zu verbinden.

Wichtiger für die Zukunft der Deutschland-Frage waren die Abschiedsworte des sowjetischen Ministerpräsidenten Bulganin, die trotz der in dem Abschlußkommuniqué der Gipfelkonferenz festgestellten Verantwortung der vier Großmächte für Deutschland klar die neue Linie der Sowjetunion erkennen ließen. Es konnte danach eigentlich keine Überraschung mehr sein, als der damalige Parteisekretär Chruschtschow auf der Rückreise in Ost-Berlin erklärte: „Ist es denn nicht klar, daß die mechanische Vereinigung beider Teile Deutschlands, die sich in verschiedene Richtungen entwickeln, eine unreale Sache ist? ... Man kann die Deutsche Frage nicht auf Kosten der Interessen der Deutschen Demokratischen Republik lösen."

Zum erstenmal war ganz eindeutig gesagt worden, daß Moskau seine Zone nicht mehr als Verhandlungsobjekt betrachtete. Nachdem seine Hoffnungen fehlgeschlagen waren, ganz Deutschland unter Ausnutzung von Armut, Hunger und nationalistischen Ressentiments auf den Weg des Kommunismus zu führen, hatte Moskau es nun in der Hand, durch die Stärkung des östlichen Teiles Deutschlands einen ständigen Druck auf den Westen auszuüben, der sich mehr und mehr in der Drohung zusammenzog, einen separaten Friedensvertrag mit der DDR abzuschließen.

Schon in einer Note vom 15. Mai 1955 war der Wunsch der Sowjetunion angeklungen, diplomatische Beziehungen mit Bonn anzuknüpfen. Am 7. Juni war die Aufforderung wiederholt worden. Sie führte zwischen den beiden Genfer Konferenzen zu einem Besuch des Bundeskanzlers vom 9. bis 13. September in Moskau. Nach heftigen Auseinandersetzungen wurde die Aufnahme diplomatischer Beziehungen vereinbart. Moskau gestand die Entlassung der noch in russischem Gewahrsam befindlichen Kriegsgefangenen zu.

Noch einmal prallten in einer harten Diskussion am 10. September die Meinungen aufeinander. Adenauer versuchte die Leitmotive seines Handelns klarzumachen und damit den russischen Vorwürfen von der „Aggressivität" Westdeutschlands die Spitze zu nehmen, als er sagte: „Kein Mensch in Deutschland bildet sich etwa ein, mit der Sowjetunion aus der Position der Stärke heraus verhandeln zu können. Ich glaube, man muß bei allen diesen Dingen die gesamte Weltlage und die gesamte Lage in Europa betrachten und nicht nur das Verhältnis zwischen der Sowjetunion und der Bundesrepublik. Man muß auch die wehrlose und ungesicherte Lage unseres Staates bedenken. Die Bundesrepublik war völlig entwaffnet und besetzt, inmitten von Unsicherheit und drohenden Konflikten. Auch kleine Länder wie die Bundesrepublik haben ein Bedürfnis nach der Möglichkeit, sich zur Wehr zu setzen, genau wie die DDR diesem Bedürfnis nachgegeben hat." Chruschtschow erwiderte auf die Frage nach der Wiedervereinigung ebenso klar: „Lassen Sie uns aufrichtig sein, wir können nicht auf die Lösung dieser Frage in dem Aspekte eingehen, in dem Sie sie lösen möchten ... Wenn man eine Organisation gründet, die gegen uns gerichtet ist, so müssen wir Staatsmänner alles daran setzen, daß sie schwächer und nicht stärker werde. Das ist ein berechtigter Wunsch. Die Deutsche Bundesrepublik ist der NATO beigetreten, die Deutsche Demokratische Republik ist nicht Mitglied der NATO, und wir wären Toren, wenn wir dazu beitragen würden, daß ganz Deutschland der NATO beitritt und dadurch die Kräfte verstärkt würden, die gegen uns gerichtet sind. Ich bin davon überzeugt, daß, wenn sich die Deutsche Bundesrepublik in einer solchen Lage befände, ihre Staatsmänner ebenso verfahren würden wie wir, und sie würden recht haben."

Daß damit die Grenzen abgesteckt waren, erwies der Vertrag mit der DDR vom 20. September, mit dem der Sowjetzone die Souveränität auch hinsichtlich ihrer Beziehungen zur Bundesrepublik gegeben wurde. Die damit entstandene Situation hat seitdem die Deutschland-Initiativen beherrscht. Die Genfer Außenministerkonferenz vom 27. Oktober bis 16. November 1955 zeigte das weltpolitische „Patt", die Aktionsunfähigkeit der Großmächte wie der bei den Staaten. Die einmal eingenommenen Grundpositionen wurden nur variiert, jedoch in keiner Weise verändert. Die Vorschläge der Sowjetunion faßten nun ein gesamteuropäisches Sicherheitssystem unter Teilnahme von zwei deutschen Staaten ins Auge.

Zwei Grundgedanken beherrschten die nächsten Jahre bis in die Gegenwart hinein. In westlicher Sicht war es vor allem die Verknüpfung von Abrüstung und Wiedervereinigung, allgemeiner: von Entspannung und Wiedervereinigung. Auf östlicher Seite traten neben Disengagementplänen die Konföderationsvorschläge, die zwar von der Sowjetzone vorgebracht wurden, ihre tiefere Begründung jedoch in der Ablehnung der Viermächte-Verantwortung durch die Sowjetunion finden.

Seit der Genfer Konferenz wurde die These von Moskau immer stärker in den Vordergrund gespielt, der „tatsächlichen Lage“ müsse Rechnung getragen werden. Sie bestand nach Moskauer Version darin, daß sich zwei gleichberechtigte deutsche Staaten mit verschiedenen Gesellschaftssystemen auf dem ehemaligen Reichsgebiet entwickelt hätten. Ausdruck fand eine solche These etwa in den Worten Chruschtschows vom 22. Januar 1958 bei einer Rede in Minsk, wo er erklärte: „Was bedeutet die Deutschlandfrage unter den gegenwärtigen Umständen? Das sind vor allem die gegenseitigen Beziehungen zwischen beiden auf dem Boden Deutschlands bestehenden souveränen Staaten mit unterschiedlicher Gesellschaftsordnung ... Die Sowjetunion legte wiederholt ihren Standpunkt in dieser Frage dar, wobei sie erklärte, die Deutschland-Frage könne nur vom deutschen Volk gelöst werden ... Augenscheinlich ist, daß die Werktätigen der Deutschen Demokratischen Republik ihre sozialistischen Errungenschaften nicht aufzugeben wünschen und einer Restaurierung des Kapitalismus nicht zustimmen würden ...“

Träger dieser sowjetischen Schwenkung wurden die Konföderationspläne, die in vager Form von Walter Ulbricht am 31. Dezember 1956 zuerst vorgebracht wurden. Er propagierte eine solche Lösung als Übergangsstadium zur Wiedervereinigung. Der Ministerpräsident der DDR, Otto Grotewohl, erläuterte diesen Vorschlag am 27. Juli 1957 im Detail, der nach der gemeinsamen Erklärung von Chruschtschow und Ulbricht am 13. August als der Leitgedanke des

Ostblocks in der Frage der deutschen Wiedervereinigung anzusehen ist. Ihr Hauptziel: die Sowjetzone damit in das außenpolitische Spiel zu bringen, ihr über den Umweg der deutschen Frage jene Anerkennung in den Ländern außerhalb des Ostblocks zu erzwingen, die ihr bisher versagt wurde. Daher ist seitdem die Behandlung der Wiedervereinigung auf einer Gipfelkonferenz unter der Begründung, sie falle in die Zuständigkeit der Deutschen, vom Osten abgelehnt worden. Den bis in die sechziger Jahre größten diplomatischen Erfolg bedeutete für Ost-Berlin die offizielle Anerkennung als Beobachterdelegation neben der Bundesrepublik auf der Genfer Außenministerkonferenz des Jahres 1959.

Abgesehen von den zuvor geschilderten staatsrechtlichen Bedenken zeigte sich die Bundesregierung aus weitergehenden Erwägungen den Konföderationsabsichten ebenso eindeutig wie energisch abgeneigt. Der Botschafter in Washington, Professor Grewe, formulierte damals nach einem geschichtlichen Überblick die Gründe so: „Alle diese Beispiele zeigen sehr deutlich, daß man es überall auf der Welt und zu allen Zeiten für unmöglich gehalten hat, daß sich Staaten in einer föderativen Gemeinschaft zusammenschließen, die nicht in ihren grundlegenden Auffassungen über die Prinzipien der Regierungs- und Staatsformen übereinstimmen. Es bedarf keiner Erläuterung, daß eine solche Übereinstimmung zwischen einer kommunistischen totalitären Diktatur vom Typ des Ulbricht-Regimes und einem freiheitlich-demokratischen Rechtsstaat von der Art der Bundesrepublik nicht besteht. Tatsächlich erfordert eine staatliche Gemeinschaft in unserer Zeit mehr als nur gemeinsame Vorfahren und eine gemeinsame Sprache. Die Tatsache, daß Ulbricht in Deutschland geboren ist und deutsch spricht, ruft bei den meisten Deutschen noch keine Gefühle der Gemeinsamkeit und der Solidarität mit ihm hervor."

Zweifellos eine Konzession an die sowjetische Auffassung war der nach seiner ungünstigen Aufnahme durch die deutsche Öffentlichkeit später zurückgezogene „Deutschland-Plan" der SPD vom 18. März 1959, in dem es hieß: „Die politische Zusammenführung (der beiden Teile

Deutschlands) beginnt in der ersten Stufe mit der Bildung einer gesamtdeutschen Konferenz. Beide deutschen Regierungen entsenden Beauftragte auf der Grundlage der Parität... In der zweiten Phase der politischen Zusammenführung wird ein gesamtdeutscher parlamentarischer Rat errichtet. Seine Mitglieder, die im ganzen Deutschland Immunität genießen, werden je zur Hälfte in beiden Teilen Deutschlands gewählt." Es war ein Plan, der im Widerspruch stand zu wenige Monate vorher einstimmig angenommenen Entschließungen des Bundestages. Sehr schnell distanzierte sich dann die SPD von ihren Vorstellungen.

Von westlicher Seite wurden zu dieser Zeit vor allem Vorschläge gemacht, die sich auf Überlegungen gründeten, wie auf Grund militärischer Entspannung die Chancen für politische Veränderungen zu verbessern wären. Die Aufstände in Polen und Ungarn vom Oktober 1956, in deren Verlauf sich gefährliche Sprünge im Sowjet-Imperium zeigten, ließen aber immer weniger Chancen für Machtumbauten, die zwangsläufig auf die osteuropäischen Satellitenländer Sowjetrußlands ihren Eindruck machen mußten.

„Im Sommer 1955 rutschte die Frage der Wiedervereinigung Deutschlands endgültig auf den zweiten Platz der Liste der europäischen Probleme. Den ersten Platz nahm die Frage der europäischen Sicherheit ein." (Ernst Deuerlein) Dieser Satz kennzeichnet die Veränderungen seit der Mitte der fünfziger Jahre. In der Bundesregierung nahm man vorerst davon wenig Notiz. Die Bundesregierung lehnte in diesen Jahren eine partielle mitteleuropäische Teilabrüstung, wie sie insbesondere Ende des Jahres 1956 und Anfang des Jahres 1957 in Vorschlägen der amerikanischen Senatoren Humphrey und Knowland und der britischen Labour-Politiker Gaitskell und Bevan zum Ausdruck kamen, ab. Da sie dem Gedanken einer militärischen und politischen Neutralisierung aus den schon geschilderten Gründen grundsätzlich abhold war, fand auch der von dem polnischen Außenminister Rapacki propagierte und mehrfach umgearbeitete Plan einer kernwaffenfreien Zone, der von der Opposition positiv bewertet wurde, bei der Regierung kein geneigtes Ohr. Bundesaußenminister von Brentano erläuterte die grundsätzlichen Bedenken am 25. April

1957 derart: „Es scheint mir mehr als utopisch, anzunehmen, man könnte einige Länder im Herzen Europas auf die Dauer unter ein Sonderstatut stellen, um sie einer Aufsicht von Großmächten anzuvertrauen, die in ihren politischen Ansichten doch wirklich wenig Übereinstimmung zeigen. Gar nicht reden will ich von der Konsequenz, daß die Spannung damit nicht beseitigt, sondern erhöht würde; denn dieses politische Niemandsland wäre nach dem Gesetz des Wortes ein Vakuum, das nach dem Gesetz des horror vacui auszufüllen andere sich bemühen würden und müßten".

Die Richtlinien des Handelns sind aus einer gemeinsamen Erklärung Adenauers und des amerikanischen Präsidenten Eisenhower zu entnehmen, die am 28. Mai des gleichen Jahres ausgegeben wurde: „Der Präsident und der Bundeskanzler sind einhellig der Ansicht, daß ein erster Schritt auf dem Wege zu Abrüstungsmaßnahmen ein Vertrauen herstellen würde, das weitere Fortschritte auf dem Gebiet der Abrüstung und bezüglich der Regelung offener politischer Probleme wie das der Wiedervereinigung Deutschlands erleichtern würde ... Der Präsident und der Bundeskanzler sind sich darüber einig, daß die NATO für den Schutz der Sicherheit der freien Welt unerläßlich ist. Sie sind sich auch darüber einig, daß die Verteidigungsstärke der NATO angesichts der fortgesetzten sowjetischen Bedrohung und des Fehlens eines verläßlichen Abkommens weiter gehoben werden muß ..."

Die bis heute entscheidende Phase in der Wiedervereinigungs-Frage wurde durch eine Note der Sowjetunion vom 27. November 1958 eingeleitet. Moskau kündigte darin den Vier-Mächte-Status Berlins einseitig auf und forderte die übrigen Großmächte auf, binnen sechs Monaten für Westberlin den Status einer „Freien Stadt" zu vereinbaren. Danach wollte Moskau den Westmächten jedes Recht der Stationierung in Berlin, insbesondere aber auch das des freien Zugangs verweigern. Ein separater Friedensvertrag mit der DDR wurde angekündigt. Als Begründung für diesen Akt dienten die angeblichen Verletzungen der Vier-Mächte-Abkommen über Deutschland. Sie kommt in einem völkerrechtlich unhaltbaren Satz wie diesem zum Ausdruck:

„Wer diese Abkommen gröblich verletzt hat, hat auch das Recht zur Aufrechterhaltung seines Besatzungsregimes in Berlin sowie in irgendeinem anderen Teile Deutschlands verwirkt.“ Daß nicht die Wiederbewaffnung der Bundesrepublik Anlaß zu diesem dramatischen Schritt gab, hat Nikita Chruschtschow am gleichen Tag in Moskau erklärt. Auf die Frage des Vertreters einer englischen Nachrichtenagentur, ob sich die Politik der Sowjetregierung in der Berlin-Frage ändern würde, falls Westdeutschland sein Aufrüstungsprogramm aufgeben sollte, erwiderte Chruschtschow mit Nein. Falls Deutschland erkläre, daß es nicht aufrüsten werde, und falls dabei das Besatzungsregime Berlins aufrecht erhalten bleibe, so werden die Quellen der Spannung und der Konflikte nicht beseitigt.

Hintergrund des sowjetischen Druckes war angesichts der westlichen Uneinigkeit über die zu verfolgende Deutschlandpolitik der Wunsch, auf einer Gipfelkonferenz die anstehenden Probleme zu erörtern, eine Anregung, die bisher von den Westmächten mit dem Hinweis abgelehnt worden war, daß man zuvor zu Vereinbarungen kommen müsse, die eine Gipfelkonferenz sinnvoll machen. Eine Stütze findet diese These etwa in den Sätzen des stellvertretenden sowjetischen Ministerpräsidenten Mikojan, der nach einer Reise durch die USA am 24. Januar 1959 erklärte: „Das wichtigste an unserem Vorschlag ist nicht der Termin für die Beendigung der Gespräche, sondern die Gespräche selbst, die Notwendigkeit, daß sie stattfinden.“

Erste Möglichkeiten zu den angestrebten Verhandlungen ergaben sich schließlich auf der zweiten Genfer Außenministerkonferenz vom 11. Mai bis 5. August 1959 (mit einer Pause vom 20. Juni bis 13. Juli). Es sollte die bisher letzte internationale Konferenz über Deutschland sein. Ihr entscheidendes Merkmal war es, daß von westlicher Seite mit dem am 14. Mai vorgelegten Friedensplan eine wirkliche Konzession an den sowjetischen Verhandlungspartner gemacht wurde. Zum erstenmal verklammerten sich in sehr ausführlich begründeter Weise Entspannungsmaßnahmen mit Wiedervereinigungsstufen, zum erstenmal auch stellte der Westen die Forderung nach freien Wahlen in ganz Deutschland als Vorbedingung der Wiedervereinigung zurück und verlagerte sie auf die dritte von vier Stufen. Gleichsam als Testfall sollte Berlin in der ersten Stufe als zukünftige Hauptstadt zusammengeführt werden. Im späteren Konferenzstadium (am 26. Juli) sind die Westmächte dem russischen Standpunkt in der Frage eines Interimsabkommens für Berlin noch weiter entgegengekommen, indem sie einer Überwachung des Berlin-Zugangs auch durch deutsches Personal — allerdings ohne Beeinträchtigung des grundsätzlichen Rechts der Stationierung in Berlin — zustimmten.

Die Sowjetunion blieb, wie schon seit dem Jahre 1955, auf ihrem Standpunkt, die Wiedervereinigung sei allein eine Frage der Deutschen, und wies stereotyp auf den Abschluß eines Friedensvertrages mit den beiden Deutschland, gegebenenfalls mit einer Konföderation hin. In der Berlin-Frage wollte Moskau nur ein Interims-Abkommen und damit das Zugangsrecht der alliierten Streitkräfte für die Dauer von 18 Monaten einräumen. Auf diese Weise hätten die Westmächte nach Ablauf der Frist die völkerrechtliche Legitimation verloren, auch darüber hinaus ihre Truppen in Berlin zu stationieren.

Die Außenminister-Konferenz ist ohne Ergebnis vertagt worden. Es war über Berlin keine Einigung zu erreichen. „Resignierende Kapitulation vor der Immobilität des Faktischen macht den anderen Teil der auffallenden Reserviertheit aus." (Deuerlein) Doch wurde ein anderer Weg zur Gipfelkonferenz sichtbar, als der amerikanische Vizepräsident Nixon noch während dieser Zeit eine Einladung Eisenhowers an Chruschtschow anläßlich eines Besuches in Moskau überbrachte. Die Reise des sowjetischen Regierungschefs in die USA, deren Ergebnisse mit dem „Geist von Camp David" etikettiert wurden, die Reise des britischen Premiers Macmillan nach Moskau und die Reise Chruschtschows nach Frankreich konnten doch nicht verschleiern, daß in den entscheidenden Problemen, die eine zumindest psychologische Entspannung verhinderten, keine Fortschritte erzielt wurden. Der Abschuß eines amerikanischen Flugzeuges Anfang Mai 1960 über Swerdlowsk und die sowjetische Reaktion waren nur der äußere Anlaß, um die nach vielen Mühen am 16. Mai 1960 im Pariser Elysée-

Palast zu ihrer vorbereitenden Sitzung zusammengetretene Gipfelkonferenz zum Scheitern zu bringen: Chruschtschow bestand auf Entschuldigungen Eisenhowers, die dieser nicht zu geben bereit war. Die Konferenz starb, bevor sie geboren wurde. Die Motive für diesen russischen Umschwung dürften darin zu suchen sein, daß Moskau keine Möglichkeit sah, seine Forderungen durchzudrücken, des weiteren in innersowjetischen Schwierigkeiten.

Im Juni 1961 wurden nochmals Gipfelgespräche von John F. Kennedy und Nikita Chruschtschow in Wien geführt. Das Ergebnis war nur eine weitere Versteifung der Ost-West-Beziehungen. Der Mauerbau vom 13. August 1961 in Berlin stellte den größten Rechtsbruch gegen den Vier-Mächte-Status dar. Noch am 15. Juni 1961 hatte Ulbricht erklärt: „Niemand hat die Absicht, eine Mauer zu errichten". Doch in der Nacht vom 12. auf den 13. August wurde durch Polizei und Kampftruppen der SED die Sektorengrenze abgeriegelt. Die Westmächte begnügten sich mit einem Protest gegen diesen Rechtsbruch, der nicht zuletzt dadurch erzwungen wurde, daß angesichts der ständigen Abwanderung aus der DDR der ostdeutsche Staat im Wettbewerb mit der Bundesrepublik immer mehr zurückblieb. Die Folge des Mauerbaus war allerdings auch eine Vertrauenskrise in der Bundesrepublik.

Tatsache bleibt, daß die deutsche und Berliner Frage, welche die weltpolitische Krise der letzten beiden Jahre auslösten, nicht die Ursache des Scheitern dieser Gipfeltreffen waren. Mit der zunehmenden Spannung zwischen den beiden Machtblöcken rückt auch die Verwirklichung der Wiedervereinigung in kaum mehr abzusehende Fernen. Um so stärker wurden in der Mitte des Jahres 1960 Bestrebungen, die einer gemeinsamen Außenpolitik das Wort reden. Ursache war weniger eine tiefere staatspolitische Einsicht, sondern die allgemeine Resignation, die es aufgegeben hatte, auf die Verwirklichung der zahlreichen Pläne und Vorstellungen zu hoffen. Typisch für das „Einfrieren" der bewegendsten ungelösten Frage, vor der die Deutschen schon 1959 standen, ist die Tatsache, daß das Memorandum der Bundesregierung vom 21. Februar 1962 von der Sowjetunion nicht einmal mehr beantwortet wurde.

Eine Zeitlang gewann der Gedanke der Selbstbestimmung an Boden, der zwar nicht die nationale Einheit bringen würde, wohl aber den Bewohnern der Sowjetzone einen freiheitlichen Staat, in dem sie ohne Druck leben könnten. Er fand Ausdruck in einem Satz wie diesem: „Die Wiedervereinigung ist — spätestens seit 1953 — aus einer Selbstverständlichkeit zu einer Ideologie geworden ... Viel zu lange haben wir nur an die staatliche Wiedervereinigung gedacht, anstatt zuerst an die persönliche Freiheit für die Brüder im Osten. Die Wiedervereinigung wäre eine vernünftige Konsequenz dieser Freiheit. Aber sie ist nicht notwendig. Sie ist es nicht, was die Not wendet. Das ist allein die Möglichkeit, nach eigener Bestimmung zu leben" (v. d. Gablentz). Doch selbst ein solcher Ausweg würde durch die Ausstrahlung in den Ostblock hinein praktisch unmöglich gemacht (zur Ost- und Deutschlandpolitik der Bundesregierung s. weiter S. 158 ff.).

### Die Bundesrepublik nach Adenauer

| | |
|---|---|
| *16. Oktober 1963:* | *Ludwig Erhard als Nachfolger Konrad Adenauers zum Bundeskanzler gewählt.* |
| *1. Juli 1964:* | *Bundespräsident Heinrich Lübke wiedergewählt.* |
| *10. November 1966:* | *Kurt Georg Kiesinger als Bundeskanzler einer Großen Koalition von SPD/FDP gewählt. Willy Brandt Außenminister und Vizekanzler.* |
| *19. April 1967:* | *Konrad Adenauer gestorben.* |
| *11. — 17. April 1968:* | *Anschlag auf den SDS-Führer Rudi Dutschke mit nachfolgenden Unruhen.* |
| *29. Mai 1968:* | *Bundestag verabschiedet die Notstandsverfassung.* |
| *27. Oktober 1968:* | *Deutsche Kommunistische Partei (DKP) gegründet.* |

*5. März 1969:* *Gustav Heinemann mit den Stimmen von SPD und FDP zum Bundespräsidenten gewählt.*

*30. Juni 1969:* *Bundespräsident Lübke tritt zurück.*

*21. Oktober 1969:* *Willy Brandt zum Bundeskanzler einer SPD/FDP-Koalition gewählt. Walter Scheel (FDP) wird Außenminister und Vizekanzler.*

*13. Dezember 1972:* *Brandt zum Bundeskanzler einer SPD/FDP-Regierung wiedergewählt.*

Die Ära, der Konrad Adenauer seinen Namen geliehen hat, sucht noch nach ihrem Historiker. Je nach der sozialen, politischen, nationalen Zielsetzung der Kritiker gehen die Urteile auseinander. Eines aber wird man von ihr sagen dürfen: sie hat die Ängste des Jahres 1945 zerstört, die in den Worten Thomas Manns ihren Ausdruck fanden: „Die Ausrufung eines National-Bolschewismus und der Anschluß an Rußland sind immer noch nicht unmöglich. Für eine dezente liberaldemokratische Republik ist dieses Land verloren."

Wie immer man sonst zu ihr steht: eine „dezente" liberaldemokratische Republik, das ist das, was wir heute haben. Kein Zweifel, daß von ihr diejenigen enttäuscht sein mußten, die das ganz Neue wollten. Es sind nicht nur die nicht Ernstzunehmenden, die ihrem Unmut in schnoddrigen Worten Luft machen: „Die Ära Adenauer war eine trübe Zeit. Sie bewältigen und überwinden heißt, sie beschreiben, analysieren, durchschauen und dann alles ganz anders machen, als ER es gedacht, getan und gewünscht hat." Wer so schreibt, erweckt den Eindruck, als sei noch einmal ein Volk von einem Mann usurpiert worden, als habe er sich gegen das Volk durchgesetzt. Der Erfolg Adenauers aber liegt nicht zuletzt darin, daß er mit untrüglichem Sprüsinn das veranlaßt hat, was die Mehrheit von ihm erwartete.

All diejenigen mußten enttäuscht sein, die sich mit der Erkenntnis nicht abfinden konnten, daß man im 20. Jahrhundert keinen „contrat social“ mehr schließt, der nicht auf den geschichtlichen Voraussetzungen eines Volkes beruht, der auf der Unschuld aufbaut. Aber ist es schwierig zu begreifen, was Hans Buchheim so umschreibt: „Einen Nullpunkt, eine tabula rasa, hat es im Jahre 1945 in Deutschland nicht gegeben und somit auch nicht die Möglichkeit, aus der bisherigen Geschichte unseres Volkes auszusteigen und in eine beliebige Richtung abzuschwenken.“

Und doch kann niemand bestreiten, daß etwas Unfertiges den Bürgern in den Händen geblieben ist. Rudolf Augstein hat es so dargestellt: „Konrad Adenauer hat die Wiedervereinigung nicht verhindert, er hat aber auch die deutsche Demokratie nicht begründet.“ Gegen Schluß seiner Amtszeit blieb auch bei denen, die ihn bekämpft hatten, der Respekt vor der Leistung, wenn auch vielleicht nicht vor den Mitteln, mit denen sie errungen wurde: „Daran, was Adenauer zuletzt nicht mehr sein konnte, ist zu ermessen, wer er in seinen guten Tagen gewesen ist“ (Hermann Proebst).

Wer Adenauer damit kritisiert, er habe Unfertiges hinterlassen, übersieht den Faktor Zeit. Schon die Tatsache, daß er eine Richtung wies, in der sich — wie nuanciert sonst die Meinungen sein mögen — auch die Politik seiner Nachfolger bisher zu bewegen hat, schon dies ist Leistung an sich. Seitdem er am 15. Oktober 1963 dem Bundespräsidenten Lübke sein Rücktrittsgesuch überreichte, haben sich allerdings neue Konstellationen ergeben, hat sich das Parallelogramm der Kräfte in der Weltpolitik verschoben. Eine Revision der Politik bedeutete dennoch nicht eine Desavouierung Adenauers.

Es kann nicht übersehen werden, daß die Regierung Erhard, die im Herbst des Jahres 1963 ihr Amt antrat, einiges von dem zu bereinigen hatte, was die Regierung Adenauer lange Zeit vor sich hergeschoben hatte. Es mußte das Europa-Gespräch wieder in Gang gebracht werden: die deutschen — vielleicht zu späten — Konzessionen in der Frage des europäischen Getreidepreises waren ein Anfang. Dann geriet das Gespräch wieder ins Stocken. Der französische Staatschef traf jetzt auf Männer, die mit ihm verhandeln, nicht jedoch ihm und seinen Plänen sich ausliefern wollten. Die europäische Einigung stagnierte, obwohl große

Worte gesagt wurden bei den deutsch-französischen Konsultationstreffen, so etwa in Bonn am 11. Juni 1965, als Charles de Gaulle erklärte: „Wir Europäer sind Erbauer von Kathedralen. Wir haben viel Zeit dazu benötigt, und das hat auch viel Mühe gekostet . . . Nun, die Kathedrale, die wir bauen, ich meine Westeuropa, hat ein Fundament, und dieses notwendige Fundament ist die Aussöhnung zwischen Deutschland und Frankreich. Sie hat Pfeiler oder wird Pfeiler bekommen, und diese Pfeiler werden von der Europäischen Wirtschaftsgemeinschaft gebildet. Dann, wenn es so weit ist, müssen darüber die Bogen und ein Dach gespannt werden, das heißt, die politische Zusammenarbeit". Wenig später blockierte Frankreich die weiteren Verhandlungen.

Ebenso wie sich hier noch keine Lösung anbahnt, so hat auch der Streit um die multilaterale Streitmacht (MLF) der NATO die Beziehungen zwischen Bonn und Paris belastet. Als sich keine Möglichkeit der Einigung abzeichnete, zogen die USA ihr Projekt zurück. Die Verstimmung zwischen Washington und Frankreich war allerdings nicht mehr zu beheben: Frankreich stellte seine Mitarbeit in den integrierten Stäben der NATO im Jahre 1966 ein; 1967 mußte das NATO-Hauptquartier von Paris nach Belgien umziehen. Erbitterte Auseinandersetzungen zwischen den „Atlantikern" und den „Gaullisten" in der CDU/CSU haben sich den Entscheidungen de Gaulles angeschlossen, die endgültig erst mit seinem Rücktritt im April 1969 beendet wurden.

Einer der zu bereinigenden Restbestände aus der Ära Adenauer war auch die Aufnahme diplomatischer Beziehungen zu Israel. Bundeskanzler Erhard hat sie im Frühsommer des Jahres 1965 beschlossen und sie mit dem Zusammenbruch der diplomatischen Beziehungen mit fast allen arabischen Ländern erkauft. Erhard sah sich dabei mit der Frage konfrontiert, ob die Formel der „Hallstein-Doktrin" — nach der es von der Bundesregierung als ein unfreundlicher Akt betrachtet wird, falls ein drittes Land diplomatische Beziehungen zur DDR aufnimmt — sich auf die Dauer werde halten lassen. Schon hatte das Atomstop-Abkommen zwischen den Supermächten auch der DDR die Möglichkeit gegeben, ihre Unterschrift unter einen internationalen Vertrag zu setzen. Die Eröffnung der Handelsmissionen in Warschau, Sofia und Bukarest, die darauf folgenden Spekulationen, ob solche Missionen nicht früher oder später zu diplomatischen Missionen umgestaltet werden könnten oder müßten, haben die Frage danach immer dringender werden lassen.

Auch wer dem neuen Staat nicht nur grundsätzlich sondern auch in seinen wesentlichen Details vorbehaltslos gegenübersteht, kann sich nicht verhehlen, daß es die Regierung Adenauer als ihre erste Aufgabe gesehen hat — und wohl auch sehen mußte — die Beziehungen zur Außenwelt auf eine solide Basis zu stellen, die Existenz des neuen Staates nach außen abzusichern. Eine glückliche Koinzidenz wollte es, daß sich die innenpolitischen Verhältnisse durch die Konjunktur, die sich anbahnte, mehr oder weniger von selbst regelten. Zwanzig Jahre nach dem Krieg kann gesagt werden, daß die zweite deutsche Republik zwar nicht jener ungeliebte Staat ist, als der sich die Weimarer Republik darstellte. Sie hat aber andererseits auch noch nicht jene Tradition zu entwickeln vermocht, die es dem Bürger gestattet, seinen Staat so zu bejahen, daß er nicht an den erstbesten Einwänden zerbricht.

## Tendenzen der Innenpolitik

Die Innenpolitik hat in den Jahren seit 1949 wenn nicht brach gelegen, so doch ein Dasein am Rande geführt. Faktisch wurde sie, wenn auch oft unbewußt, mit Wirtschaftspolitik gleichgesetzt. Es war dies eine Haltung, die so lange Bestand hatte, wie diejenigen Bürger, die zum einen unter dem Übermaß an Ideologie der NS-Zeit gelitten hatten, zum anderen die Bedrohung ihrer physischen Existenz als Erlebnis hinter sich gebracht hatten, die Atmosphäre des westdeutschen Staates bestimmten. Sie war auf Sicherheit und Ruhe abgestellt. Damit gewann der neue Staat Vertrauen, denn die Innenpolitik eines Landes, die Art, in der sich der „Aktivbürger“ organisiert und gebärdet, prägt die Nachdrücklichkeit, in der ein Staat dem anderen gegenübertreten kann. Eine unstabile innenpolitische Situation erlaubt auch einer Großmacht kein eindrucksvolles Auftreten nach außen. Ein von seinen Bürgern getragener Staat dagegen wird über seine reale Größe hinaus Beachtung finden.

Die Jahre seit 1960 hatten ein Verschwinden der scharfen Gegensätze in der Wiedervereinigungs-, der Verteidigungs- und der Außenpolitik gebracht. Aber ob der Teilstaat der Bundesrepublik ein starker Staat geworden war, darüber gingen die Meinungen auseinander. Das Schlagwort „Bonn ist nicht Weimar" besagte für den einen, daß zwar der innere Vorbehalt starker Bevölkerungsteile gegen die erste Republik in der zweiten geschwunden war, daß eine lebensbedrohende Auseinandersetzung über Staatsform und Staatsinhalt deshalb bisher nicht stattgefunden hatte. Für den anderen besagte es aber, daß der neue Staat deshalb bisher so positive Züge zeigte, weil er sich im Ernstfall noch nicht zu bewähren hatte. Hinter solchen Aussagen standen die Vorstellungen von mehr Freiheit für den Einzelbürger oder mehr Macht für den Staat.

Der Innenpolitik der Jahre seit 1949 wohnte nicht jene Dynamik inne wie der Außenpolitik, die mit ganz neuen Elementen sich anzufreunden hatte — etwa der Europa-Politik, etwa der großen Handelsräume, etwa der globalen Strategie, etwa der inneren Außenpolitik der Wiedervereinigung. Die Innenpolitik hatte vorerst in außerordentlich nüchterner Weise das nachzuvollziehen, was jedem einzelnen als Aufgabe gestellt war: sich eine Wohnung zu schaffen, sich einen Arbeitsplatz zu sichern, die Schäden des Krieges aufzuholen, sich — wenn man Flüchtling oder Vertriebener war — eine neue Existenzgrundlage erst einmal zu suchen. Der Staat hatte sich, mit einem Wort, die Aufgabe zu stellen, die materiellen Ansprüche seiner Bewohner zu befriedigen. Es handelte sich in der ersten Phase, aus der wir seit Jahren herausgetreten sind, um eine „Restauration" des verlorengegangenen Wohlstandes — um damit ein Wort zu gebrauchen, das sonst nur mit negativen Vorzeichen verstanden wird — um die Wiedergewinnung vernichteten Eigentums. Das galt nicht nur für die ansässige Bevölkerung: 10 Millionen Vertriebene und 3 Millionen

Flüchtlinge aus der Sowjetzone haben die neue Gesellschaft in der Bundesrepublik mitgeschaffen. Vor der Errichtung der Berliner Mauer kamen im Durchschnitt 200 000 Menschen pro Jahr aus der DDR in die Bundesrepublik.

Was geleistet wurde, läßt sich in vielen Etappen verfolgen. Die Zahl der Arbeitslosen, jenes Reservoir an Radikalismus, das der Weimarer Republik schließlich zum Verhängnis wurde, hat sich von Jahr zu Jahr verringert. Sie ist seit Jahren praktisch gleich null. Dagegen haben drei Millionen Gastarbeiter aus ganz Europa und sogar aus Übersee die Arbeit bei uns aufgenommen. Der Mangel an Wohnungen, mehr als ein Jahrzehnt eine der größten Sorgen der Bundesregierung, ist praktisch behoben — auch wenn dies mit einer unverhältnismäßigen Steigerung der Mieten erkauft wurde. Dies alles konnte geschehen, obwohl die Wohndichte von 173 Menschen auf über 210 Menschen je Quadratkilometer zunahm. Auf einem Raum, der nicht viel mehr als die Hälfte des früheren Reichsgebietes umfaßt, leben heute fast vier Fünftel der Bevölkerung.

Die Eingliederung der Flüchtlinge hat neben den finanziellen Problemen auch viele psychologische Widerstände der einheimischen Bevölkerung gebracht. Sie waren nur schwer zu überwinden, doch kann heute die Eingliederung der Flüchlinge als geglückt bezeichnet werden. Ihre Landsmannschaften hatten lange einen bedeutenden politischen Einfluß, um den sich auch die Parteien bemühten. Eine weitere starke Gruppe, der durch Sondergesetze geholfen werden mußte, sind die Kriegsgeschädigten und Kriegshinterbliebenen. Mehr als 3,5 Millionen beträgt die Zahl derer, die vom „Bundesversorgungsgesetz" des Jahres 1950, dem ersten und neben dem 1952 verabschiedeten Lastenausgleichsgesetz mit seinen vielen folgenden Novellen wichtigsten der großen Sozialgesetze der Nachkriegszeit betreut werden. Sie werden in ihrer Folgewirkung überschattet nur von dem Entschluß zur Einführung der „dynamischen Rente", die den Rentnern automatisch einen Anteil an dem gesteigerten Ertrag der Volkswirtschaft gewährleisten soll. Im Kampf um die Gleichstellung von Arbeitern und Angestellten, um die ständige Erhöhung der Pflichtgrenze für die Angestelltenversicherung, um eine allgemeine „Volksrente“ stehen sich weiter die Anhänger des „Wohlfahrtsstaates“ — heute fast immer nach skandinavischen Vorbildern ausgerichtet — und die Vertreter einer Auffassung gegenüber, die eine „Eigenverantwortung“ der Bürger fördern wollen. Sie sehen in der Schaffung von „Volksaktien“, im verstärkten Sparanreiz, aber auch in einem Anteil des Bürgers am Produktivvermögen die geeigneten Wege, einer Radikalisierung in schwierigeren Zeiten vorzubeugen.

Alle diese Gesetze und Initiativen dienen dem primitiven Zweck, Not zu lindern und die im Grundgesetz verankerte Chancengleichheit so weit wie möglich herzustellen. Über die Resonanz, die sie fanden, über die Rolle, die die öffentliche Meinung dabei spielte, sagen sie nichts. Zum ersten Male hat zum Beispiel das Grundgesetz die Parteien als Werkzeuge der politischen Willensbildung anerkannt. Über ihre Aufnahme, ihre Spiegelung in der Öffentlichkeit hat es nicht bestimmen können. Heute beherrschen nicht nur die ökonomischen Probleme — alle die Probleme, die sich mit dem Wort „Lebensstandard“ umfassen lassen — den Tag, heute beklagt man daß der Drang zum privaten Konsum die „Lebensqualität“ weggefressen habe. Ein in wirtschaftlichen Gedankengängen wurzelndes Denken, das sich wenig Gedanken machte über Form und Inhalt des Staates, war in den fünfziger und sechziger Jahren in der Bundesrepublik im Schwange. Die hohen Wahlbeteiligungen konnten über diesen Tatbestand nicht hinwegtäuschen. Es war weniger die Gegnerschaft zum Staat, die dem politischen Leben zuweilen etwas merkwürdig Steriles gab, als die Enthaltsamkeit von jeder politischen Betätigung überhaupt. „Die Deutschen denken überhaupt nicht schlecht von der Demokratie, aber sie denken selten oder nicht daran, daß sie selbst diese Demokratie sind“ (Alfred Rapp).

Im Zeichen des „Wohlstands für alle“ sind bis zum Jahre 1973 harte wirtschaftliche Auseinandersetzungen zwischen Arbeitgebern und Arbeitnehmern ausgeblieben. So sehr das zu begrüßen ist, so sehr trug es auch dazu bei, daß die Stabilität des Geldwertes in den letzten Jahren immer mehr nachgelassen hat. (Es kommt hinzu eine Ausgabenpolitik der öffentlichen Hand, die nicht immer der antizyklischen Vernunft entsprach.)

Die Verpflichtung auf den demokratischen Staat ließ ideologische Kämpfe der Parteien nur auf einem beschränkten Terrain zu. (Das Verbot von Rechts- und Linksgruppen zeigt das eindrucksvoll). Deshalb hat schon in den späten fünfziger und frühen sechziger Jahren (Dahrendorf) eine Kritik eingesetzt, die besagte, es sei an die Stelle des Machtaustrags der Parteien eine Machtteilung eingetreten. Die Gefahr der Stagnation wurde gesehen, ein Zustand, der die begünstigte, die in den frühen Jahren der Bundesrepublik zu Vermögen und Einfluß gekommen waren. Den gesellschaftlichen Wandel, diese Möglichkeit, die die Demokratie auszeichnet, sah man gefährdet.

Der totalen politischen Erfassung durch das Dritte Reich war in der Bundesrepublik die politische Abstinenz als Gegenreaktion gefolgt. Nur schwer haben die Parteien das Mißtrauen überwinden können, das auf ihnen lastete. Auch heute sind die wenigen verbliebenen Parteien — die SPD nicht ausgenommen — Wählerparteien mit einem im Vergleich zu ihren Wählerzahlen relativ geringen Mitgliederstamm. Immer wieder neu angekündigte Aktionen zur Werbung neuer Mitglieder haben kaum Erfolg gebracht. Zum Ausgleich für ihren relativ geringen Rückhalt in der Bevölkerung benötigen die Parteien fremdes Geld. Es wurde in der Vergangenheit zumeist von Verbänden und Organisationen im „vorpolitischen Raum" aufgebracht. Heute haben sich die Parteien in den Länderparteien und im Bundestag selbst finanziert, indem sie Gelder für „staatsbürgerliche Erziehung" in den Etats einsetzten. Diese Einstellung fördert kaum ihre Beliebtheit, doch ist möglicherweise eine solche „Eigenfinanzierung" einer Finanzierung durch unkontrollierbare Finanzgruppen vorzuziehen.

Die Schwäche der Parteien, die sich seit der Wendung der SPD zum „Godesberger Programm" alle als „Volksparteien" als Gehäuse fühlen, in denen alle Bevölkerungsgruppen integriert werden, findet Ausdruck auch in der Arbeit des Parlaments. Es kann kein Zweifel daran bestehen, daß seit der Regierungszeit Adenauers die Exekutive eine Macht zu gewinnen begann, die das traditionelle Verhältnis aus dem Gleichgewicht zu bringen drohte. In den letzten Jahren sind im Parlament immer wieder Entscheidungen gefallen, die als Ausfluß einer Interessenlage anzusehen sind, doch kaum dem Allgemeinwohl dienen. Auch in diesen Entscheidungen wird der Einfluß der Verbände wieder deutlich, der schon dazu geführt hat, daß man als Alternative zum „Parteienstaat" vom „Verbändestaat" sprach.

Doch eine weitere, gegenläufige Tendenz ist zu konstatieren: Der Abstinenz des Bürgers vom Staat steht entgegen, daß die Mehrheit immer mehr „Staat", immer mehr von diesem Staat auch verlangt. Der weitverbreiteten Distanzierung vom Staat läuft der immer spürbarer werdende Zug zum „Versorgungsstaat" parallel. Während sonst ein eher konservativer Zug die Innenpolitik der Bundesrepublik durchweht, ist auf dem Gebiet der Sozialpolitik ein sozialer Zug zu entdecken, der immer weitere Kreise umfaßt. Man mag in diesem „Pensionsdenken" einen Ausdruck der Lebensangst in einer verwalteten Welt sehen, in der das Individuum eine Sicherung vor den Gefährdungen einer undurchschaubaren — eben nicht „transparenten" — Umwelt nur durch den Staat gewährleistet sieht. Dem wiederum steht entgegen, daß der Wunsch nach mehr Spontaneität, nach mehr gesellschaftlichem „Spielraum", nach mehr individueller Freiheit die Wende der sechziger auf die siebziger Jahre geprägt hat.

### Die Kritik an der Bundesrepublik

Was bisher vorgetragen wurde, war im wesentlichen Bericht und Analyse. Doch ist es natürlich nicht so, als ob die Entwicklung, wie sie hier aufgezeichnet wurde, von allen Kreisen der Bundesrepublik widerspruchslos aufgenommen worden wäre. Es wäre dies unnatürlich, da der Konflikt die eigentliche Lebensform der Demokratie ist. Der Streit um die Europapolitik und um die Wiederbewaffnung hat bisher zwar einige Lichter auf spezielle Aspekte bundesdeutscher Opposition geworfen, doch ihre Wurzeln sind verzweigter und gehen tiefer. So ist die Bildung des westdeutschen Staates, die historischen, politischen und sozialen Grundtatbestände, auf denen er aufbaut, in den frühen Jahren insbesondere von intellektuellen Kreisen kritisiert worden: Die Wirkung freilich beschränkte sich auf den Kreis derer, die Kritik äußerten; „Nonkonformismus" war bis in die Mitte der 60iger Jahre nicht gefragt. Woher aber speiste sich — abgesehen von dem, was bisher vorgetragen wurde — diese Kritik an dem Staat von Bonn? Vor allem daraus, daß die Bundesrepublik zwar aus dem Nichts entstand, aus einem machtstaatlichen Nichts, doch keineswegs aus einem Nichts an Tradition, an überlieferten Werten, an Ordnungsvorstellungen und besonders an Wünschen an die gesellschaftliche Ausformung. Dieser westdeutsche Staat, wie er heute vor uns steht, kristallisierte sich also aus vielen bereitliegenden Möglichkeiten heraus. Nur eine von ihnen konnte realisiert werden. Die anderen sind ins Unwirkliche zurückgefallen, doch haben ihre Anhänger von ihnen nicht abgelassen. Doch nicht allein darum ging es. Es ging auch seit 1945 um Ideologien, um liberale, christliche, um marxistische. Es ging auch darum, ob man sich dazu verstehen solle, durch Rückgriffe auf die Weimarer Republik den neuen Staat ins Leben zu rufen, oder ob etwas völlig Neues geschaffen werden müsse, das etwas anderes sein sollte als nur die Negation der vorausgegangenen Gewaltherrschaft. Es ging damit um eine Generationenfrage, die vorerst dadurch gelöst wurde, daß zu großen Teilen das Personal der Weimarer Republik in führende Ämter einrückte.

Die junge Generation hatte 1945 geglaubt, es müsse nunmehr das ganz andere kommen, etwas, das sie eher erahnte als wußte, ein Staat voller Humanität nach der Unmenschlichkeit. Doch es meldeten sich vorerst im wesentlichen jene Politiker zu Wort, die schon vor 1933 gewirkt hatten. Die folgende *Ent*täuschung basierte auf einer Täuschung: Viele Oppositionelle glaubten, der Schock der Niederlage, die Schuld der Nation habe die Menschen verändert, die ihr angehörten. Sie wollten nicht wahrhaben, daß die gleiche gesellschaftliche, die gleiche humane Substanz auch am Werk war wie zuvor. Deutschland stand 1945 wie gesagt, unter einem Trauma, doch seine Wirkung flachte sich mit den Jahren mehr und mehr ab.

Jene, die mit der Bundesrepublik unzufrieden sind,

operieren meist mit dem Begriff der Restauration. Sie tun so, als ob dies ein gelenkter Vorgang sei, der mehr oder weniger mit dem Namen Adenauer verbunden ist. Dazu jedoch Harry Pross, selbst ein Kritiker der Bundesrepublik: „Die ersten sechzehn Jahre der Bundesrepublik sind weder als isoliertes deutsches Geschehen zu verstehen, noch so, als hätten sie mit jener denkwürdigen Wahl im Jahre 1949 begonnen, die Konrad Adenauer mit der berühmten Einstimmen-Mehrheit zum Bundeskanzler machte. In diesem Moment waren bestimmte Weichen schon gestellt, die Restauration hat vor Adenauer begonnen. Schon sein Regierungsantritt war ein restaurativer Vorgang. Diese Feststellung verpflichtet zu der Frage, was denn eigentlich restauriert werden sollte. Eine Frage, die den Fragenden schwermütig machen könnte, denn wer hatte denn einen Plan für die Restauration, von wem kann man sagen, er habe die Restauration wissentlich und willentlich betrieben? Der ganze Vorgang löst sich in unzählige Einzelwillen und Einzelkonstellationen auf, sie alle wollten irgendwo irgendetwas wiederherstellen. Sie alle hatten gute Gründe dafür, bestimmte Verhältnisse, bestimmte Beziehungen wiederherstellen zu wollen. Dennoch ist die Restauration nicht die Addition dieser einzelnen restaurativen Bestrebungen. Sie erhellt diese Einzelbestrebungen; aber sie ist darüber hinaus noch etwas ganz anderes, eigenmächtiges, das auf die Einzelnen zurückwirkt und ihre Entscheidungen beeinflußt." Restauration, das war also: Bürgerlicher Rechtsstaat, das war Parteipluralismus, das war auch freie Marktwirtschaft. (Heute würden manche sagen: Kapitalistisches Wirtschaftssystem.)

Das Merkwürdige an der innerdeutschen Kritik besteht nun in folgendem: Kritiker aus völlig verschiedenen Lagern trafen sich in den 50iger und 60iger Jahren in ihren Schlußfolgerungen, obwohl die Motive ebenso verschieden waren, wie die Kreise, die angesprochen werden sollten. Ein stark rechtsgerichteter Publizist wie Armin Mohler kam etwa zu dem Schluß, daß sich die Deutschen in einem Prozeß vollkommender Anpassung befänden, daß in der Bundesrepublik der Konformismus Trumpf sei, daß die Eigenständigkeit in Fragen der Außenpolitik sich niemals entwickelt habe. Dagegen meinte damals Karl Hermann Flach: „Die lebensfremde, nach innen gerichtete Atmosphäre der Bundeshauptstadt hat ... das Bestreben gefördert ... den harten Tatsachen möglichst nicht ins Auge zu sehen ... Bonn lebt politisch von der Hand in den Mund. Überall hat die kleine, die kurzfristige Lösung den Vorrang vor großen und umfassenden Konzeptionen." Und auch die radikalen Stimmen fehlten schon in dieser frühen Zeit nicht. Damals schrieb Ulrike Marie Meinhof, die später durch Terror diese Bundesrepublik zu verändern hoffte: „Da stehen wir nun nach 14 Jahren Kabinett und Regierung Adenauer, wohlgenährt und kenntnislos, übervorteilt und zufrieden, ... mit Kindergeld über erhöhte Mieten getröstet, mit Christlichkeit und Wohlstand gegenüber den Anfechtungen des Kommunismus gefeit, beklagen die Toten an der Mauer, aber der Versuchung Widerstand leistend, durch einfaches Verhandeln das Leben hier und dort zu erleichtern."

Die ältere Generation der Kritiker allerdings, die den allgemeinen Pragmatismus verurteilte, schreckte doch davor zurück, ein Niederreißen des Staates zu empfehlen, die Grundgedanken zu desavouieren, auf dem der Staat, in dem sie lebten, erbaut war. Der Ton klingt erst anders, schärfer, wenn man so will: theoriebewußter, als sich — etwa um das Jahr 1965 — jene Generation zu artikulieren begann, die den Nationalsozialismus nicht mehr bewußt erlebt hatte. Jetzt wird der bisher verpönte, der sozialistische Staat, nicht nur in die Betrachtung aufgenommen, sondern zum Vorbild erklärt, allerdings ein Sozialismus, der mit dem der UdSSR oder dem Staat der DDR vorerst nichts gemein hatte. Politisch-ökonomische Gedankengänge nehmen an Stärke zu; der Glaube, daß das ungestörte Walten wirtschaftlicher Kräfte dem Wohl des Ganzen diene, wird nun peinlich befragt. Aus einer ursprünglichen Formulierungsfreude entwickelt sich nun eine Rückbesinnung auf die marxistische orthodoxe Theorie.

Das Entstehen dieser neuen Frontstellung läßt sich recht genau verfolgen: Die SPD hatte nach dem Bundestagswahlkampf 1958 erkannt, daß es ihr weder mit der Atomtodkampagne noch mit ihrer bisherigen Deutschlandpolitik gelingen werde, die bürgerliche Mehrheit in der Bundesrepublik je zu brechen. Hinzu kam, daß sich das Godesberger Programm im Jahre 1959 mit seiner Abwendung vom doktrinären Marxismus mit einer neu aufkommenden Theoriediskussion innerhalb der intellektuellen Zirkel der SPD, insbesondere des Sozialistischen Deutschen Studentenbundes, kreuzte. War schon die „Linke" der SPD mit dieser politischen Kehrtwendung ihrer ideologischen Plattform beraubt, so beraubte sie die „Große Koalition" — das Bündnis der SPD mit der CDU/CSU und sogar mit dem verhaßten Franz Josef Strauß — 1966 „ihrer" Partei. Drei Gründe waren es 1966, die eine große Koalition auf Zeit notwendig machten: Die Verabschiedung der Notstandsverfassung, die Schaffung von Werkzeugen für eine mittelfristige Finanzpolitik und ein neues Wahlrecht, um klarere Mehrheitsverhältnisse zu schaffen. Nur in dem ersten beiden Punkten bewährte sich die Koalition. Nachdem der SDS im Jahre 1960 aus der SPD ausgeschlossen worden war, wandte er sich immer mehr von der Außen- und Deutschlandpolitik ab und langfristigen Lösungen auf marxistischer gesellschaftspolitischer Basis zu. Wenn die „Große Koalition" die Abkehr von den etablierten Parteien überhaupt, vom „Establishment", begründete, so war es schließlich der Vietnamkrieg, der nach Meinung der „Neuen Linken" tiefgehende Schwächesymptome des kapitalistischen Systems insgesamt aufzeigte. Die spezifisch deutsche Situation nährte sich zudem aus einer allgemeinen Unruhe in der Welt, die sich mit der Entwicklung der Bürgerrechtsbewegungen in den USA und mit den Mai-Unruhen 1968 in Paris verband. Die Psychoanalyse Sigmund Freuds diente zusammen mit marxistischen „Demokratisierungs"-Vorstellungen dazu, den bestehenden „Leistungszwang" anzugreifen und damit die kapitalistische Gesellschaft zu diskreditieren. Solidarisierungsanlässe stellten sich in dieser Situation von selbst ein. Denn es bedurfte angesichts dieses Motivations-Staus nur noch der Vorbereitung für die Notstandsverfassung, mit der die seit den Pariser Verträgen immer noch bestehenden Vorbehalte der alliierten Mächte abgelöst werden sollten, daß es zu einem Generationen-Konflikt auf breiter Front kam. (Diese Notstandsverfassung wurde im Mai 1968 verabschiedet.) Der Tod des Studenten

Benno Ohnesorg anläßlich von Demonstrationen gegen den persischen Schah am 2. Juli 1967 und der Anschlag auf den SDS-Studentenführer Rudi Dutschke am 11. April 1968, die sich daran anschließenden Unruhen waren Höhepunkte dieser Konfrontation und zugleich Beginn der „Re-Ideologisierung", eine Phase, in der sich die Bundesrepublik heute befindet. Zugleich waren diese Ereignisse auch ein Fanal dafür, daß die Nachkriegszeit beendet war. Der neue westdeutsche Staat zweifelte nicht mehr an seiner Existenz als Separatstaat einer deutschen Nation, begann aber nunmehr über die Form seiner Existenz zu diskutieren. Dabei erwies sich die parlamentarische Demokratie immerhin als ein elastisches Instrument. Sie vermochte es, die von außen kommenden Erschütterungen abzufangen, ohne allzu viel an Substanz einzubüßen. Ausdruck der Abkehr von dem bisher vorherrschenden Antikommunismus war die Gründung der Deutschen Kommunistischen Partei (DKP), die nicht mehr als Nachfolgeorganisation der verbotenen KPD verfolgt wurde. (27. Oktober 1968.)

Wenn auch die Spontaneität der Studentenrevolten einerseits der Resignation, andererseits Vorstellungen wich, die sich konservativ-kommunistischen Vorstellungen näherten, so hat der Impuls insofern weitergewirkt, als die Schul- und Hochschulpolitik eine immer stärkere Beachtung fanden. Dies deshalb, weil die „systemsprengenden" Gruppen erkannt hatten, daß in diesem relativ staatsfreien Raum am ehesten die Vorbereitungen für sozialistische Umwälzungen getroffen werden konnten. Auf der anderen Seite hatte die Entwicklung zum Massenstudium die Universitäten in ihrer herkömmlichen hierarchischen Struktur überfordert und Anlaß zu berechtigter Kritik gegeben. Ausdruck fanden die neuen Prioritäten, die damit gesetzt werden mußten, insbesondere in Bund-Länder-Vereinbarungen, die die Kulturhoheit der Länder aushöhlten, weil sie dem Bund nicht nur die Möglichkeit zu finanzieller Hilfe im Hochschulbau und damit zu verstärktem Einfluß verhalfen, sondern ihm auch in Fragen der Hochschulorganisation eine Rahmenkompetenz erteilten. Da sich in der Folgezeit die von der CDU/CSU und die von der SPD-regierten Länder unterschiedliche Anschauungen zur Lösung der Hochschulprobleme zu eigen machten, führte die kommende Entwicklung trotz eines nicht zu verkennenden Zwangs zur Vereinheitlichung dennoch eher auf eine Zersplitterung hin.

Die Bildung einer sozial-liberalen Regierung mit Willy Brandt als Bundeskanzler und Walter Scheel als Außenminister im September 1969 hat die generelle Kritik an der Bundesrepublik etwas leiser werden lassen, obwohl die hochgespannten Reformziele der Koalition in ihrer ersten Amtsperiode nicht verwirklicht werden konnten. Dafür machte sich in der SPD eine Tendenz bemerkbar, sich wieder hin zu einer sozialistischen Partei zu entwickeln; dies war nicht zuletzt eine Frucht der Tatsache, daß sich die ehemalige „außerparlamentarische Opposition" (APO) in die Parteien hineinbegab, um sie im Sinne einer „Doppelstrategie" in ihrem Sinne umzuformen.

Was an gesellschaftlichem Konfliktpotential weiterhin schlummerte, zeigte — da die Koalition ihre Mehrheit durch Übertritte an die CDU/CSU verloren hatte, die Opposition ihrerseits aber keine Regierung zu bilden vermochte — die vorgezogene Bundestagswahl vom November 1972. Es erwies sich, daß die Mitte-Links-Koalition erheblich an Stärke gewonnen hatte. Dies vor allem aus zwei Gründen:

1. hatte der 1971 mit dem Friedensnobelpreis ausgezeichnete Bundeskanzler Willy Brandt einen Vertrauenskredit gewonnen, der von dem Kanzlerkandidaten der CDU/CSU Rainer Barzel auch nicht annähernd erreicht wurde,
2. hatte, was zu Beginn als unsicher gelten mußte — die Deutschland- und Ostpolitik der Bundesregierung (dies nicht zuletzt durch die unglaubwürdige Haltung der CDU/CSU in dieser Frage) inzwischen derart an populärer Unterstützung gewonnen, daß die Preissteigerungen, zumal sie zum Teil durch die internationale Währungskrise verursacht worden waren, diesen wahltaktischen Vorteil für die CDU/CSU nicht auszutarieren vermochten.

Diese Ostpolitik, schon vor der Zeit der Großen Koalition durch den damaligen Außenminister Schröder eingeleitet, versuchte sich der Veränderung der internationalen

Szene, die im Zeichen von „Entspannung“ stand, anzupassen und zugleich mit eigenen Vorstößen die Beziehung zwischen den Blöcken in Bewegung zu bringen.

## Die Ostpolitik der Bundesrepublik seit 1966

| | |
|---|---|
| *25. März 1966:* | *„Friedensnote“ der Regierung Erhard schlägt gegenseitigen Gewaltverzicht vor.* |
| *1. Februar 1967:* | *Aufnahme diplomatischer Beziehungen zu Rumänien.* |
| *17. Mai 1967:* | *Bundeskabinett nimmt Schreiben von Dienststellen der DDR entgegen.* |
| *22. Juni 1970:* | *Bundeskanzler Brandt schlägt DDR gegenseitige Gewaltverzichtserklärung vor.* |
| *12. August 1970:* | *Deutsch-sowjetischer Vertrag in Moskau unterzeichnet.* |
| *20. November 1970:* | *Deutsch-polnischer Vertrag in Warschau unterzeichnet.* |
| *20. Oktober 1971:* | *Bundeskanzler Brandt wird der Friedensnobelpreis verliehen.* |
| *3. September 1971:* | *Viermächte-Berlinabkommen unterzeichnet.* |
| *17. Mai 1972:* | *Bundestag ratifiziert Ostverträge.* |
| *21. Dezember 1972:* | *Grundvertrag zwischen der Bundesrepublik und der DDR unterzeichnet.* |
| *11. Mai 1973:* | *Bundestag ratifiziert den Grundvertrag mit 268 zu 217 Stimmen.* |
| *18. September 1973:* | *DDR und BRD in die UNO aufgenommen.* |

Wie immer die Wertung der Außenpolitik in der Ära Adenauer ausfallen mag — ob sie es war, die die Freiheit des westlichen Teils Deutschlands vor der Sowjetunion rettete oder ob sie etwa in den 50iger Jahren die mögliche Wiedervereinigung verhinderte — in einem sind sich die Beurteiler einig: Sie lief nicht gegen die allgemeinen Tendenzen der Weltpolitik, sondern befand sich in weitgehender Übereinstimmung mit ihnen, insbesondere aber mit der Führungsmacht des Westens, den Vereinigten Staaten. Diese Übereinstimmung mußte sich in dem Augenblick lockern, als die USA und die UdSSR über die Köpfe ihrer jeweiligen Verbündeten hinweg in zweiseitigen Arrangements die Weltprobleme zu regeln begannen. Erste Anzeichen dafür zeigte schon die Suez-Krise 1956; letzter gescheiterter Anlauf der Sowjetunion waren die Ereignisse der Kuba-Krise von 1963, denen eine Reihe von Abmachungen folgte, die direkt oder indirekt mit dem zu dieser Zeit erreichten atomaren Patt der Supermächte zusammenhingen.

In zunehmendem Maße wurde damit Europa, insbesondere aber die Bundesrepublik als strategisches Vorfeld gegen die Sowjetunion, von den Entspannungsbemühungen der Supermächte erfaßt. Im Zeichen dieser weltpolitischen Entwicklung fielen damit die Hoffnungen, es könne doch noch zu einer Änderung der nach dem Zweiten Weltkrieg erreichten Demarkationslinie kommen, in sich zusammen. Die deutsche Frage rückte in der Prioritätenliste der zur Lösung anstehenden Fragen zwar nicht auf einen der hinteren Plätze, doch wurde sie von nun an nicht mehr mit dem Hintergedanken erörtert, man könne in absehbarer Zeit zu einer definitiven Lösung gelangen. Damit ergab sich von deutscher Seite aus die Notwendigkeit, auch mit dem Osten in ein spezielleres Verhältnis zu gelangen. Es mußte eingesehen werden, daß ohne eine psychologische Auflockerung des sowjetischen Machtbereichs sich keinerlei positive Ansatzmöglichkeiten zu einer positiven deutschen Ostpolitik böten. Während bis dahin die Ostpolitik der Bundesrepublik vorwiegend von den westlichen Alliierten wahrgenommen worden war, versuchte die Bundesrepublik nunmehr selbst aktiv zu werden. Träger dieser Aktivität war insbesondere Außenminister Gerhard Schröder, der seit

November 1961 — noch unter Adenauer — seinen Vorgänger von Brentano abgelöst hat. Schröder interpretierte seit 1962 die Hallstein-Doktrin derart um, daß von nun an die Aufnahme von diplomatischen Beziehungen auch zu Ostblockstaaten möglich war. (Die sogenannte Geburtsfehler-Theorie besagte, daß diese Staaten auf Grund ihrer Entstehung gar nicht anders gekonnt hätten, als mit der DDR Beziehungen aufzunehmen.)

Diese neue Phase der Politik wurde von ihrem Initiator selbst als „Politik der Bewegung“ gekennzeichnet und dadurch von der früheren Politik, die man nunmehr als starr und unbeweglich empfand, abgesetzt. Mit ihr sollte der Versuch unternommen werden, durch Abbau des Mißtrauens der Länder des Ostblocks, die immer noch das „revanchistische“ Westdeutschland fürchteten, eine Isolierung der DDR zu erreichen. In solcher Zielsetzung lag zugleich die Schwäche dieser Politik: Da sie auf eine Lockerung der Blockstruktur des Ostens, auf Isolierung der DDR von den anderen Staaten aufgebaut war, mußte sie das verstärkte Mißtrauen Moskaus hervorrufen. Es wandelten sich der Stil und die Atmosphäre im Verhalten gegenüber den osteuropäischen Ländern; es war ein Wandel, der unübersehbare positive Folgen hatte, da Handelsvertretungen in fast allen osteuropäischen Ländern errichtet werden konnten. Andererseits war aber ein ununterbrochenes Sperrfeuer Moskaus und der DDR zu beobachten; es ließ auch nicht nach, als mit der Friedensnote vom März 1966 Gewaltverzichtserklärungen gegenüber Moskau und den osteuropäischen Staaten (wenn auch noch nicht gegenüber der DDR) vorgetragen wurden. Auf dieser Grundlage vermochte dann die kommende Regierung der Großen Koalition und insbesondere der Koalition von SPD und FDP aufzubauen. Zwar hatte sich der Versuch Schröders, durch die Koppelung von Abrüstungs- und Rüstungskontrollmaßnahmen mit der Wiedervereinigungsfrage zu Fortschritten zu gelangen, als nutzlos erwiesen; aber immerhin hatte er als erster die Entspannungssignale der Amerikaner aufgenommen, zugleich den Spielraum der deutschen Außenpolitik erweitert und sie auf eine realistischere, da nicht mehr von einem ideologischen Antikommunismus getragenen, Basis gestellt.

Die folgenden Jahre standen daher — da die westlichen Verbündeten, festgelegt auf den Dialog mit Moskau (Frankreich) oder engagiert in Vietnam (USA) sich nicht mehr bereit fanden, Interessen der Bundesrepublik konsequent zu vertreten — in zunehmendem Maße im Zeichen deutsch-sowjetischer, bzw. innerdeutscher Kontakte. Diese Beziehungen wurden gefördert durch die neue „Philosophie" der Ostpolitik, wie sie insbesondere der Außenminister der Großen Koalition (unter Kurt Georg Kiesinger) und spätere Bundeskanzler Willy Brandt vertrat. Was war das Neue an dieser Ost- bzw. Deutschlandpolitik? Sie konnte sich zu Beginn auf keinerlei neue Fakten des Ostblocks berufen, die eine Umorientierung erzwungen hätten. Zum zweiten: Sie war Ausdruck einer Haltung, die sich dem Osten gegenüber ähnlich verhielt, wie Adenauer gegenüber dem Westen. Das heißt: In einem Teil ihrer Aktionen mag man „Vorleistung" sehen, bei denen den Leistungen der westdeutschen Seite nicht unbedingt eine ähnlich große Gegenleistung der östlichen Staaten entgegen stand. Durch vier Faktoren unterschied sie sich von Anfang an von der vorangegangenen Politik:

1. Es wurde, während der Ausgleich mit den Ostblockstaaten weiter gesucht wurde — dennoch nicht zugleich eine Isolierung der DDR erstrebt.
2. Es wurde die Hoffnung fallen gelassen, Abrüstungs- oder Rüstungskontrollmaßnahmen mit Lösungsversuchen der deutschen Frage zu koppeln.
3. Es wurde der Kontakt mit DDR-Organen aufgenommen, ein Kontakt, der bisher abgelehnt worden war.
4. De facto wurde die Hallstein-Doktrin (etwa mit der Neuaufnahme diplomatischer Beziehungen zu Jugoslawien im Januar 1968) schweigend ad acta gelegt.

Zu Erfolgen führte diese Politik allerdings erst, als sich nach 1969 die Bundesrepublik zweierlei Erfahrungen zu eigen machte:

1. Daß nur die Einbindung in die westlichen Entspannungsbemühungen (insbesondere zuerst durch Frankreich vertreten) den deutschen Aktionen Gewicht gab,

2. daß sich Erfolge erst dann einstellen würden, falls Moskau die westdeutschen Aktivitäten nicht als einen Eingriff in seinen Machtbereich betrachtete.

Zu einer effektiven Annäherung aber konnte es erst kommen, als sich der Schock der Invasion der UdSSR in die ČSSR gelegt hatte, der noch einmal zeigte, daß die Demarkationslinien des zweiten Weltkrieges nicht mehr zu verrücken waren. Diese Daten lassen sich durch ein Schlagwort definieren, das von dem späteren Staatssekretär und Bundesminister Egon Bahr in den fünfziger Jahren auf einer Tagung der Evangelischen Akademie in Tutzing geprägt worden war, nämlich „Wandel durch Annäherung“. Für Bundeskanzler Brandt bedeutete dies einen Verzicht darauf, die Regierung der DDR bevormunden zu wollen, die Anerkennung, daß sich zwei Staaten unter dem weiter bestehenden Mantel einer deutschen Nation gebildet hatten und der Versuch, diese beiden Staaten von einem Gegeneinander in einen Zustand des „geregelten Nebeneinander“ zu bringen. Dieses Nebeneinander wiederum war nur zu erreichen durch eine „europäische Friedensordnung“. Die Umrisse dieser Friedensordnung blieben freilich schemenhaft, doch setzten sie etwa folgende Maßnahmen voraus: Bilaterale Gewaltverzichtserklärungen, gleichgewichtige Truppenverminderungen in Mitteleuropa, stufenweise Verringerung der atomaren Waffen in Europa, insbesondere an der Demarkationslinie der beiden Lager; vor allem aber von westdeutscher Seite Entgegenkommen in Positionen, die bisher als unverzichtbar galten. Dazu sollten Maßnahmen auf technologischem, ökonomischem und kommunikationstechnischem Gebiete kommen. Im Endeffekt bedeuteten alle diese Gedankengänge folgendes: Falls die Bundesregierung Gewaltverzichtserklärungen mit Ostblockstaaten austauschte, so wurde sie von einem Staat, der die nach dem Zweiten Weltkrieg geschaffenen Verhältnisse nicht endgültig anerkannte, zu einem Staat, der sich für absehbare Zeit mit ihnen abfinden wollte. Allerdings sollte dies kein Endzustand sein. Zumindest nach Interpretation ihrer Befürworter bedeutete diese Politik keine Kapitulation vor dem bestehenden, sondern sie sollte der Versuch sein, in der Anerkennung des vorgegebenen Zustandes nun wiederum den Status quo verändern zu können. Das Ziel der Wiedervereinigung wurde somit in die Entspannung hineingenommen. Es ergab sich das Paradoxon, daß die Anerkennung des Status quo gleichsam im Laufe der Zeit diesen Status quo verändern sollte.

Diese Grundlinien haben sich seit 1969, dem Beginn der Großen Koalition, in einigen spektakulären Vertragsabschlüssen niedergeschlagen. Die Verträge mit Moskau und Warschau (unterzeichnet am 12. August und 7. Dezember 1970) der Verkehrsvertrag mit der DDR vom 17. 12. 1971 und der Grundlagenvertrag vom 21. 12. 1972 sind die wichtigsten dieser Verträge. (Der Viermächte-Vertrag über Berlin vom 3. September 1971 und der die Vereinbarung ausfüllende Transit-Vertrag zwischen der Bundesrepublik und der DDR ist wiederum ein Beispiel für die weiterwirkende Viermächte-Vereinbarung für West-Berlin.) Mit diesen Verträgen wurde u. a. die Oder-Neiße-Linie anerkannt und der DDR die Möglichkeit einer internationalen Aufwertung, nicht zuletzt in Gestalt einer UNO-Mitgliedschaft, gegeben. Darüber hinaus aber kam es zu den Begegnungen zwischen Brandt und dem Ministerpräsidenten der DDR, Stoph, in Erfurt und Kassel, die zwar keine nachwirkenden Ergebnisse zeitigten, aber ein Indiz dafür waren, in welcher Weise sich die Vorzeichen des innerdeutschen Gesprächs gewandelt hatten. Die CDU/CSU-Opposition hat auf die Verträge und diese Gesten mit Mißtrauen reagiert und insbesondere darauf hingewiesen, daß das Ost-West-Gleichgewicht in Europa damit zu Ungunsten des Westens verändert werde. Insbesondere kritisierte sie, daß der Grundlagenvertrag das innerdeutsche Verhältnis nicht entscheidend verbessere. Und sie hatte sicher, wie schon dargestellt, darin recht, daß die DDR kurz- und mittelfristig die größeren Vorteile aus den Verträgen zog. Andererseits blieb ihre Argumentation insofern stumpf, als sich die Bundesregierung der Unterstützung ihrer westlichen Verbündeten sicher wußte, weil sie mit einer weltweiten Tendenz der Weltpolitik einherging. Darüber hinaus machte die Opposition zwar den Vorwurf, konnte ihn aber nicht beweisen, daß die Westpolitik vernachlässigt worden sei. Dem gegenüber konnte die Regierung darauf verweisen, daß mit dem

Abtritt de Gaulles im Jahre 1969 und dem darauffolgenden Beitritt Großbritanniens, Dänemarks und Irlands zur EWG zum 1. Januar 1973 die europäische Politik eine neue Dimension bekommen habe. Was allerdings auch die Regierung Brandt/Scheel nicht vermochte, war dies, die nationalen Vorbehalte der beteiligten Staaten so weit abzubauen, daß die europäische Gemeinschaft in einer Art und Weise vertieft wurde, wie dies ihren Gründervätern vorgeschwebt hatte. Neben den nationalen Vorbehalten war dies auch deshalb der Fall, weil die Gemeinschaft der nunmehr Neun angesichts einer andauernden internationalen Währungskrise vor immer neuen Belastungsproben stand.

Der „Modus vivendi", der mit den Verträgen zwischen der Bundesrepublik und der DDR erreicht wurde, ist in seiner Wertigkeit allerdings nicht nur im Hinblick auf Europa zu betrachten. Die Möglichkeiten innerdeutschen Zusammenlebens, die immer wieder durch die Abgrenzungsmanöver der DDR-Regierung gestört wurden, bekam eine weltweite Dimension dadurch, daß man sich die Bemühungen der UdSSR vor Augen führte, Ruhe an ihrer Westgrenze dadurch zu bekommen, daß sich die europäischen Partner in Ost und West unter Einschluß der USA und Kanadas in einer europäischen Friedensordnung zusammenfanden. Ausdruck dieses Bemühens waren die Verhandlungen über eine KSZE (= Konferenz über Sicherheit und Zusammenarbeit in Europa), über die Vorverhandlungen in Helsinki im November 1972 begannen und die sogenannte MBFR (= Mutual Balanced Force Reduction), über die seit dem 31. Januar 1973 in Wien verhandelt wurde. In beiden Fällen handelt es sich um, global gesagt, Versuche, den prekären Frieden in Europa in einen sicheren Frieden umzuwandeln. In beiden Fällen war auch die Vorwegnahme einer Berlin-Lösung notwendig, um die westlichen Alliierten überhaupt erst an den Verhandlungstisch zu bringen. Und die gleichberechtigte Teilnahme der beiden deutschen Staaten an den multilateralen Verhandlungen erwies sich immer mehr als eine „conditio sine qua non" einer Ost-West-Annäherung. Insofern war die deutsche Außenpolitik seit 1966 einesteils Ausdruck eigener Initiative, neugeschaffenen Verhandlungsspielraums und einer veränderten Betrachtung der Weltverhältnisse, andererseits aber auch notwendige Reaktion auf Veränderungen des weltpolitischen Klimas. Man hatte zu handeln, indem man sich anpaßte; besser aber war es noch, den Handlungen der anderen zuvorzukommen, um die Entwicklung der Entspannungspolitik im deutschen Sinne zu beeinflussen. Wie weit diese Politik dauernden Erfolg haben wird, läßt sich im Jahre 1973 nicht abschätzen. Denn obwohl die Bundesrepublik seit langem von einem Objekt zu einem Subjekt der Weltpolitik geworden ist: immer noch reagiert sie auf Grund ihrer Lage und ihrer Vergangenheit empfindlich auf Änderungen der weltpolitischen Wetterlage. Eines aber läßt sich mit Sicherheit prognostizieren: Die Wiederherstellung der nationalen Einheit, der im Grunde zwei Jahrzehnte lang die Bemühungen der deutschen Außenpolitik galten, wird in absehbarer Zeit nicht zu erreichen sein. Eines der Indizien dafür ist die Aufnahme zweier deutscher Staaten in die Vereinten Nationen.

## Schlußbetrachtung

Die Bundesrepublik — wiewohl von außen nicht unbedrängt — hat sich innenpolitisch lange Jahre in einer Schönwetterzone befunden. Das heißt: Die sozialen Spannungen, denen jeder Staat ausgesetzt ist, kamen auf Grund der historischen Bedingungen ihrer Entstehung nicht zum Austrag. Interessanterweise aber waren es dann nicht die Symptome einer Mangelgesellschaft, sondern die einer „Überfluß-Gesellschaft“, die den Protest der jungen Generation hervorriefen. Die Re-Ideologisierung scheint nunmehr die Bundesrepublik ebenso komplett zu erfassen, wie vorher die Ent-Ideologiesierung der 50iger und 60iger Jahre. Wiewohl die Auseinandersetzungen über die zu verfolgenden Ziele selbst zu begrüßen sind, nähern sich die Formen der Auseinandersetzungen wieder einmal einem Freund/Feind-Denken, das gemäßigten, das heißt auf rationalen Ausgleich der Interessen bedachten Gedankengängen, nur noch wenig Raum läßt und die Frage erneut öffnet, ob Bonn doch Weimar werden könne.

Vordringliche Aufgabe der kommenden Jahre wird es sein, dem Staatsbürger bewußt zu machen, daß er in einer Welt lebt, in der die Freiheit auch von seinem Willen zur Freiheit abhängt, daß es nicht nur des Willens bedarf, seine Freiheit nach außen zu verteidigen, sondern sie auch im Innern zu bewahren, indem er sich selbst frei hält von den Verlockungen einer Gängelung in allen Lebensbereichen. Gefährlich sind insbesondere jene Ideologien, die vorgeben, eine unbezweifelhafte Wahrheit zu besitzen. Nach wie vor muß die Forderung erhoben werden, daß aus der Bindung an den demokratischen Rechtsstaat mehr wird als ein Bekenntnis zum privaten Wohlergehen und zu einer weiteren Steigerung des Lebensstandards. Denn auf solch einem Bekenntnis können kein Staat, keine Demokratie, ihre Zukunft aufbauen. Ebenso wenig aber scheint es nach der Meinung des Verfassers möglich, gesellschaftlichen Fortschritt, individuelle Chancengleichheit, zu erreichen, falls nicht die Möglichkeit der persönlichen Wahl, der persönlichen Freiheit erhalten bleibt. Sicher sind die Bestimmungen des Grundgesetzes verschieden zu interpretieren. Sie werden aber sicher mißinterpretiert, wenn an die Stelle der Vielfalt der Lebensgestaltung der Zwang zur Einheitlichkeit und zur Uniformität treten sollte. Denn das widerspräche dem inneren Sinn dieser Verfassung, unter der wir leben.

# DOKUMENTATION

## Zweite Konferenz von Quebec vom 11.—16. September 1944

„Protokoll zwischen den Regierungen der Vereinigten Staaten von Amerika, des Vereinigten Königreiches und der Union der Sozialistischen Sowjetrepubliken über die Besatzungszonen in Deutschland und die Verwaltung von Groß-Berlin."

Die Regierungen der Vereinigten Staaten von Amerika, des Vereinigten Königreiches von Großbritannien und Nordirland und der Union der Sozialistischen Sowjetrepubliken haben im Hinblick auf die Ausführung des Artikel 11 der Urkunde der Bedingungslosen Kapitulation Deutschlands folgendes Abkommen geschlossen:

1. Deutschland wird innerhalb seiner Grenzen, wie sie am 31. Dezember 1937 bestanden, für Besatzungszwecke in drei Zonen aufgeteilt, von denen jede einer der drei Mächte zugeteilt wird und in das Sondergebiet Berlin, welches unter eine Besatzungsbehörde der drei Mächte gestellt wird.

2. Die Grenzen der drei Zonen und des Gebietes Berlin und die Aufteilung der drei Zonen unter den USA, dem Vereinigten Königreich und der UdSSR werden wie folgt festgelegt:

Ostzone

Das Gebiet Deutschlands, einschließlich der Provinz Ostpreußen, das östlich der Linie liegt, die ihren Anfang nimmt an dem Punkt in der Bucht von Lübeck, an dem die Grenzen von Schleswig-Holstein und Mecklenburg zusammenstoßen, entlang der Westgrenze von Mecklenburg zur Grenze der Provinz Hannover läuft, weiter entlang der Ostgrenze von Hannover zur Grenze von Braunschweig, entlang der Westgrenze der preußischen Provinz Sachsen zur Westgrenze Anhalts, entlang der Westgrenze Anhalts, entlang der Westgrenze der preußischen Provinz Sachsen und der Westgrenze Thüringens, bis diese auf die Grenze Bayerns stößt, dann entlang der Nordgrenze Bayerns bis zur Grenze der Tschechoslowakei im Jahre 1937, wird von den Streitkräften der UdSSR besetzt mit Ausnahme des Gebietes Berlin, wofür nachstehend eine Sonderform der Besatzung festgelegt wird.

Nordwestzone

Das Gebiet Deutschlands, das westlich der festgelegten Linie liegt und im Süden von einer Linie begrenzt wird, die ihren Anfang nimmt beim Zusammenstoß der Westgrenze Thüringens mit der Grenze Bayerns, westwärts entlang der Südgrenze der preußischen Provinzen Hessen-Nassau und Rheinprovinz bis zur Berührung mit der Grenze Frankreichs, wird besetzt von Streitkräften von ...

Südwestzone

Das ganze übrige Gebiet von Westdeutschland, das südlich der in der Beschreibung der Nordwestzone festgelegten Linie liegt, wird besetzt von Streitkräften von ...

Als Länder- und Provinzgrenzen innerhalb Deutschlands, wie sie in der bevorstehenden Zonenbeschreibung bezeichnet werden, gelten diejenigen Grenzen, welche nach dem Inkrafttreten des Erlasses vom 25. Juni 1941 (veröffentlicht im Reichsgesetzblatt, Teil I, Nr. 72, 3. Juli 1941) bestanden.

Gebiet Berlin

Das Gebiet von Berlin (— unter dieser Bezeichnung wird verstanden das Gebiet von „Groß-Berlin", wie es im Gesetz vom 27. April 1920 bestimmt worden ist —) wird gemeinsam von den Streitkräften der USA, des Vereinigten Königreiches und der UdSSR, vertreten jeweils durch ihre Oberbefehlshaber, besetzt. Für diesen Zweck wird das Gebiet von „Groß-Berlin" geteilt in folgende drei Teile:

Nordöstlicher Teil von „Groß-Berlin"

(Bezirke Reinickendorf, Wedding, Tiergarten, Charlottenburg, Spandau, Wilmersdorf) wird besetzt von den Streitkräften von ...

Südlicher Teil von „Groß-Berlin"

(Bezirke Zehlendorf, Steglitz, Schöneberg, Kreuzberg, Tempelhof, Neukölln) wird besetzt von den Streitkräften von ...

Als Distriktsgrenzen innerhalb „Groß-Berlin", wie sie in der vorstehenden Beschreibung bezeichnet werden, gelten diejenigen Grenzen, welche nach dem Inkrafttreten des am 27. März 1938 veröffentlichten Erlasses (Amtsblatt der Reichshauptstadt Berlin Nr. 13 vom 12. März 1938, Seite 215) bestanden.

3. Besatzungstruppen in jeder der drei Zonen in Deutschland unterstehen einem von der verantwortlichen Macht bestimmten Oberbefehlshaber.

4. Jede der drei Mächte darf nach ihrem Ermessen in die unter dem Befehl ihres Oberbefehlshabers stehenden Besatzungstruppen Hilfsverbände aus den Streitkräften irgendeiner alliierten Macht, welche an den militärischen Operationen gegen Deutschland aktiv beteiligt war, aufnehmen.

5. Eine interalliierte Behörde (Kommandantura), gebildet aus drei von den entsprechenden Oberbefehlshabern ernannten Kom-

mandanten, wird zur gemeinsamen Verwaltung des Gebietes Groß-Berlin errichtet.

6. Dieses Protokoll ist dreifach in englischer und russischer Sprache ausgefertigt. Beide Texte sind authentisch. Das Protokoll tritt in Kraft bei der Unterzeichnung der Bedingungslosen Kapitulation Deutschlands.

Der obige Text des Protokolies zwischen den Regierungen der Vereinigten Staaten von Amerika, des Vereinigten Königreiches und der Union der Sozialistischen Sowjetrepubliken über die Besatzungszonen in Deutschland und über die Verwaltung von „Groß-Berlin“ ist von der Europäischen Beratenden Kommission vorbereitet und in der Sitzung vom 12. September 1944 einstimmig gebilligt worden, mit der Ausnahme, daß die Zuteilung der Nordwest- und Südwest-Besatzungszone Deutschlands und des nordwestlichen und südlichen Teiles von „Groß-Berlin“ gemeinsamer künftiger Beratung und eines gemeinsamen Abkommens der Regierungen der USA, des Vereinigten Königreiches und der UdSSR bedarf.

(Gezeichnet von dem Bevollmächtigten der USA bei der EAC John G. Winant, dem Bevollmächtigten Großbritanniens, William Strang, dem Bevollmächtigten der UdSSR, F. Gusew.)
Lancaster House, London, S.W. 1
12. September 1944

## Vereinbarung zwischen Roosevelt und Churchill über den Morgenthau-Plan vom 15. September 1944

Im Verlauf einer Konferenz zwischen dem Präsidenten und dem Ministerpräsidenten über die wichtigsten Maßnahmen zur Verhinderung einer neuen Wiederaufrüstung Deutschlands kam man überein, daß die vordringlichste Frage die Zukunft der Ruhr und des Saargebietes sei.

Eine noch nicht lange zurückliegende und bittere Erfahrung hat uns gelehrt, wie leicht die chemische, Metall- und Elektroindustrie Deutschlands in Kriegsarsenale umgewandelt werden können.

Man darf nicht vergessen, daß die Deutschen einen großen Teil der Industrien der Sowjetunion und anderer benachbarter Alliierter verwüstet haben und daß es nicht mehr als billig ist, daß diese Länder das Recht erhalten, die Maschinen abzubauen, die für ihre Wiederaufrüstung erforderlich sind.

Die vorgenannten Industrien der Ruhr und des Saargebietes würden dadurch außer Betrieb gesetzt und geschlossen werden.

Es würde erforderlich sein, die Verwaltung dieser beiden Gebiete einem Organ der Vereinten Nationen anzuvertrauen, das die Demontage dieser Industrien überwachen und sich vergewissern würde, daß sie nicht unter irgend einem Vorwand heimlich reorganisiert würden.

Dieses Programm, das im Hinblick auf die Ausschaltung der Kriegsindustrien der Ruhr und des Saargebietes aufgestellt wurde, hat die Umwandlung Deutschlands in ein Land zum Ziel, das in erster Linie den Charakter des Ackerbaus und der Weidewirtschaft trägt.

Der Premierminister und der Präsident sind sich in diesem Programm einig.

15. 9. O. K.

F. D. R. W. S. C.

Auszug aus dem Protokoll der Verhandlungen von Jalta

III. Zerstückelung Deutschlands

Es wurde beschlossen, daß Artikel 12 (a) der Kapitulationsbedingungen für Deutschland folgendermaßen ergänzt werde: „Das Vereinigte Königreich, die Vereinigten Staaten von Amerika und die Union der Sozialistischen Sowjetrepubliken werden bezüglich Deutschlands höchste Machtvollkommenheit haben. In der Ausübung dieser Macht werden sie solche Maßnahmen treffen, einschließlich der völligen Entwaffnung, Entmilitarisierung und Zerstückelung, als sie für den künftigen Frieden und die Sicherheit für notwendig halten."

Das Studium des Vorganges für die Zerstückelung Deutschlands wurde einem Komitee übertragen, welches aus Mr. Eden (Vorsitzender), Mr. Winant und Herrn Gusew besteht. Diese Körperschaft wird darüber beraten, ob es wünschenswert ist, einen französischen Repräsentanten beizuziehen.

V. Wiedergutmachung

. . . . . . . .

Das folgende Protokoll wurde beschlossen:

1. Deutschland muß in natura für die Verluste zahlen, welche es den alliierten Nationen im Laufe des Krieges zugefügt hat.

. . . . . . . .

4. Bezüglich der Festsetzung einer Gesamtsumme der Wiedergutmachung als auch der Verteilung unter den Ländern, welche

unter der deutschen Aggression gelitten haben, kamen die sowjetischen und amerikanischen Delegationen folgendermaßen überein: „Die Moskauer Reparationskommission soll in ihren anfänglichen Studien als Unterlage für die Diskussion den Vorschlag der Sowjetregierung annehmen, daß die Gesamtsumme der Wiedergutmachungen in Übereinstimmung mit den Punkten a und b des § 2 20 Milliarden Dollar sein sollten und daß davon 50 % die Union der Sozialistischen Sowjetrepubliken erhalten solle."

Die britische Delegation war der Ansicht, daß während der Besprechungen über die Wiedergutmachungsfrage bei der Moskauer Wiedergutmachungskommission keine Reparationsziffern genannt werden sollten. Der vorstehende sowjetisch-amerikanische Vorschlag wurde der Moskauer Reparationskommission als einer der Vorschläge, welche von der Kommission erörtert werden sollen, weitergegeben.

## Direktive des Wehrmachtsgeneralstabes der Vereinigten Staaten an den Oberbefehlshaber der Besatzungstruppen der Vereinigten Staaten hinsichtlich der Militärregierung für Deutschland (Direktive JCS 1067) vom April 1945 (Auszug)

4. Grundlegende Ziele der Militärregierung in Deutschland:

b) Deutschland wird nicht besetzt zum Zwecke seiner Befreiung, sondern als ein besiegter Feindstaat. Ihr Ziel ist nicht die Unterdrückung, sondern die Besetzung Deutschlands, um gewisse wichtige alliierte Absichten zu verwirklichen. Bei der Durchführung der Besetzung und Verwaltung müssen Sie gerecht, aber fest und unnahbar sein. Die Verbrüderung mit deutschen Beamten und der Bevölkerung werden Sie streng unterbinden.

c) Das Hauptziel der Alliierten ist es, Deutschland daran zu hindern, je wieder eine Bedrohung des Weltfriedens zu werden. Wichtige Schritte zur Erreichung dieses Zieles sind die Ausschaltung des Nazismus und des Militarismus in jeder Form, die sofortige Verhaftung der Kriegsverbrecher zum Zwecke der Bestrafung, die industrielle Abrüstung und Entmilitarisierung Deutschlands mit langfristiger Kontrolle des deutschen Kriegspotentials und die Vorbereitungen zu einem späteren Wiederaufbau des deutschen politischen Lebens auf demokratischer Grundlage.

Teil II: Wirtschaftliche Angelegenheiten

18. Um den Aufbau und die Verwaltung der deutschen Wirtschaft im größtmöglichen Ausmaß zu dezentralisieren, werden Sie...

im Kontrollrat auf keinen Fall die Errichtung einer zentralisierten Kontrollverwaltung über die deutsche Wirtschaft vorschlagen oder billigen, außer in den Fällen, wo eine solche Zentralisierung der Verwaltung zur Errichtung ... aufgeführten Ziele unbedingt notwendig ist. Die Dezentralisierung der Verwaltung darf nicht verhindern, daß im Kontrollrat die weitestgehende Einigkeit über die Wirtschaftspolitik erzielt wird.

Deutscher Lebensstandard

21. ... Sie werden geeignete Maßnahmen ergreifen, um sicherzustellen, daß der Mindestlebensstandard des deutschen Volkes nicht höher liegt als bei irgend einem benachbarten Mitgliedsstaat der Vereinten Nationen ...

## Urkunde über die militärische Kapitulation vom 7. Mai 1945

1. Der Unterzeichnete, handelnd im Namen des deutschen Oberkommandos, erklärt hiermit die bedingungslose Kapitulation aller Streitkräfte zu Lande, zu Wasser und in der Luft, welche sich in diesem Augenblick unter deutscher Kontrolle befinden, gegenüber dem Obersten Befehlshaber der Alliierten Expeditionsstreitkräfte und gleichzeitig gegenüber dem Oberkommando der Sowjettruppen.

2. Das deutsche Oberkommando wird sofort an alle deutschen Kommandostellen der Land-, See- und Luftstreitkräfte und an alle unter deutscher Kontrolle stehenden Streitkräfte Befehl erteilen, Kampfhandlungen um 23 Uhr 1 mitteleuropäischer Zeit am 8. Mai einzustellen und in den zu dieser Zeit besetzten Stellungen zu verbleiben. Kein Schiff, kein Fahrzeug oder Flugzeug darf unbrauchbar gemacht, noch darf dem Schiff- oder Flugkörper, dem maschinellen Teil oder der Ausrüstung irgendeine Beschädigung zugefügt werden.

3. Das deutsche Oberkommando wird sich sofort mit den in Betracht kommenden Befehlshabern in Verbindung setzen und die Ausführung irgendwelcher weiteren Anordnungen sicherstellen, die von dem Obersten Befehlshaber der Alliierten Expeditionskräfte und von dem Oberkommando der Sowjettruppen erlassen werden.

4. Die Urkunde militärischer Übergabe präjudiziert nicht ihre Ersetzung durch ein allgemeines Kapitulationsinstrument, das

von und im Namen der Vereinten Nationen Deutschland und den deutschen Streitkräften in ihrer Gesamtheit auferlegt wird.

5. Falls das deutsche Oberkommando oder irgendwelche unter seiner Kontrolle stehenden Streitkräfte nicht entsprechend dieser Kapitulationsurkunde handeln, werden der Oberste Befehlshaber der Alliierten Expeditionsstreitkräfte und das Oberkommando der Sowjettruppen die ihnen geeignet erscheinenden Strafmaßnahmen ergreifen oder in anderer Weise vorgehen.

Gezeichnet zu Reims (Frankreich), um 2 Uhr 41 am 7. Tage des Mai 1945.

Im Namen des deutschen Oberkommandos: Jodl

In Gegenwart von:

Im Namen des Obersten Befehlshabers der Alliierten Expeditionsstreitkräfte: W. B. Smith

Im Namen des Oberkommandos der Sowjettruppen: Susloparow

Generalmajor der französischen Armee (Zeuge): F. Sevez

## Potsdamer Abkommen (Auszug) vom 2. August 1945

III. Über Deutschland

. . . . . . . .

A. Politische Grundsätze

. . . . . . . .

IV. Bis auf weiteres wird keine zentrale deutsche Regierung errichtet werden. Jedoch werden einige wichtige zentrale deutsche Verwaltungsabteilungen errichtet werden, an deren Spitze Staatssekretäre stehen, und zwar auf den Gebieten des Finanzwesens, des Verkehrswesens, des Außenhandels und der Industrie. Diese Abteilungen werden unter der Leitung des Kontrollrates tätig sein.

B. Wirtschaftliche Grundsätze

. . . . . . . .

12. In praktisch kürzester Frist ist das deutsche Wirtschaftsleben zu dezentralisieren mit dem Ziel der Vernichtung der bestehenden übermäßigen Konzentration der Wirtschaftskraft, dargestellt insbesondere durch Kartelle, Syndikate, Trusts und andere Monopolvereinigungen.

13. Bei der Organisation des Wirtschaftslebens in Deutschland ist die Hauptaufmerksamkeit auf die Entwicklung der Land-

schaft und der Friedensindustrie für den Bedarf (Verbrauch) zu richten.

. . . . . . . . .

IV. Reparationen aus Deutschland

. . . . . . . . .

1. Die Reparationsansprüche der UdSSR sollen durch Entnahme aus der von der UdSSR besetzten Zone in Deutschland und durch angemessene deutsche Auslandsguthaben befriedigt werden.

2. Die UdSSR wird die Reparationsansprüche Polens aus ihrem eigenen Anteil an den Reparationen befriedigen.

. . . . . . . . .

8. Die Sowjetregierung verzichtet auf alle Ansprüche bezüglich der Reparationen aus Anteilen an deutschen Unternehmungen, die in den westlichen Besatzungszonen in Deutschland gelegen sind. Das gleiche gilt für deutsche Auslandsguthaben in allen Ländern mit Ausnahme der unten in § 9 gekennzeichneten Fälle.

9. Die Regierungen der USA und des Vereinigten Königreiches verzichten auf ihre Ansprüche im Hinblick auf Reparationen hinsichtlich der Anteile an deutschen Unternehmungen, die in der östlichen Besatzungszone in Deutschland gelegen sind. Das gleiche gilt für deutsche Auslandsguthaben in Bulgarien, Finnland, Ungarn, Rumänien und Ost-Österreich.

. . . . . . . . .

IX. Polen

. . . . . . . . .

b) Bezüglich der Westgrenze Polens wurde folgendes Übereinkommen erzielt:

... Die Häupter der drei Regierungen bekräftigen ihre Auffassung, daß die endgültige Festlegung der Westgrenze Polens bis zur Friedenskonferenz zurückgestellt werden soll.

Die Häupter der drei Regierungen stimmen überein, daß bis zur endgültigen Festlegung der Westgrenze Polens die früher deutschen Gebiete östlich der Linie, die von der Ostsee unmittelbar westlich von Swinemünde und von dort die Oder entlang bis zur Einmündung der westlichen Neiße und die westliche Neiße entlang bis zur tschechoslowakischen Grenze verläuft, einschließlich des Teiles Ostpreußens, der nicht unter die Verwaltung der Union der Sozialistischen Sowjetrepubliken in Übereinstimmung mit den auf dieser Konferenz erzielten Vereinbarungen gestellt wird und einschließlich des Gebietes der früheren Freien Stadt Danzig, unter die Verwaltung des polnischen Staates kommen und in dieser Hinsicht nicht als Teil der sowjetischen Besatzungszone in Deutschland betrachtet werden sollen.

## Churchill-Rede vom März 1946 in Fulton/Missouri (Auszug)

. . . . . . . .

Von Stettin an der Ostsee bis nach Triest an der Adria hat sich ein eiserner Vorhang über den Kontinent gesenkt. Dahinter liegen die Hauptstädte der vormaligen Staaten Zentral- und Osteuropas: Warschau, Berlin, Prag, Wien, Budapest, Belgrad, Bukarest und Sofia ... Die von den Russen beherrschte polnische Regierung wurde aufgemuntert, ungeheure und unberechtigte Übergriffe auf deutsches Gebiet zu unternehmen; eine Massenaustreibung von Millionen Deutscher findet statt, in schrecklichem, bisher ungeahntem Ausmaß. Den in diesen osteuropäischen Staaten sehr kleinen kommunistischen Parteien wurde eine Machtstellung eingeräumt, die ihrer zahlenmäßigen Stärke keineswegs entspricht, und sie versuchen nun allenthalben, die Kontrolle vollständig zu erlangen ... Wenn die Sowjetregierung jetzt versucht, durch eigenmächtiges Vorgehen ein prokommunistisches Deutschland in ihren Gebieten zu errichten, wird das neue, ernsthafte Schwierigkeiten in der britischen und amerikanischen Zone hervorrufen und den geschlagenen Deutschen die Macht geben, sich zwischen den Sowjets und den westlichen Demokraten an den Meistbietenden zu verkaufen. Welche Schlußfolgerungen aus diesen Tatsachen man auch ziehen mag — und es handelt sich um Tatsachen —, dies ist sicher nicht das befreite Europa, für dessen Aufbau wir gekämpft haben. Auch ist es keineswegs ein Europa, das die notwendigen Voraussetzungen für einen dauerhaften Frieden birgt.

## Rede des amerikanischen Außenministers James F. Byrnes in Stuttgart am 6. September 1946 (Auszug)

. . . . . . . .

Das amerikanische Volk, das für die Freiheit gekämpft hat, hat nicht den Wunsch, das deutsche Volk zu versklaven. Die Freiheit, an welche die Amerikaner glauben und für die sie kämpfen, ist eine Freiheit, an der alle teilhaben sollen, die gewillt sind, die Freiheit anderer zu achten ... Die Vereinigten Staaten können Deutschland die Leiden nicht abnehmen, die ihm der von seinen Führern angefangene Krieg zugefügt hat. Aber die Vereinigten Staaten haben nicht den Wunsch, diese Leiden zu vermehren oder dem deutschen Volk die Gelegenheit zu verweigern, sich aus diesen Nöten herauszuarbeiten, solange es menschliche Freiheit achtet und vom Wege des Friedens nicht abweicht.

Das amerikanische Volk wünscht, dem deutschen Volk die Regierung Deutschlands zurückzugeben. Das amerikanische Volk will dem deutschen Volk helfen, seinen Platz zurückzufinden zu einem ehrenvollen Platz unter den freien und friedliebenden Nationen der Welt.

## Zwei Erklärungen der Münchener Ministerpräsidenten-Konferenz vom 6.—8. Juni 1947

1. Die in München versammelten Regierungschefs der deutschen Länder geben folgende feierliche Erklärung ab.

Seit zwei Jahren wartet das deutsche Volk vergeblich auf eine Klärung seines Schicksals. Alle Versuche, sie herbeizuführen, sind bisher gescheitert. Abgeschlossen von der Welt — in vier Zonen zerrissen —, in Unkenntnis seiner politischen Zukunft, ohne unmittelbare Verbindung zu der in Deutschland zur Zeit verantwortlichen Regierung der Alliierten, ohne den lebensnotwendigen Außenhandel und daher auch industrielle Basis, außerstande, über den Ertrag seiner wichtigsten landwirtschaftlichen Gebiete zu verfügen, sinkt das deutsche Volk in wirtschaftlicher Selbstaufzehrung von Monat zu Monat in immer größere Verelendung und Not.

Die Ministerpräsidenten haben sich daher in München zusammengefunden, um klar und nüchtern festzustellen, unter welchen Bedingungen der völlige Zusammenbruch verhindert und eine Wandlung zum Besseren herbeigeführt werden kann. Die Ministerpräsidenten fühlen sich vor ihrem Gewissen verpflichtet, rückhaltlos die Gründe der jüngsten Entwicklung aufzuzeigen, um ihrer Verantwortung vor dem deutschen Volke zu genügen.

Wenn es gegen das Völkerrecht war, daß Hitler die Welt mit einem verbrecherischen Krieg überzog, so widerspricht es ebenso den gültigen Grundsätzen des Völkerrechts, einem demokratischen Deutschland Frieden und ausreichende Lebensmöglichkeiten zu versagen. Das zerstörte und abgerüstete Deutschland ist keine Gefahr für die Welt, wohl aber ein Deutschland, das verelendet zu einem Seuchenherd für alle anliegenden Völker wird und damit den Wiederaufbau Europas gefährdet. Darum muß die deutsche Frage unverzüglich geregelt werden.

Die Ministerpräsidenten haben Vorschläge ausgearbeitet, die sie den Militärregierungen überreichen. Eine Delegation von vier Länderchefs ist beauftragt, dem Kontrollrat nähere Erklärungen und Erläuterungen mündlich vorzutragen.

Die Ministerpräsidenten rufen das deutsche Volk auf, unter Anspannung aller Kräfte ihren Versuch, eine Wandlung zum Besseren herbeizuführen, zu unterstützen und unter Zurückstellung aller Gegensätze gemeinsam an der Wiederherstellung eines friedlichen demokratischen Deutschlands zu arbeiten.

2. Die in München versammelten Chefs der deutschen Länderregierungen können ihre Beratungen zur Steuerung der unmittelbaren Not des deutschen Volkes im kommenden Winter nicht schließen, ohne vor der ganzen Welt das große Ziel der wirtschaftlichen und politischen Einheit Deutschlands aufzustellen und den Willen zu friedlicher Zusammenarbeit mit allen Völkern ausdrücklich zu bekunden.

Der Neuaufbau unseres staatlichen Lebens kann aber nur auf dem Wege echter Demokratie verwirklicht werden, in der alle Grundrechte menschlicher Freiheit gewährleistet sind.

Nur wenn sich die Maßnahmen des Staates ausschließlich auf den in freien Wahlen festgestellten Willen des Volkes berufen können, besteht Aussicht, das hohe Ziel der friedlichen Völkergemeinschaft, der Freiheit von Furcht und des wahren sozialen Fortschrittes zu erreichen.

## Londoner Empfehlungen vom 7. Juni 1948 (Deutschland-Kommuniqué der Londoner Sechsmächte-Konferenz) — (Auszug)

. . . . . . . .

III. Entwicklung der politischen und wirtschaftlichen Organisation Deutschlands

... Die Delegationen sind übereingekommen, ihren Regierungen zu empfehlen, daß die Militärgouverneure eine gemeinsame Sitzung mit den Ministerpräsidenten der Westzonen Deutschlands abhalten sollen. Auf dieser Sitzung werden die Ministerpräsidenten Vollmacht erhalten, eine verfassungsgebende Versammlung zur Ausarbeitung einer Verfassung einzuberufen, die von den Ländern zu genehmigen sein wird.

Die Abgeordneten dieser verfassungsgebenden Versammlung werden von den einzelnen Ländern nach Bestimmungen ernannt werden, die von den einzelnen Länderparlamenten selbst festgelegt werden.

Diese Verfassung soll so beschaffen sein, daß sie es den Deutschen ermöglicht, ihren Teil dazu beizutragen, die augenblickliche Teilung Deutschlands wieder aufzuheben, allerdings nicht durch die Wiedererrichtung eines zentralistischen Reiches, sondern mittels einer föderativen Regierungsform, die die Rechte der einzelnen Staaten angemessen schützt und gleichzeitig eine angemessene zentrale Gewalt vorsieht und die Rechte und Freiheiten des Individuums garantiert.

Wenn die Verfassung, die von der verfassungsgebenden Versammlung vorbereitet wird, nicht gegen diese allgemeinen Grundsätze verstößt, werden die Militärgouverneure die Bevölkerung in den betreffenden Staaten zur Ratifizierung ermächtigen.

## Frankfurter Dokumente vom 1. Juli 1948

*Dokument 1 ist hier im Auszug wiedergegeben. Dokument 2 ersuchte die Ministerpräsidenten, die Länder-Grenzen zu überprüfen. Dokument 3 enthielt die Grundzüge eines Besatzungsstatuts.*

In Übereinstimmung mit den Beschlüssen ihrer Regierungen autorisieren die Militärgouverneure der amerikanischen, britischen und französischen Besatzungszone in Deutschland die Ministerpräsidenten der Länder ihrer Zonen, eine Verfassunggebende Versammlung einzuberufen, die spätestens am 1. September 1948 zusammentreten sollte.

Die Abgeordneten zu dieser Versammlung werden in jedem der bestehenden Länder nach den Verfahren und Richtlinien ausgewählt, die durch die gesetzgebende Körperschaft in jedem dieser Länder angenommen werden. Die Gesamtzahl der Abgeordneten zur Verfassunggebenden Versammlung wird bestimmt, indem die Gesamtzahl der Bevölkerung nach der letzten Volkszählung durch 750 000 oder eine ähnliche von den Ministerpräsidenten vorgeschlagene und von den Militärgouverneuren gebilligte Zahl geteilt wird.

Die Anzahl der Abgeordneten von jedem Land wird im

gleichen Verhältnis zur Gesamtzahl der Mitglieder der Verfassunggebenden Versammlung stehen, wie seine Bevölkerung zur Gesamtbevölkerung der beteiligten Länder.

Die Verfassunggebende Versammlung wird eine demokratische Verfassung ausarbeiten, die für die beteiligten Länder eine Regierungsform des föderalistischen Typs schafft, die am besten geeignet ist, die gegenwärtig zerrissene deutsche Einheit schließlich wieder herzustellen und die Rechte der beteiligten Länder schützt, eine angemessene Zentralinstanz schafft und Garantien der individuellen Rechte und Freiheiten enthält.

Wenn die Verfassung in der von der Verfassunggebenden Versammlung ausgearbeiteten Form mit diesen allgemeinen Grundsätzen nicht im Widerspruch steht, werden die Militärgouverneure ihre Vorlage zur Ratifizierung genehmigen. Die Verfassunggebende Versammlung wird daraufhin aufgelöst.

Die Ratifizierung in jedem beteiligten Land erfolgt durch ein Referendum, das eine einfache Mehrheit der Abstimmenden in jedem Land erfordert, nach von jedem Land jeweils anzunehmenden Regeln und Verfahren. Sobald die Verfassung von zwei Dritteln der Länder ratifiziert ist, tritt sie in Kraft und ist für alle Länder bindend. Jede Abänderung der Verfassung muß künftig von einer gleichen Mehrheit der Länder ratifiziert werden. Innerhalb von dreißig Tagen nach Inkrafttreten der Verfassung sollen die darin vorgesehenen Einrichtungen geschaffen sein.

## Nordatlantikvertrag vom 4. April 1949

Die Parteien dieses Vertrages bekräftigen erneut ihren Glauben an die Ziele und Grundsätze der Satzung der Vereinten Nationen und ihren Wunsch, mit allen Völkern und allen Regierungen in Frieden zu leben.

Sie sind entschlossen, die Freiheit, das gemeinsame Erbe und die Zivilisation ihrer Völker, die auf den Grundsätzen der Demokratie, der Freiheit der Person und der Herrschaft des Rechts beruhen, zu gewährleisten.

Sie sind bestrebt, die innere Festigkeit und das Wohlergehen im nordatlantischen Gebiet zu fördern.

Sie sind entschlossen, ihre Bemühungen für die gemeinsame Verteidigung und für die Erhaltung des Friedens und der Sicherheit zu vereinigen.

Sie vereinbaren daher diesen Nordatlantikvertrag:

. . . . . . . .

Artikel 5

Die Parteien vereinbaren, daß ein bewaffneter Angriff gegen eine oder mehrere von ihnen in Europa oder Nordamerika als ein Angriff gegen sie alle angesehen werden wird; sie vereinbaren daher, daß im Falle eines solchen bewaffneten Angriffs jede von ihnen in Ausübung des in Artikel 51 der Satzung der Vereinten Nationen anerkannten Rechts der individuellen oder kollektiven Selbstverteidigung der Partei oder den Parteien, die angegriffen werden, Beistand leistet, indem jede von ihnen unverzüglich für sich und im Zusammenwirken mit den anderen Parteien die Maßnahmen, einschließlich der Anwendung von Waffengewalt, trifft, die sie für erforderlich erachtet, um die Sicherheit des nordatlantischen Gebiets wiederherzustellen und zu erhalten.

Von jedem bewaffneten Angriff und allen daraufhin getroffenen Gegenmaßnahmen ist unverzüglich dem Sicherheitsrat Mitteilung zu machen. Die Maßnahmen sind einzustellen, sobald der Sicherheitsrat diejenigen Schritte unternommen hat, die notwendig sind, um den internationalen Frieden und die internationale Sicherheit wiederherzustellen und zu erhalten.

Artikel 6 (1)

Im Sinne des Artikels 5 gilt als bewaffneter Angriff auf eine oder mehrere Parteien jeder bewaffnete Angriff auf das Gebiet einer der Parteien in Europa oder Nordamerika, auf die algerischen Departments Frankreichs (2), auf die Besatzungsstreitkräfte einer Partei in Europa, auf die der Gebietshoheit einer Partei unterstehenden Inseln im nordatlantischen Gebiet nördlich des Wendekreises des Krebses oder auf die Schiffe oder Flugzeuge einer der Parteien in diesem Gebiet.

Artikel 7

Dieser Vertrag berührt weder die Rechte und Pflichten, welche sich für die Parteien, die Mitglieder der Vereinten Nationen sind, aus deren Satzung ergeben, oder die in erster Linie bestehende Verantwortlichkeit des Sicherheitsrates für die Erhaltung des internationalen Friedens und der internationalen Sicherheit, noch kann er in solcher Weise ausgelegt werden.

Artikel 8

Jede Partei erklärt, daß keine der internationalen Verpflichtungen, die gegenwärtig zwischen ihr und einer anderen Partei oder einem dritten Staat bestehen, den Bestimmungen dieses Vertrages widerspricht, und verpflichtet sich, keine diesem Vertrag widersprechende internationale Verpflichtung einzugehen.

. . . . . . .

Artikel 12

Nach zehnjähriger Geltungsdauer des Vertrages oder zu jedem späteren Zeitpunkt werden die Parteien auf Verlangen einer von ihnen miteinander beraten, um den Vertrag unter Berücksichtigung der Umstände zu überprüfen, die dann den Frieden und die Sicherheit des nordatlantischen Gebiets berühren, zu denen auch die Entwicklung allgemeiner und regionaler Vereinbarungen gehört, die im Rahmen der Satzung der Vereinten Nationen zur Aufrechterhaltung des internationalen Friedens und der internationalen Sicherheit dienen.

Artikel 13

Nach zwanzigjähriger Geltungsdauer des Vertrages kann jede Partei aus dem Vertrag ausscheiden, und zwar ein Jahr, nachdem sie der Regierung der Vereinten Staaten von Amerika die Kündigung mitgeteilt hat; diese unterrichtet die Regierungen der anderen Parteien von der Hinterlegung jeder Kündigungsmitteilung.

## Besatzungsstatut vom 8. April 1949

In Ausübung der obersten Gewalt, die bei den Regierungen Frankreichs, der Vereinigten Staaten und des Vereinigten Königreichs verbleibt, erlassen wir,

General Pierre König,
Militärgouverneur und
Oberbefehlshaber der französischen Zone Deutschlands,
General Lucius D. Clay,
Militärgouverneur und
Oberbefehlshaber der amerikanischen Zone Deutschlands,
General Sir Brian Hubert Robertson,
Militärgouverneur und
Oberbefehlshaber der britischen Zone Deutschlands,

hierdurch gemeinsam das folgende Besatzungsstatut:

I.

Während des Zeitraumes, in dem die Besatzung noch fortdauern muß, wünschen und beabsichtigen die Regierungen Frankreichs, der Vereinigten Staaten und des Vereinigten Königreichs, daß dem deutschen Volk Selbstregierung in dem höchstmöglichen Maße, das mit dieser Besatzung vereinbar ist, zuteil werden soll. Der Bundesstaat und die an ihm beteiligten Länder sollen, lediglich durch die Bestimmungen dieses Status beschränkt, die volle gesetzgebende, vollziehende und rechtssprechende Gewalt gemäß dem Grundgesetz bzw. ihren Verfassungen haben.

II.

Um die Verwirklichung der grundlegenden Besatzungszwecke sicherzustellen, bleiben Sonderbefugnisse, einschließlich des Rechts, die von den Besatzungsbehörden benötigten Auskünfte und statistischen Angaben anzufordern und zu prüfen, auf folgenden Gebieten vorbehalten:

a) Abrüstung und Entmilitarisierung einschließlich der damit zusammenhängenden naturwissenschaftlichen Forschungsgebiete, der Verbote und Beschränkungen für die Industrie und die zivile Luftfahrt;

b) Kontrollmaßnahmen hinsichtlich der Ruhr, Rückerstattungen, Reparationen, Dekartellisierung, Entflechtung, Diskriminierung im Geschäftsverkehr, ausländische Vermögenswerte in Deutschland und vermögensrechtliche Ansprüche gegen Deutschland;

c) auswärtige Angelegenheiten, einschließlich völkerrechtlicher Abkommen, die von Deutschland oder mit Wirkung für Deutschland abgeschlossen werden;

d) Verschleppte und die Zulassung von Flüchtlingen;

e) Schutz, Ansehen und Sicherheit der alliierten Streitkräfte, Familienangehörigen, Arbeitnehmer und Vertreter, ihrer Immunitätsrechte, sowie die Deckung der Besatzungskosten und ihrer sonstigen Bedürfnisse;

f) Beachtung des Grundgesetzes und der Landesverfassungen;

g) Kontrolle über Außenhandel und Devisenwirtschaft;

h) Kontrolle über innenpolitische Maßnahmen, jedoch nur in dem Mindestmaße, das notwendig ist, um eine Verwendung von Gelder, Nahrungsmitteln und anderen Gütern in der Weise zu gewährleisten, daß die Notwendigkeit ausländischer Unterstützung für Deutschland auf ein Mindestmaß herabgesetzt wird;

i) Kontrolle der Verwahrung und Behandlung derjenigen Personen in deutschen Gefängnissen, die vor den Gerichten der Besatzungsmächte oder Besatzungsbehörden angeklagt oder von ihnen verurteilt worden sind, sowie Kontrolle übr die Vollstrekkung der gegen sie verhängten Strafen und über Fragen ihrer Amnestierung, Begnadigung und Freilassung.

III.

Die Regierungen Frankreichs, der Vereinigten Staaten und des Vereinigten Königreichs hoffen und erwarten, daß die Besatzungsbehörden keine Veranlassung haben werden, auf anderen

Gebieten als den oben besonders vorbehaltenen Maßnahmen zu treffen. Die Besatzungsbehörden behalten sich jedoch das Recht vor, auf Anweisung ihrer Regierungen die Ausübung der vollen Regierungsgewalt ganz oder teilweise wieder aufzunehmen, wenn sie der Ansicht sind, daß dies aus Sicherheitsgründen oder zur Aufrechterhaltung der demokratischen Regierungsform in Deutschland oder in Verfolg der internationalen Verpflichtungen ihrer Regierungen unumgänglich ist. Bevor sie dies tun, werden sie die zuständigen deutschen Behörden von ihrem Entschluß und seinen Gründen offiziell unterrichten.

## Ruhrstatut vom 28. April 1949

Da die internationale Sicherheit und der allgemeine wirtschaftliche Wiederaufbau verlangen, daß die Bodenschätze der Ruhr in Zukunft nicht für Aggressionszwecke, sondern nur im Interesse des Friedens genutzt werden; daß der Zugang zu der Kohle, dem Koks und dem Stahl der Ruhr, der in der Vergangenheit ausschließlich der Kontrolle Deutschlands unterstand, in Zukunft den Ländern, die zu ihrem gemeinsamen wirtschaftlichen Wohl zusammenarbeiten, auf gleicher Grundlage offensteht; da es für den politischen und wirtschaftlichen Wohlstand der europäischen Staaten, die einschließlich eines demokratischen Deutschlands zu ihrem gemeinsamen wirtschaftlichen Wohl zusammenarbeiten, wünschenswert ist, daß es zu einer engen Vereinigung ihrer Wirtschaftlichen Systeme kommt; da es bedeutsam ist, daß der Handel zwischen den in dem vorhergehenden Absatz erwähnten Ländern durch die Beseitigung von Handelsbeschränkungen und durch andere Mittel erleichtert wird; haben sich die Regierungen von Belgien, Frankreich, Luxemburg, den Niederlanden, Großbritannien und den USA zur Förderung der aufgezählten Ziele und in Überstimmung mit der grundsätzlichen Erklärung, die im Anhang des am 1. Juni 1948 nach Abschluß der Sechsmächtebesprechungen über Deutschland in London unterzeichneten Berichts enthalten ist, eine nationale Kontrolle im Ruhrgebiet zu schaffen, wie folgt geeinigt:

### Teil I — Die Behörde

#### Artikel 1

Hiermit wird eine internationale Behörde für die Ruhr errichtet, im folgenden kurz als „Behörde“ bezeichnet, deren Zusammensetzung, Vollmachten und Funktionen im folgenden festgelegt sind.

Artikel 2

Mitglieder der Behörde sind die Signatarmächte und Deutschland.

Artikel 3

Die Behörde besteht aus einem Rat, der sich aus Vertretern der Signatarmächte und — gemäß den Bestimmungen des Artikels 4 — Deutschland zusammensetzt. Der Rat wird in seiner Tätigkeit von einem Sekretariat unterstützt, das von einem Exekutivsekretär geleitet wird. Die Mitglieder ernennen auch Stellvertreter.

Artikel 4

a) Sobald eine deutsche Regierung errichtet ist, kann sie einen Delegierten bei der Behörde ernennen, der zur Teilnahme an den Sitzungen des Rats berechtigt ist. Zu dem Zeitpunkt, an dem die deutsche Regierung nach Artikel 9 c das Recht erhält, das Deutschland zugestandene Stimmrecht auszuüben, kann sie einen Vertreter im Rat und einen Stellvertreter ernennen.

b) Die betreffenden Besatzungsmächte werden durch einen von ihnen gemeinsam zu ernennenden Angehörigen ihrer Länder im Rat vertreten, bis das Deutschland zugestandene Stimmrecht von dem deutschen Vertreter ausgeübt wird.

. . . . . . . . .

## Regierungserklärung Bundeskanzlers Adenauer vom 20. September 1949 (Auszug)

Meine Wahl zum Bundeskanzler und die Regierungsbildung sind eine logische Konsequenz der politischen Verhältnisse, wie sie sich in der Bizone infolge der Politik des Frankfurter Wirtschaftsrates herausgebildet haben. Die Frage soziale Marktwirtschaft oder Planwirtschaft hat so stark unsere ganzen Verhältnisse beherrscht, daß eine Abkehr von dem Programm der Mehrheit des Frankfurter Wirtschaftsrates unmöglich war. Das deutsche Volk hat sich im Wahlkampf mit großer Mehrheit gegen die Planwirtschaft ausgesprochen. Eine Koalition zwischen den Parteien, die die Planwirtschaft ablehnen, und derjenigen, die sie bejaht haben, würde dem Willen der Mehrheit der Wähler entgegengerichtet gewesen sein . . .

Auf Bundesregierung, Bundestag und Bundesrat wartet eine außerordentlich große und umfangreiche gesetzgeberische Arbeit. Die Koalitionspartner sind sich völlig einig darin, daß sie sich immer von dem Bestreben leiten lassen werden, so sozial im wahrsten und besten Sinne des Wortes zu handeln, wie irgend möglich. Die Vertriebenen werden gleichmäßiger als bisher auf die verschiedenen Länder verteilt werden müssen. Wir wollen ferner mit allen Mitteln den Wohnungsbau in der energischsten Weise fördern, nicht, indem der Bund selbst baut, sondern, indem er Mittel zur Verfügung stellt und darauf dringt, daß von den Ländern alle Möglichkeiten auf diesem Gebiete des Wohnungsbaues erschöpft werden ...

Die Frage der Demontage unserer industriellen Anlagen bewegt das gesamte deutsche Volk. Es gibt wohl kaum jemanden in Deutschland, der sich gegen die Demontage wirklich kriegswichtiger Industrien irgendwie wendet, aber die Vernichtung großer wirtschaftlicher Werte ist eine Angelegenheit, die man im Ausland nicht damit abtun sollte, daß es einmal so beschlossen ist. Zur Zeit sind die maßgebenden Staatsmänner der Vereinigten Staaten, Englands und Frankreichs in Washington versammelt. Das deutsche Volk würde sich sehr freuen, wenn diese Zusammenkunft dazu benutzt würde, um das Demontageproblem einer Nachprüfung im Sinne einer Berücksichtigung der deutschen Wünsche zu unterziehen ...

Unsere besondere Fürsorge auf wirtschaftlichem Gebiet gilt der Stadt Berlin. Die im Haushalt 1949 für die Zeit bis zum 31. Dezember dieses Jahres eingesetzten Mittel werden schon im Oktober erschöpft sein. Es ist unbedingt notwendig — da wir unter keinen Umständen Berlin im Stiche lassen dürfen — beschleunigt über den Fortgang und Umfang der Hilfsmaßnahmen für Berlin, und zwar nicht ausschließlich durch Gewährung von finanziellen Zuschüssen, zu beraten und zu beschließen ...

Die sozial- und gesellschaftspolitische Anerkennung der Arbeitnehmerschaft macht eine Neuordnung der Besitzverhältnisse in den Grundindustrien notwendig. Es scheint mir aber auch eine der wesentlichsten Grundbedingungen einer verständigen Sozialpolitik zu sein, den Fleißigen und Tüchtigen jede Aufstiegsmöglichkeit zu geben. Auf die Betonung dieser Aufstiegsmöglichkeiten legen wir den größten Wert ...

Und nun lassen Sie mich übergehen zu Fragen, die uns in Deutschland außerordentlich am Herzen liegen und die für unser gesamtes Volk Lebensfragen sind. Es handelt sich um die Abkommen von Jalta und Potsdam und die Oder-Neiße-Linie.

Im Potsdamer Abkommen heißt es ausdrücklich: Die Chefs der

drei Regierungen, das sind die Vereinigten Staaten, England und Sowjetrußland, haben ihre Absicht bekräftigt, daß die endgültige Bestimmung der polnischen Westgrenzen bis zur Friedenskonferenz vertagt werden muß. Wir können uns daher unter keinen Umständen abfinden mit einer von Sowjetrußland und Polen später einseitig vorgenommenen Abtrennung dieser Gebiete. Diese Abtrennung widerspricht nicht nur dem Potsdamer Abkommen sie widerspricht auch der Atlantik-Charta vom Jahre 1941, der sich die Sowjetunion ausdrücklich angeschlossen hat...

. . . . . . . .

Wir sind durchaus bereit, mit unseren östlichen Nachbarn, insbesondere mit Sowjetrußland und Polen, in Frieden zu leben. Aber wir gehen dabei davon aus, daß auch Sowjetrußland und Polen uns unser Recht lassen und daß sie auch unsere deutschen Landsleute in der Ostzone und in dem ihnen unterstehenden Teile von Berlin ein Leben in Freiheit führen lassen.

Der deutsch-französische Gegensatz, der Hunderte von Jahren die europäische Politik beherrscht hat, muß endgültig aus der Welt geschafft werden. Ich hoffe, ja ich glaube, daß das Saargebiet nicht zu einem Hindernis auf diesem Wege werden wird.

. . . . . . . .

Wir sind entschlossen, alles zu tun, was in unserer Kraft steht, um diesen vorgezeichneten Weg zur Sicherung des Friedens zu gehen. Wenn ich aber vom Frieden spreche, dann muß ich auf die Teilung Deutschlands zurückkommen. Ich fürchte, daß in Europa keine Ruhe eintreten wird, wenn sie nicht verschwindet. Sie ist durch die Spannungen herbeigeführt worden, die zwischen den Siegermächten entstanden sind. Auch sie werden aber vorübergehen. Wir hoffen, daß dann der Wiedervereinigung mit unseren Brüdern und Schwestern in der Ostzone und in Berlin nichts mehr im Wege steht.

Lassen Sie mich in dieser Stunde mit besonderem Dank der Vereinigten Staaten von Nordamerika gedenken. Ich glaube nicht, daß jemals in der Geschichte ein siegreiches Land es versucht hat, dem besiegten Land in der Weise zu helfen und zu seinem Wiederaufbau und seiner Erholung beizutragen, wie das die Vereinigten Staaten gegenüber Deutschland getan haben und noch tun. Wir glauben, daß eine spätere Geschichtsschreibung dieses Verhalten der Vereinigten Staaten als eine größere Tat bezeichnen wird, als seine Anstrengungen im Kriege. Ich weiß, daß unzählige Amerikaner aus echter persönlicher Teilnahme und Nächstenliebe uns Deutschen in unserer schwersten Not, als hier Hunger und Mangel herrschten, in rührender Weise geholfen haben. Das deutsche Volk wird das dem amerikanischen Volk niemals vergessen dürfen und es wird es auch nicht vergessen.

## Petersberger Abkommen vom 22. November 1949

Protokoll über die Abkommen, die zwischen den alliierten Hochkommissaren und dem Bundeskanzler der Deutschen Bundesrepublik am 22. November auf dem Petersberg getroffen wurden: An der Konferenz der drei Außenminister in Paris vom 9. und 10. November wurden die Hochkommissare Großbritanniens, Frankreichs und der Vereinigten Staaten ermächtigt, mit dem Bundeskanzler über die Schreiben zu diskutieren, die dieser in der Demontierungsfrage im Hinblick auf eine endgültige Regelung dieses Problems an sie gerichtet hatte. Die Weisungen an die Hochkommissare umfaßten auch ein weiteres Gebiet und verlangten von ihnen, mit dem Bundeskanzler andere Punkte zu prüfen, die in eine allgemeine Bereinigung eingeschlossen werden sollten. Dementsprechend fanden am 15., 17. und 22. November auf dem Petersberg Besprechungen statt. Die Diskussionen waren durchweg von dem Wunsche und der Entschlossenheit beider Parteien belebt, daß sich ihre Beziehungen stufenweise auf der Grundlage gegenseitigen Vertrauens entwickeln möchten. Inzwischen besteht ihr primäres Ziel in der Eingliederung der Bundesrepublik als eines friedlichen Mitgliedes der europäischen Gemeinschaft. Zu diesem Zwecke sollte der deutsche Anschluß an die Länder Westeuropas auf allen Gebieten beharrlich verfolgt werden, und zwar durch Deutschlands Beitritt zu den dafür in Frage kommenden internationalen Organen und den Austausch von Handels- und Konsularvertretungen mit anderen Ländern. Sowohl die Hochkommissionare als der Bundeskanzler vertreten die Auffassung, daß der Fortschritt auf dieses Ziel hin abhängen muß von der Schaffung eines echten Gefühls der Sicherheit in Westeuropa. In allen diesen Angelegenheiten suchten sie eine Gemeinsamkeit von Gedanken und Absichten zu finden. Insbesondere haben sie sich über folgendes geeinigt:

1. Die Hochkommission und die Bundesregierung sind sich darin einig, daß die Beteiligung Deutschlands an allen jenen internationalen Organisationen herbeigeführt werden soll, durch welche die Erfahrung Deutschlands und dessen Unterstützung zum allgemeinen Wohlergehen beitragen können. Sie sprechen ihre Befriedigung über die in dieser Richtung bereits unternommenen Schritte aus, einschließlich der deutschen Beteiligung an der Ständigen Organisation für europäische Wirtschaftszusam-

menarbeit. Sie stellen den auf beiden Seiten ausgesprochenen Wunsch fest, daß die Bundesrepublik bald als ein „membre associé" in den Europarat aufgenommen und daß ein bilaterales Abkommen mit der Regierung der Vereinigten Staaten von Amerika über die Marshall-Hilfe unterzeichnet werden sollte.

2. Die Bundesregierung, in Erwägung der Wünschbarkeit der möglichst engen Mitarbeit Deutschlands bei der Wiederaufrichtung der westeuropäischen Wirtschaft, erklärt ihre Absicht, das Gesuch um die Mitgliedschaft bei der internationalen Ruhrbehörde (1751 G) zu stellen, in welcher die Bundesregierung gegenwärtig nur durch einen Beobachter vertreten ist. Dabei gilt zwischen beiden Parteien, daß der Beitritt Deutschlands keinerlei besonderen Bedingungen gemäß Artikel 31 des Abkommens über die Errichtung der Ruhrbehörde unterliegt.

3. Die Bundesregierung bekundet ferner ihre ernste Entschlossenheit, die Entmilitarisierung des Bundesgebietes aufrechtzuerhalten und sich mit allen Mitteln, die in ihrer Macht stehen, zu bestreben, daß die Wiederaufstellung bewaffneter Streitkräfte jeder Art verhütet wird. Zu diesem Zwecke wird die Bundesregierung ganz mit der Hochkommission bei den Arbeiten des militärischen Sicherheitsamtes zusammenarbeiten.

4. Es ist ferner vereinbart worden, daß die Bundesregierung nun die stufenweise Wiedererrichtung von Konsular- und Handelsbeziehungen mit jenen Ländern in die Wege leiten soll, mit denen derartige Beziehungen als vorteilhaft erscheinen.

5. Die Bundesregierung bekräftigt ihren Entschluß, als freigewähltes demokratisches Organ vorbehaltslos die Grundsätze der Freiheit, der Toleranz und der Menschlichkeit zu befolgen, welche die Nationen Westeuropas vereinigen, und ihre Angelegenheiten entsprechend zu führen. Die Bundesregierung ist fest entschlossen, alle Spuren des Nazismus aus dem deutschen Leben und den deutschen Einrichtungen auszurotten und der Wiedererstehung eines Totalitarismus in dieser oder jener Form vorzubeugen. Sie wird danach trachten, die Regierungsstruktur zu liberalisieren und autoritäre Tendenzen auszuschalten.

6. Auf dem Gebiet der Dekartellisierung und monopolistischer Praktiken wird die Bundesregierung gesetzgeberische Schritte vornehmen, entsprechend den Beschlüssen, wie sie von der Hochkommission in Übereinstimmung mit Artikel 2 (b) des Besatzungsstatuts gefaßt worden sind.

7. Die Hochkommission hat dem Bundeskanzler die Bestimmungen eines Abkommens bekanntgegeben, das von den drei Mächten über die Lockerung der gegenwärtigen Beschränkungen

gegenüber dem deutschen Schiffbau getroffen wurde. Die nun vereinbarten Hauptbestimmungen sind folgende: Der Bau von Ozeanschiffen, ausschließlich jener ursprünglich für Passagierverkehr bestimmten, sowie von Tankschiffen bis zu 7200 Tonnen, Fischerbooten bis zu 650 Tonnen und Küstenschiffen bis zu 2700 Tonnen bei nicht größerer Durchschnittsgeschwindigkeit als 12 Knoten kann aufgenommen werden. Die Zahl derartiger Schiffe, die zu bauen sind, soll nicht beschränkt werden. Die Bundesregierung kann mit Zustimmung der Hochkommission vor dem 31. Dezember 1950 sechs Schiffe erwerben oder bauen, die über die Beschränkungen in bezug auf Wasserverdrängung und Geschwindigkeit hinausgehen. Weitere Einzelheiten über diesen Punkt wurden dem Bundeskanzler mitgeteilt. Der Bundeskanzler warf die Frage des Baues und der Reparatur von Schiffen in deutschen Werften für den Export auf. Die Hochkommissare erwiderten ihm, daß diese Angelegenheit vom Sachverständigenausschuß nicht diskutiert worden sei und daß sie daher nicht in der Lage seien, ihm einen endgültigen Entscheid hierüber bekanntzugeben. Indessen werden sie deutsche Werften inzwischen ermächtigen, für den Export Schiffe der Typen und innerhalb der Grenzen und der Zahl, wie sie für die deutsche Wirtschaft anwendbar sind, herzustellen. Die Reparatur ausländischer Schiffe ist ohne Einschränkung zugelassen.

8. In der Demontierungsfrage hat die Hochkommission die gegenwärtige Lage im Lichte der Zusicherungen der Bundesregierung wiedererwogen und der folgenden Änderung des Programms zugestimmt. Die folgenden Werke werden von der Reparationenliste ausgenommen und die Demontierung ihrer Ausrüstung wird hiemit eingestellt: a) Fabriken für synthetisches Öl und Kunstgummi: Farbenfabriken Bayer, Leverkusen; Chemische Werke Hüls (ausgenommen für gewisse Forschungen, da die Ausrüstung dieser Werke ein wichtiges Sicherheitselement enthält); Gelsenberg Benzin Ag; Hydrierwerke Scholven AG; Ruhröl Bottrop; Ruhrchemie AG; Gewerkschaft Victor Krupp Treibstoff GmbH, Steinkohlenbergwerke, Dortmunder Paraffin; Nazener Steinkohle AG. b) Stahlwerke: August-Thyssen-Hütte, Duisburg-Hamborn; Hüttenwerke Siegerland, Charlottenhütte; Deutsche Edelstahlwerke, Krefeld; August-Thyssen-Hütte; Niederrhein-Hütte; Kloeckner-Werke, Düsseldorf; Ruhrstahl AG Heinrichshütte, Nattingen; Bochumer Verein Gußstahlwerke, Bochum. Hingegen werden jene elektrischen Schmelzöfen, die für das Funktionieren der Werke nicht lebenswichtig sind, weiterhin demontiert oder zerstört. c) Eine weitere Demontierung der IG Farbenwerke in Ludwigshaven wird nicht erfolgen, außer für

die Entfernung der Ausrüstung für die Herstellung von synthetischem Ammoniak und Methanol bis zu dem im Reparationenprogramm vorgesehenen Ausmaße. Alle Demontierungen in Berlin werden eingestellt und die Arbeit in den betroffenen Werken wird wieder ermöglicht werden. Es ist vereinbart, daß die bereits demontierte Ausrüstung, ausgenommen im Falle von Berlin, dem IARA zur Verfügung gestellt wird. Die gegenwärtige Änderung der Reparationenliste wird die bestehenden Verbote und Einschränkungen bei der Produktion gewisser Materialien nicht berühren. Demontierte Fabriken können nur mit Erlaubnis des militärischen Sicherheitsamtes wieder aufgebaut oder wieder ausgerüstet werden: jene Werke, in denen die Demontierung eingestellt worden ist, werden einer geeigneten Kontrolle unterstellt, um zu gewährleisten, daß die Stahlproduktionsbeschränkung (11,1 Millionen Tonnen im Jahre) nicht überschritten wird.

9. Die Frage der Beendigung des Kriegszustandes wurde diskutiert. Obgleich diese Beendigung als Konsequenz dieses Protokolls betrachtet werden kann, bietet sie beträchtliche gesetzliche und praktische Schwierigkeiten, die geprüft werden müssen.

10. Die Hochkommissare und der Bundeskanzler haben dieses Protokoll unterzeichnet in der gemeinsamen Entschlossenheit, die in der Präambel festgelegten Ziele zu verwirklichen, und in der Hoffnung, daß ihre Verständigung einen bemerkenswerten Beitrag zur Wiedereingliederung Deutschlands in eine friedliche und stabile europäische Völkergemeinschaft darstellen werde.

## Deutschlandvertrag (2. Fassung) vom 23. Oktober 1954

Die Bundesrepublik Deutschland,
die Vereinigten Staaten von Amerika,
das Vereinigte Königreich von Großbritannien und Nordirland und
die Französische Republik

haben zur Festlegung der Grundlagen ihres neuen Verhältnisses den folgenden Vertrag geschlossen:

### Artikel 1
### (Beendigung des Besatzungsregimes)

(1) Mit dem Inkrafttreten dieses Vertrages werden die Vereinigten Staaten von Amerika, das Vereinigte Königreich von Großbritannien und Nordirland und die Französische Republik

(in diesem Vertrag und in den Zusatzverträgen auch als „Drei Mächte" bezeichnet) das Besatzungsstatut aufheben und die Alliierte Hohe Kommission sowie die Dienststellen der Landeskommissare in der Bundesrepublik auflösen.

(2) Die Bundesrepublik wird demgemäß die volle Macht eines souveränen Staates über ihre inneren und äußeren Angelegenheiten haben.

Artikel 2
(Vorbehalt von Rechten)

Im Hinblick auf die internationale Lage, die bisher die Wiedervereinigung Deutschlands und den Abschluß eines Friedensvertrages verhindert hat, behalten die Drei Mächte die bisher von ihnen ausgeübten oder innegehabten Rechte und Verantwortlichkeiten in bezug auf Berlin und auf Deutschland als Ganzes einschließlich der Wiedervereinigung Deutschlands und einer friedensvertraglichen Regelung. Die von den Drei Mächten beibehaltenen Rechte und Verantwortlichkeiten in bezug auf die Stationierung von Streitkräften in Deutschland und der Schutz der Sicherheit dieser Streitkräfte bestimmen sich nach den Artikeln 4 und 5 dieses Vertrags.

Artikel 3
(Außenpolitischer Status der Bundesrepublik)

(1) Die Bundesrepublik wird ihre Politik in Einklang mit den Prinzipien der Satzung der Vereinten Nationen und mit den im Statut des Europarates aufgestellten Zielen halten.

(2) Die Bundesrepublik bekräftigt ihre Absicht, sich durch ihre Mitgliedschaft in internationalen Organisationen, die zur Erreichung der gemeinsamen Ziele der freien Welt beitragen, mit der Gemeinschaft der freien Nationen völlig zu verbinden. Die Drei Mächte werden zu gegebener Zeit Anträge der Bundesrepublik unterstützen, die Mitgliedschaft in solchen Organisationen zu erlangen.

(3) Bei Verhandlungen mit Staaten, mit denen die Bundesrepublik keine Beziehungen unterhält, werden die Drei Mächte die erforderlichen Vorkehrungen treffen, die Interessen der Bundesrepublik in ihren Beziehungen zu anderen Staaten und in gewissen internationalen Organisationen oder Konferenzen zu vertreten, soweit die Bundesrepublik dazu nicht selbst in der Lage ist.

. . . . . . . .

Artikel 7

(Ziele der Politik der Vertragsstaaten)

(1) Die Unterzeichnerstaaten sind darüber einig, daß ein wesentliches Ziel ihrer gemeinsamen Politik eine zwischen Deutschland und seinen ehemaligen Gegnern frei vereinbarte friedensvertragliche Regelung für ganz Deutschland ist, welche die Grundlage für einen dauerhaften Frieden bilden soll. Sie sind weiterhin darüber einig, daß die endgültige Festlegung der Grenzen Deutschlands bis zu dieser Regelung aufgeschoben werden muß.

(2) Bis zum Abschluß der friedensvertraglichen Regelung werden die Unterzeichnerstaaten zusammenwirken, um mit friedlichen Mitteln ihr gemeinsames Ziel zu verwirklichen: Ein wiedervereinigtes Deutschland, das eine freiheitlich-demokratische Verfassung, ähnlich wie die Bundesrepublik, besitzt und das in die europäische Gemeinschaft integriert ist.

. . . . . . . .

**Deutsch-französischer Saarvertrag vom 27. Oktober 1956**

Der Präsident der Bundesrepublik Deutschland
und
der Präsident der Französischen Republik
entschlossen, die Saarfrage als Gegenstand zukünftiger Meinungsverschiedenheiten der beiden Staaten auszuschließen, in dem Bestreben, diese Frage unter Achtung der beiderseitigen Gefühle und Interessen zu regeln und damit zu einer allgemeinen und endgültigen Befriedigung beizutragen, sind übereingekommen, zu diesem Zweck einen Vertrag zu schließen, und haben zu ihren Bevollmächtigten ernannt:

Der Präsident der Bundesrepublik Deutschland
Herrn Dr. Heinrich von Brentano,
Bundesminister des Auswärtigen,
Der Präsident der Französischen Republik
Herrn Christian Pineau,
Minister für Auswärtige Angelegenheiten,

die nach Austausch ihrer in guter und gehöriger Form befundenen Vollmachten nachstehende Bestimmungen vereinbart haben:

Kapitel I
Politische Bestimmungen
Artikel 1

(1) Frankreich ist damit einverstanden, daß sich der Anwendungsbereich des Grundgesetzes der Bundesrepublik Deutschland vom 1. Januar 1957 ab auf das Saarland erstreckt.

(2) Die Anwendung des Grundgesetzes und die Einführung der Rechtsvorschriften der Bundesrepublik Deutschland im Saarland erfolgen von diesem Zeitpunkt ab nach Maßgabe dieses Vertrags, insbesondere vorbehaltlich der Schaffung einer Übergangszeit, während der das Saarland und Frankreich weiterhin ein einheitliches Zoll- und Währungsgebiet entsprechend den Bestimmungen des Kapitels II bilden.

Artikel 2

(1) Niemand soll auf Grund der von ihm in der Vergangenheit gegenüber der Saarfrage eingenommenen Haltung beeinträchtigt werden.

. . . . . . . .

Kapitel II
Wirtschaftliche Übergangszeit
Artikel 3

Die in Artikel 1 vorgesehene Übergangszeit endet spätestens am 31. Dezember 1959. Das genaue Datum der Beendigung dieses Zeitraums wird von den Regierungen der beiden Vertragsstaaten im gegenseitigen Einvernehmen festgelegt und bekanntgegeben.

## Aus den Römischen Verträgen vom 25. März 1957

### ERSTER TEIL: GRUNDSÄTZE

a) Aufgabe der Gemeinschaft

Aufgabe der Gemeinschaft ist es, durch die Errichtung eines Gemeinsamen Marktes und die schrittweise Annäherung der Wirtschaftspolitik der Mitgliedstaaten eine harmonische Entwicklung der Wirtschaft innerhalb der gesamten Gemeinschaft, eine beständige und ausgeglichene Wirtschaftsausweitung, eine erhöhte

Stabilität, eine beschleunigte Hebung des Lebensstandards und engere Beziehungen zwischen den Staaten zu fördern, die in dieser Gemeinschaft zusammengeschlossen sind.

b) Organe der Gemeinschaft

Die Erfüllung der Aufgaben der Gemeinschaft obliegt
einer Versammlung
einem Ministerrat
einer Kommission
einem Gerichtshof.

Der Rat und die Kommission werden von einem Wirtschafts- und Sozialausschuß unterstützt, der beratende Funktionen ausübt.

Die Regelung für die Organe (ihre Zusammensetzung, Verfahren für die Abstimmung usw.) wird im fünften Teil des Vertrags näher bestimmt.

c) Schrittweise Errichtung des Gemeinsamen Marktes

Der Vertrag wird auf unbegrenzte Zeit geschlossen.

Um die erforderliche Anpassung der einzelnen Volkswirtschaften an die neuen Wettbewerbsbedingungen zu ermöglichen, wird der Gemeinsame Markt im Laufe einer Übergangszeit von zwölf Jahren schrittweise errichtet. Diese Übergangszeit kann bis zu einer Gesamtdauer von fünfzehn Jahren verlängert werden.

Die Übergangszeit besteht aus drei Stufen von vier Jahren. Jede Stufe entspricht einer Gesamtheit von Maßnahmen, die zusammen eingeleitet werden müssen

Eines der wesentlichen Merkmale des Verfahrens für die Errichtung des Gemeinsamen Marktes ist sein unumstößlicher Charakter. Ist der Mechanismus für die Verwirklichung dieses Marktes in Gang gesetzt, so muß sein Ziel in jedem Falle erreicht werden. Es handelt sich hierbei um eine bedeutungsvolle Gewähr dafür, daß die von den Mitgliedstaaten in Anpassung an die neuen Bedingungen erbrachten Opfer nicht umsonst sein werden und nicht mit dem Risiko eines vollkommenen Stillstands und einer anschließenden Rückkehr zur früheren Lage nach einer Reihe von Jahren verbunden sind. Der Übergang von einer Stufe zur nächsten erfolgt also grundsätzlich automatisch.

Der Übergang von der ersten zur zweiten Stufe hängt jedoch von der Feststellung ab, daß die für die erste Stufe im Vertrag speziell festgelegten Ziele im wesentlichen tatsächlich erreicht und daß die Verpflichtungen vorbehaltlich der im Vertrag vorgesehenen Ausnahmen und Verfahren eingehalten worden sind.

Diese Feststellung wird vom Rat am Ende des vierten Jahres einstimmig getroffen. Ein Mitgliedstaat kann die Einstimmigkeit jedoch nicht verhindern, indem er sich auf die Nichterfüllung seiner eigenen Verpflichtungen beruft. Kommt keine Einstimmigkeit zustande, so wird die erste Stufe ohne weiteres um ein Jahr verlängert.

Am Ende des fünften Jahres wird eine neue Feststellung unter denselben Bedingungen getroffen; kommt keine Einstimmigkeit zustande, so wird die erste Stufe um ein weiteres Jahr verlängert.

Bei Ablauf des sechsten Jahres wird die Feststellung vom Rat mit qualifizierter Mehrheit getroffen. Jedoch ist jeder in die Minderheit versetzte Mitgliedstaat oder, falls die erforderliche Mehrheit nicht erreicht wird, jeder Mitgliedstaat berechtigt, innerhalb einer Frist von einem Monat nach dieser Abstimmung zu beantragen, daß die Frage an eine Schiedsstelle verwiesen wird. Die Schiedsstelle besteht aus drei Mitgliedern, die vom Rat zu ernennen sind. Ihre Entscheidung ist für die Mitgliedstaaten und die Organe der Gemeinschaft verbindlich.

Die zweite und dritte Stufe können auf Grund einer vom Rat einstimmig getroffenen Entscheidung verlängert oder abgekürzt werden.

Die Übergangszeit darf in keinem Fall fünfzehn Jahre überschreiten.

d) Dieser Teil des Vertrags enthält ferner einige grundlegende Prinzipien, die für die Anwendung des gesamten Vertrags maßgebend sind. Darin wird insbesondere folgendes bestimmt:

Die Mitgliedstaaten koordinieren ihre jeweilige Wirtschaftspolitik in dem für die Erreichung der Ziele des Vertrags erforderlichen Umfang;

die Organe der Gemeinschaft sorgen dafür, daß die innere und äußere finanzielle Stabilität der Mitgliedstaaten nicht gefährdet wird;

unbeschadet der in den einzelnen Kapiteln des Vertrags vorgesehenen besonderen Bestimmungen ist jede auf die Staatsangehörigkeit gegründete Diskriminierung verboten.

## Deutsch-französischer Vertrag vom 22. Januar 1963

### Präambel zum deutsch-französischen Vertrag:

In der Überzeugung,

daß der Vertrag zwischen der Bundesrepublik Deutschland

und der französischen Republik vom 22. Januar 1963 die Aussöhnung und Freundschaft zwischen dem deutschen und dem französischen Volk vertiefen und ausgestalten wird;

mit der Feststellung,

daß durch diesen Vertrag die Rechte und Pflichten aus den von der Bundesrepublik Deutschland abgeschlossenen multilateralen Verträgen unberührt bleiben;

mit dem Willen,

durch die Anwendung dieses Vertrages die großen Ziele zu fördern, die die Bundesrepublik Deutschland in Gemeinschaft mit den anderen ihr verbündeten Staaten seit Jahren anstrebt und die ihre Politik bestimmen,

nämlich

die Erhaltung und Festlegung des Zusammenschlusses der freien Völker, insbesondere einer engeren Partnerschaft zwischen Europa und den Vereinigten Staaten von Amerika, die Verwirklichung des Selbstbestimmungsrechts für das deutsche Volk und die Wiederherstellung der deutschen Einheit, die gemeinsame Verteidigung im Rahmen des Nordatlantischen Bündnisses und die Integrierung der Streitkräfte der in diesem Bündnis zusammengeschlossenen Staaten, die Einigung Europas auf dem durch die Schaffung der europäischen Gemeinschaften begonnenen Wege unter Einbeziehung Großbritanniens und anderer zum Beitritt gewillter Staaten und die weitere Stärkung dieser Gemeinschaften,

der Abbau der Handelsschranken durch Verhandlungen zwischen der Europäischen Wirtschaftsgemeinschaft, Großbritannien und den Vereinigten Staaten von Amerika sowie anderen Staaten im Rahmen des „allgemeinen Zoll- und Handelsabkommens";

in dem Bewußtsein,

daß eine deutsch-französische Zusammenarbeit, die sich von diesen Zielen leiten läßt, allen Völkern Nutzen bringen, dem Frieden in der Welt dienen und dadurch zugleich dem deutschen und dem französischen Volke zum Wohl gereichen wird; hat der Bundestag das folgende Gesetz beschlossen:

1. Wortlaut der gemeinsamen Erklärung

Die gemeinsame Erklärung hat folgenden Wortlaut: „Der Bundeskanzler der Bundesrepublik Deutschland, Dr. Konrad Adenauer, und der Präsident der Französischen Republik, General de Gaulle, haben sich zum Abschluß der Konferenz vom 21. und 22. Januar 1963 in Paris, an der auf deutscher Seite der Bundesminister des Auswärtigen, der Bundesminister der Verteidigung und der Bundesminister für Familien- und Jugendfragen, auf französischer Seite der Premierminister, der Außenminister, der Armeeminister und der Erziehungsminister teilgenommen haben, in der Überzeugung, daß die Versöhnung zwischen dem deutschen und dem französischen Volk, die eine jahrhundertalte Rivalität beendet, ein geschichtliches Ereignis darstellt, das das Verhältnis der beiden Völker zueinander von Grund auf neugestaltet, in dem Bewußtsein, daß eine enge Solidarität die beiden Völker sowohl hinsichtlich ihrer Sicherheit als auch hinsichtlich ihrer wirtschaftlichen und kulturellen Entwicklung miteinander verbindet, — angesichts der Tatsache, daß insbesondere die Jugend sich dieser Solidarität bewußt geworden ist und daß ihr eine entscheidende Rolle bei der Festigung der deutsch-französischen Freundschaft zukommt, — in der Erkenntnis, daß die Verstärkung der Zusammenarbeit zwischen den beiden Ländern einen unerläßlichen Schritt auf dem Wege zu dem vereinigten Europa bedeutet, welches das Ziel beider Völker ist, mit der Organisation und den Grundsätzen der Zusammenarbeit zwischen den beiden Staaten, wie sie in dem heute unterzeichneten Vertrag niedergelegt sind, einverstanden erklärt. Geschehen zu Paris, am 22. Januar 1963 in zwei Urschriften in deutscher und französischer Sprache. Der Bundeskanzler der Bundesrepublik Deutschland. Der Präsident der Französischen Republik."

2. Wortlaut des Vertrages

Der Vertrag zwischen der französischen Republik und der Bundesrepublik Deutschland über die französisch-deutsche Zusammenarbeit hat folgenden Wortlaut:

„Im Anschluß an die gemeinsame Erklärung des Präsidenten der Französischen Republik und des Bundeskanzlers der Bundesrepublik Deutschland vom 22. Januar 1963 über die Organisation und die Grundsätze der Zusammenarbeit zwischen den beiden Staaten wurden die folgenden Bestimmungen vereinbart:

I. Organisation:

1. Die Staats- und Regierungschefs geben nach Bedarf die erforderlichen Weisungen und verfolgen laufend die Ausführung des im folgenden festgelegten Programms. Sie treten zu diesem Zweck zusammen, so oft es erforderlich ist, und grundsätzlich mindestens zweimal jährlich.

2. Die Außenminister tragen für die Ausführung des Programms in seiner Gesamtheit Sorge. Sie treten mindestens alle drei Monate zusammen. Unbeschadet der normalen Kontakte

über die Botschaften treten diejenigen leitenden Beamten der beiden Außenministerien, denen die politischen, wirtschaftlichen und kulturellen Angelegenheiten obliegen, allmonatlich abwechselnd in Paris und Bonn zusammen, um den Stand der vorliegenden Fragen festzuhalten und die Zusammenkunft der Minister vorzubereiten. Ferner nehmen die diplomatischen Vertretungen und die Konsulate der beiden Staaten sowie ihre ständigen Vertretungen bei den internationalen Organisationen die notwendige Verbindung in den Fragen gemeinsamen Interesses auf.

3. Zwischen den zuständigen Behörden beider Staaten finden regelmäßige Zusammenkünfte auf den Gebieten der Verteidigung, der Erziehung und der Jugendfragen statt. Sie beeinträchtigen in keiner Weise die Tätigkeit der bereits bestehenden Organe — französisch-deutsche Kulturkommission, ständige Gruppe der Generalstäbe —, deren Tätigkeit vielmehr erweitert wird. Die Außenminister sind bei diesen Zusammenkünften vertreten, um die Gesamtkoordinierung der Zusammenarbeit zu gewährleisten.

a) Der Armee- und der Verteidigungsminister treten wenigstens einmal alle drei Monate zusammen. Ferner trifft sich der französische Erziehungsminister in den gleichen Zeitabständen mit derjenigen Persönlichkeit, die auf deutscher Seite benannt wird, um die Ausführung des Programms der Zusammenarbeit auf kulturellem Gebiet zu verfolgen.

b) Die Generalstabchefs beider Staaten treten wenigstens einmal alle zwei Monate zusammen; im Verhinderungsfalle werden sie durch ihre verantwortlichen Vertreter ersetzt.

c) Der französische Hohe Kommissar für Jugend und Sport trifft sich wenigstens einmal alle zwei Monate mit dem Bundesminister für Familien- und Jugendfragen oder seinem Vertreter.

4. In jedem der beiden Staaten wird eine interministerielle Kommission beauftragt, die Fragen der Zusammenarbeit zu verfolgen. In dieser Kommission, der Vertreter aller beteiligten Ministerien angehören, führt ein hoher Beamter des Außenministeriums den Vorsitz. Ihre Aufgabe besteht darin, das Vorgehen der beteiligten Ministerien zu koordinieren und in regelmäßigen Abständen ihrer Regierung einen Bericht über den Stand der französisch-deutschen Zusammenarbeit zu erstatten. Die Kommission hat ferner die Aufgabe, zweckmäßige Anregungen für die Ausführung des Programms der Zusammenarbeit und dessen etwaige Ausdehnung auf neue Gebiete zu geben.

II. Programm:

A. Auswärtige Angelegenheiten:

1. Die beiden Regierungen konsultieren sich vor jeder Entscheidung in allen wichtigen Fragen der Außenpolitik und in erster Linie in den Fragen von gemeinsamem Interesse, um so weit wie möglich zu einer gleichgerichteten Haltung zu gelangen. Diese Konsultation betrifft unter anderem folgende Gegenstände: — Fragen der europäischen Gemeinschaften und der europäischen politischen Zusammenarbeit; — Ost-West-Beziehungen sowohl im politischen als auch im wirtschaftlichen Bereich; — Angelegenheiten, die in der Nordatlantikvertragsorganisation und in den verschiedenen internationalen Organisationen behandelt werden und an denen die beiden Regierungen interessiert sind, insbesondere im Europarat, in der Westeuropäischen Union, in der Organisation für wirtschaftliche Zusammenarbeit und Entwicklung, in den Vereinten Nationaen und ihren Sonderorganisationen.

2. Die auf dem Gebiet des Informationswesens bereits bestehende Zusammenarbeit wird zwischen den beteiligten Dienststellen in Paris und in Bonn und zwischen den Vertretungen in Drittstaten fortgeführt und ausgebaut.

3. Hinsichtlich der Entwicklungshilfe stellen die beiden Regierungen ihre Programme einander systematisch gegenüber, um dauernd eine enge Koordinierung durchzuführen. Sie prüfen die Möglichkeit, Vorhaben gemeinsam in Angriff zu nehmen. Da sowohl auf französischer als auch auf deutscher Seite mehrere Ministerien für diese Angelegenheit zuständig sind, wird es Sache der beiden Außenministerien sein, die praktischen Grundlagen dieser Zusammenarbeit gemeinsam festzulegen.

4. Die beiden Regierungen prüfen gemeinsam die Mittel und Wege dazu, ihre Zusammenarbeit im Rahmen des Gemeinsamen Marktes, in anderen wichtigen Bereichen der Wirtschaftspolitik, zum Beispiel der Land- und Forstwirtschaftspolitik, der Energiepolitik, der Verkehrs- und Transportfragen, der industriellen Entwicklung ebenso wie der Ausfuhrkreditpolitik, zu verstärken.

B. Verteidigung:

1. Auf dem Gebiet der Strategie und der Taktik bemühen sich die zuständigen Stellen beider Länder, ihre Auffassungen einander anzunähern, um zu gemeinsamen Konzeptionen zu gelangen. Es werden französisch-deutsche Institute für operative Forschung errichtet.

2. Der Personalaustausch zwischen den Streitkräften wird verstärkt; er betrifft insbesondere die Lehrkräfte und Schüler der Generalstabsschulen; der Austausch kann sich auf die zeitweilige Abordnung ganzer Einheiten erstrecken. Zur Erleichterung dieses Austausches werden beide Seiten um den praktischen Sprachunterricht für das in Betracht kommende Personal bemüht sein.

3. Auf dem Gebiet der Rüstung bemühen sich die beiden Regierungen, eine Gemeinschaftsarbeit vom Stadium der Ausarbeitung geeigneter Rüstungsvorhaben und der Vorbereitung der Finanzierungspläne an zu organisieren. Zu diesem Zweck untersuchen gemischte Kommissionen die von beiden Ländern hierfür betriebenen Forschungsvorhaben und nehmen eine vergleichende Prüfung vor. Sie unterbreiten den Ministern Vorschläge, die diese bei ihren dreimonatlichen Zusammenkünften prüfen und zu deren Ausführung sie die notwendigen Richtlinien geben. Die Regierungen prüfen die Voraussetzungen, unter denen eine französisch-deutsche Zusammenarbeit auf dem Gebiet des zivilen Bevölkerungsschutzes hergestellt werden kann.

C. Erziehungs- und Jugendfragen:

Auf dem Gebiet des Erziehungswesens und der Jugendfragen werden die Vorschläge, die in den französischen und deutschen Memoranden vom 19. September und 8. November 1962 enthalten sind, nach dem oben erwähnten Verfahren einer Prüfung unterzogen.

1. Auf dem Gebiet des Erziehungswesens richten sich die Bemühungen hauptsächlich auf folgende Punkte:

*a) Sprachunterricht:* Die beiden Regierungen erkennen die wesentliche Bedeutung an, die der Kenntnis der Sprache des anderen in jedem der beiden Länder für die französisch-deutsche Zusammenarbeit zukommt. Zu diesem Zweck werden sie sich bemühen, konkrete Maßnahmen zu ergreifen, um die Zahl der französischen Schüler, die Deutsch lernen, und die der deutschen Schüler, die Französisch lernen, zu erhöhen. Die Bundesregierung wird in Verbindung mit den Länderregierungen, die hierfür zuständig sind, prüfen wie es möglich ist, eine Regelung einzuführen, die es gestattet, dieses Ziel zu erreichen. Es erscheint angebracht, an allen Hochschulen in Frankreich einen für alle Studierenden zugänglichen praktischen Unterricht in der deutschen Sprache und in Deutschland einen solchen in der französischen Sprache einzurichten.

b) Frage der Gleichwertigkeit der *Diplome:* Die zuständigen Behörden beider Staaten sollen gebeten werden, beschleunigte

Bestimmungen über die Gleichwertigkeit der Schulzeiten, der Prüfungen, der Hochschultitel und -diplome zu erlassen.

c) Zusammenarbeit auf dem Gebiet der wissenschaftlichen *Forschung:* Die Forschungsstellen und die wissenschaftlichen Institute bauen ihre Verbindungen untereinander aus, wobei sie mit einer gründlicheren gegenseitigen Unterrichtung beginnen; vereinbarte Forschungsprogramme werden in den Disziplinen aufgestellt, in denen sich dies als möglich erweist.

2. Der französischen und deutschen Jugend sollen alle Möglichkeiten geboten werden, um die Bande, die zwischen ihnen bestehen, enger zu gestalten, und ihr Verständnis füreinander zu vertiefen. Insbesondere wird der Gruppenaustausch weiter ausgebaut. Es wird ein Austausch- und Förderungswerk der beiden Länder errichtet, an dessen Spitze ein unabhängiges Kuratorium steht. Diesem Werk wird ein französisch-deutscher Gemeinschaftsfonds zur Verfügung gestellt, der der Begegnung und dem Austausch von Schülern, Studenten, jungen Handwerkern und jungen Arbeitern zwischen beiden Ländern dient.

## Regierungserklärung von Bundeskanzler Dr. Ludwig Erhard vom 18. Oktober 1963 (Auszug)

... Es ist unsere Pflicht, immer erneut die Aufmerksamkeit der Welt auf die ungelöste deutsche Frage zu lenken. Die Bundesregierung erhebt auf Grund des Mandats, das das Grundgesetz und das deutsche Volk ihr erteilen, die Forderung, jede sich bietende Möglichkeit in den West-Ost-Gesprächen zu ergreifen, um hinsichtlich der Lösung des Deutschland-Problems Fortschritte zu erzielen. Denn darüber darf kein Zweifel sein: Die Deutschland-Frage ist eine der Hauptursachen für die Spannungen in der Welt, und man kann nicht hoffen, diese Spannungen zu beseitigen, wenn die Deutschland-Frage ungelöst bleibt.

In keinem Falle werden wir eine Maßnahme zu akzeptieren bereit sein, die den unbefriedigenden Stand, in dem sich das Deutschland-Problem befindet, statt zu verbessern, verschlechtern würde — sei es, daß durch sie die unnatürliche Teilung unseres Landes sanktioniert oder gefestigt würde, sei es, daß eine Anerkennung oder auch nur eine internationale Aufwertung des Regimes der sowjetisch besetzten Zone mit ihr verbunden wäre. Dies bleibt ein allgemeiner Grundsatz unserer Politik; denn die Herrschaft, die in jenem Teil Deutschlands errichtet wurde, ist nichts anderes als eine Fremdherrschaft und ein Gewaltsystem, das gegen den Willen der überwältigenden Mehrheit des unterdrückten Teiles unseres Volkes die freie Verbindung zwischen ihm und uns zerschneidet und die Ausübung der elementarsten politischen und humanitären Rechte verhindert.

Man sagt uns, die Teilung unseres Volkes sei eine „Realität", die hingenommen werden müsse. Sicher haben wir es hier mit einer Realität zu tun, aber mit einer unerträglichen. Auch eine Krankheit ist eine Realität, und doch wird es niemanden einfallen, den zu tadeln, der sich vor ihr zu schützen und sie zu heilen sucht. Auch Unrecht ist Realität, und doch wird man alles daransetzen müssen, es zu beseitigen. Vor allem aber ist, wenn schon die Teilung unseres Landes als eine Realität hingestellt wird, der Wille des deutschen Volkes zur Wiederherstellung seiner Einheit eine weit stärkere Realität, denn die Geschichte lehrt, daß der elementare Drang eines Volkes, um seine Einheit und Freiheit zu ringen, zu den mächtigsten Kräften überhaupt gehört. Die Sowjetunion wäre deshalb gut beraten, dieser Realität Rechnung zu tragen und dem ehrlichen Friedenswillen des deutschen Volkes zu vertrauen.

Die sowjetische Haltung gegenüber der deutschen Frage beruht auf einem Irrtum, nämlich auf der Annahme, daß den sowjetischen Interessen besser durch die Teilung als durch die Wiederherstellung der Einheit Deutschlands gedient wäre. Hier dürfte das entscheidende Hemmnis für eine Normalisierung unserer Beziehungen zur UdSSR liegen. Wir wissen nicht, wieweit die sowjetische Regierung ihrer eigenen Propaganda glauben schenkt, die von der Bundesrepublik Deutschland das Zerrbild eines Landes zeichnet, das nach Eroberungen strebt und in dem militärische Motive die Politik bestimmen. Wir werden nicht aufhören, diesen Propagandathesen die Wahrheit deutschen Lebens entgegenzustellen. Und es wird unser ständiges Bemühen sein, auch in unserem Verhältnis zur Sowjetunion eine auf gegenseitiger Achtung vor den Lebensrechten der beiden Völker beruhende Normalisierung herbeizuführen.

Wir sind uns alle darüber klar, daß auf dem Wege zur Wiederherstellung der deutschen Einheit große Schwierigkeiten zu überwinden sind. Der Weg mag lang und dornenvoll sein; er wird uns Entbehrungen, materielle und auch psychische Belastungen auferlegen. Wir wollen in unserem Willen, in unserer Zähigkeit nie erlahmen und — wenn es not tut — entschlossen sein, Opfer auf uns zu nehmen. Am Ende dieses Weges muß nach der Überzeugung der Bundesregierung ein Friedensvertrag stehen, der von einer in freien Wahlen gebildeten gesamtdeutschen Regierung frei verhandelt und geschlossen wird. In diesem Vertrag — und nur in ihm — können und müssen die endgültigen

Grenzen Deutschlands, das nach gültiger Rechtsauffassung in seinen Grenzen vom 31. Dezember 1937 fortbesteht, festgelegt werden.

## „Friedensnote" der Bundesregierung vom 25. März 1966

Die Bundesregierung hat ihre diplomatischen Vertretungen im Ausland angewiesen, eine Note zur deutschen Friedenspolitik zu übergeben, deren Wortlaut nachstehend veröffentlicht wird:

I

Das deutsche Volk will in Frieden und Freiheit leben. Seine größte nationale Aufgabe sieht es darin, die Teilung zu überwinden, unter der es seit vielen Jahren leidet. Die Regierung der Bundesrepublik Deutschland hat mehrfach erklärt, daß das deutsche Volk bereit wäre, für seine Wiedervereinigung auch Opfer auf sich zu nehmen. Es ist entschlossen, diese Aufgabe nur mit friedlichen Mitteln zu lösen.

Der Gedanke an einen neuen Krieg, der ganze Länder und Völker und selbst Erdteile vernichten würde, ist ihm unerträglich. Es will dazu beitragen, daß sich eine solche Katastrophe niemals ereignen kann; und in diesem Wunsche weiß es sich mit allen vernünftigen Menschen einig.

Seit vielen Jahren bemühen sich die Regierungen, die politischen Probleme zu lösen, die den Spannungen zwischen den Mächten zugrunde liegen, und die Gefahren abzuwenden, die sich aus dem Wettrüsten, vor allem aus der Zunahme der Massenvernichtungswaffen, ergeben. Das Ergebnis dieser Anstrengungen ist enttäuschend. Die entscheidenden Fragen sind ungelöst, und der Wille, sie überhaupt ernsthaft zu erörtern, ist bei den einzelnen Atommächten nicht gleich stark.

Die Regierung der Bundesrepublik Deutschland ist nach wie vor der Ansicht, daß eine weltweite, allgemeine und kontrollierte Abrüstung das Ziel sein muß. An diesem Ziel ändert sich auch nichts durch eine monotone Propaganda, die den Standpunkt der Bundesregierung zu den Fragen der Abrüstung und Sicherheit in Zweifel zu ziehen und zu mißdeuten sucht.

Getragen von der Sorge um die weitere Entwicklung beehrt sie sich deshalb, der ............ Regierung*) in dieser Note ihre Friedenspolitik zusammenhängend darzustellen und einige

*) Hier ist die Regierung des betreffenden Landes namentlich angesprochen.

Vorschläge zur Abrüstung, Rüstungskontrolle und europäischen Sicherheit zu unterbreiten.

II

Die Bundesregierung ist der Ansicht, daß — guten Willen und redliche Absichten auf jeder Seite vorausgesetzt — auch die schwierigsten Probleme zwischen den Völkern auf friedliche und gerechte Weise gelöst werden können. So hat sie sich mit Deutschlands Nachbarn im Westen über alle Fragen verständigt, die nach dem Kriege zwischen ihnen offengeblieben waren.

Das deutsche Volk wünscht in einem guten Verhältnis zu allen seinen Nachbarn, also auch den osteuropäischen, zu leben. Die Bundesregierung hat daher auf mannigfache Weise versucht, die Beziehungen zu den Staaten und Völkern Osteuropas zu verbessern. Wenn man berücksichtigt, daß manche diese Politik mit unbegründetem Mißtrauen beobachten oder sie sogar nach Kräften zu hintertreiben suchen, sind die Ergebnisse, im Ganzen gesehen, doch befriedigend; sie ermutigen die Bundesregierung, diesen Kurs fortzusetzen.

Obwohl die Bundesregierung sich besondere Mühe gab, das Verhältnis zu Polen zu pflegen, das von allen osteuropäischen Nationen im Zweiten Weltkrieg am meisten gelitten hatte, konnte sie hier nur geringe Fortschritte erzielen. Die polnische Regierung ist zwar offensichtlich an einem regeren deutch-polnischen Handel interessiert, hat aber bisher nicht erkennen lassen, daß ihr an einer Verständigung zwischen den beiden Völkern gelegen ist. Sie erschwert vielmehr die von uns erstrebten kulturellen Kontakte, tritt dafür ein, daß die Teilung Deutschlands weiter aufrechterhalten wird und verlangt gleichzeitig von der Bundesregierung die Anerkennung der Oder-Neiße-Linie, obwohl allgemein bekannt ist, daß die Regelung der Grenzfragen nach den alliierten Vereinbarungen des Jahres 1945 bis zum Abschluß eines Friedensvertrages mit ganz Deutschland aufgeschoben ist und daß Deutschland völkerrechtlich in den Grenzen vom 31. Dezember 1937 fortbesteht, solange nicht eine freigewählte gesamtdeutsche Regierung andere Grenzen anerkennt.

Wenn zu gegebener Zeit die Polen und die Deutschen über die Grenze in dem gleichen Geiste sprechen, der den Ausgleich zwischen Deutschland und seinen westlichen Nachbarn herbeigeführt hat, dann werden auch Polen und Deutsche sich einigen. Denn in dieser Frage darf weder die Leidenschaft noch allein die Macht des Siegers entscheiden, hier muß die Vernunft siegen.

Die Bundesregierung hat in den vergangenen Jahren mit Polen, Rumänien, Ungarn und Bulgarien amtliche Beziehungen aufgenommen. Sie bemüht sich um solche Beziehungen auch zur Tschechoslowakei und würde es begrüßen, wenn sich wieder ein freundliches Verhältnis zwischen der Bevölkerung jenes Staates und dem deutschen Volk ergeben würde.

Die Bundesregierung ist der Auffassung, daß das Münchener Abkommen aus dem Jahre 1938 von Hitler zerrissen wurde und keine territoriale Bedeutung mehr hat. Sie erhebt daher, wie sie mehrfach erklärt hat, gegenüber der Tschechoslowakei keine territorialen Ansprüche; sie betont, daß dies die verantwortliche Darstellung der deutschen Politik ist.

Die Bundesregierung verfolgt weder eine Revanchepolitik noch eine restaurative Politik. Ihr Blick ist nicht rückwärts, sondern vorwärts gewandt. Ihr Ziel ist eine gerechte, auf friedlichen Vereinbarungen beruhende europäische Ordnung, in der alle Völker frei und als gute Nachbarn miteinander leben können. Auch die Sowjetunion und die osteuropäischen Staaten sind Teil Europas.

Schon durch ihre Mitarbeit an der Neugestaltung Westeuropas hat die Bundesregierung gezeigt, daß sie über die Verhältnisse Vorkriegseuropas hinausblickt. Sie sucht neue Formen internationaler Zusammenarbeit, weil sie überzeugt ist, daß die alte nationalstaatliche Ordnung unseres Erdteils den großen politischen, wirtschaftlichen und technischen Aufgaben unserer Zeit nicht mehr gewachsen ist. Diese Aufgaben lassen sich nur gemeinschaftlich lösen.

Daher hat sich die Bundesregierung an allen Vorhaben beteiligt, die auf einen europäischen Zusammenschluß hinsteuern.

Nirgendwo hat der Gedanke einer Einigung Europas solchen Widerhall gefunden wie in der Bundesrepublik Deutschland, die sogar in ihrem Grundgesetz die Abtretung von Hoheitsrechten an übernationale Organisationen vorsieht. Eine Politik nun, die auf internationale Zusammenarbeit und Zusammenschlüsse gerichtet ist, dient dem Frieden; sie braucht den Frieden, wenn sie ihre Ziele erreichen will.

## III

Dieser Frieden ist aber nicht gesichert. Die Regierung der UdSSR hat wiederholt verkündet, sie wünsche keinen Krieg. Die Bundesregierung geht davon aus, daß dieser Wunsch ernst gemeint ist. Die sowjetischen Versicherungen werden jedoch entwertet durch ganz eindeutige und massive Drohungen, wie sie nicht selten an die Bundesregierung gerichtet wurden, z. B. in der Note der Sowjetischen Regierung vom 5. Februar 1963, wo es heißt:

„Man kann sich unschwer vorstellen, daß im Falle eines thermonuklearen Krieges die mächtigen und konzentrierten Schläge der Raketen- und Kernwaffen unausbleiblich über Westdeutschland hereinbrechen und daß es einen dritten Weltkrieg nicht überleben würde."

Und am 16. Januar 1963 erklärte der damalige sowjetische Ministerpräsident in Ost-Berlin, die Bundesrepublik Deutschland „werde, wenn ein Krieg ausbricht, schon in der ersten Stunde abbrennen wie eine Kerze".

Noch im vergangenen Monat behaupteten sowjetische Marschälle, „jeden beliebigen Gegner in kürzester Zeit von der Erde hinwegfegen zu können"; sie erklärten, „die Arroganz der westdeutschen Revanchisten zwinge sie dazu, ihr Pulver trocken zu halten", aber man habe ja die Mittel, „um die Hitzköpfe abzukühlen". — In einer solchen Sprache zeigt sich eine Einstellung, die die Bundesregierung nur mit Sorge betrachten kann. Sie hat dazu um so mehr Anlaß, als die Sowjetunion tatsächlich über die stärksten Landstreitkräfte Europas verfügt und darüber hinaus ein sehr großes Arsenal von Atom- und Wasserstoffbomben, Trägerraketen und eine Flotte von Atombombern sowie Raketen-U-Booten besitzt. Sowohl ihre konventionellen wie ihre nuklearen Streitkräfte hat sie im Westen ihres Machtbereiches konzentriert.

## IV

Die Bundesrepublik Deutschland hatte bis 1955 keine eigenen Truppen. Ihre Sicherheit beruhte allein auf dem Schutz, den ihr die westlichen Alliierten gewährten. Erst im Mai 1955 trat sie der NATO bei und begann den Aufbau der Bundeswehr. Heute hat die Bundesrepublik Deutschland eine Verteidigungsmacht, besitzt aber keine Kernwaffen und verfügt auch nicht über sie.

Die Bundesrepublik Deutschland hat schon in den Pariser Verträgen des Jahres 1954 auf die Herstellung von Massenvernichtungswaffen, insbesondere von atomaren Waffen, verzichtet und sich insoweit einer internationalen Kontrolle durch die Westeuropäische Union unterworfen.

Die Bundesregierung ist entschlossen, sich im Verein mit ihren Verbündeten gegen jeden Angriff auf ihre Freiheit zu verteidigen. Für einen Angriffskrieg ist sie nicht gerüstet. Sie wäre auch gar nicht imstande, ihn zu führen, weil sie alle ihre Kampfverbände der NATO, einem nur auf die Verteidigung eingestellten Bündnis, unterstellt hat. Im Rahmen dieses Bündnisses tritt sie zusammen mit anderen Alliierten dafür ein, daß alle Bündnispartner an der Verantwortung für die nukleare Verteidigung beteiligt werden. Dagegen strebt sie — wie sie wiederholt erklärt hat — den nationalen Besitz atomarer Waffen nicht an.

Ihre Politik ist darauf gerichtet, die Sicherheit in Europa zu erhöhen und eine Lage zu schaffen, in der Drohungen, Pressionen, Ultimaten und jede Form von Gewaltanwendung unmöglich werden. Ihr Ziel ist es, die Ursachen für die politischen Spannungen zu beseitigen. Daher tritt sie sowohl für eine Lösung der deutschen Frage wie für eine konsequente Abrüstungspolitik ein, die zur Friedenssicherung beiträgt.

Bei diesen allgemeinen Hinweisen will es die Regierung der Bundesrepublik Deutschland jedoch nicht belassen. Sie beehrt sich daher, der . . . . . . . . . . Regierung*) folgende Gedanken und Vorschläge zur Abrüstung und Sicherung des Friedens zu unterbreiten:

## V

1. Die Bundesregierung ist sich der Gefahren bewußt, die mit einer Weiterverbreitung der Atomwaffen verbunden sind. Wenn eine umfassende Regelung des Nichtverbreitungsproblems sich als zu schwierig erweist, hält es die Bundesregierung für ratsam, schrittweise vorzugehen. Offensichtlich gibt es für einen Staat nur zwei Möglichkeiten in den Besitz von Kernwaffen zu kommen: entweder diese Waffen selbst zu produzieren oder sie von einer Atommacht zu erhalten. Beide Möglichkeiten sollten ausgeschlossen werden.

Was die erste Möglichkeit betrifft, so hat die Bundesrepublik Deutschland — wie erwähnt — schon im Jahre 1954 auf die Herstellung atomarer Waffen verzichtet und sich insoweit einer internationalen Kontrolle unterworfen. Darauf aufbauend appelliert die Bundesregierung an alle Nicht-Nuklear-Staaten, die Militärallianzen in Ost und West angehören, den gleichen Verzicht auszusprechen und sich einer entsprechenden internationalen Kontrolle zu unterwerfen. Weitere Schritte, die allianzfreien Staaten betreffend, sollten hinzukommen.

Um auch die zweite Möglichkeit der Verbreitung von Kernwaffen auszuschalten, regt die Bundesregierung an, daß die Nuklear-Mächte übereinkommen, keine Kernwaffen in die nationale Kontrolle anderer Länder zu geben.

2. Niemand wird behaupten können, daß das Wettrüsten mit atomaren Vernichtungswaffen die Sicherheit in Europa und der Welt erhöht.

*) Hier ist die Regierung des betreffenden Landes namentlich angesprochen.

Die Bundesregierung erklärt sich daher bereit, einem Abkommen zuzustimmen, in dem die in Frage kommenden Staaten sich verpflichten, die Zahl der Atomwaffen in Europa nicht weiter zu erhöhen, sondern sie stufenweise zu verringern. Ein solches Abkommen müßte sich auf ganz Europa erstrecken, das Kräfteverhältnis insgesamt wahren, eine wirksame Kontrolle vorsehen und mit entscheidenden Fortschritten bei der Lösung der politischen Probleme in Mitteleuropa verbunden werden.

3. Die Bundesrepublik Deutschland hat sich als Empfängerland von spaltbarem Material internationalen Kontrollen unterworfen, die sicherstellen, daß dieses Material nicht zur Herstellung von Kernwaffen verwendet wird. Als Lieferland ist die Bundesrepublik Deutschland bereit, in ihren Lieferverträgen mit Empfängerländern außerhalb des Euratom-Gebietes allgemein entsprechende Kontrollen durch die Internationale Atom-Energie-Organisation zu fordern. Sie geht davon aus, daß andere Lieferländer die gleiche Auflage machen.

4. Die Bundesrepublik Deutschland hat bereits mit ihren westlichen Verbündeten Gewaltverzichtserklärungen ausgetauscht. Da die Regierungen der Sowjetunion und einiger osteuropäischer Staaten wiederholt ihre — wenn auch unbegründete — Sorge über einen deutschen Angriff ausgedrückt haben, schlägt die Bundesregierung vor, auch mit den Regierungen der Sowjetunion, Polens, der Tschechoslowakei und jedes anderen osteuropäischen Staates, der dies wünscht, förmliche Erklärungen auszutauschen, in denen jede Seite gegenüber dem anderen Volk auf die Anwendung von Gewalt zur Regelung internationaler Streitfragen verzichtet.

5. Um das Mißtrauen vor angeblichen deutschen Aggressionsabsichten zu zerstreuen, schlägt die Bundesregierung ferner bilaterale Vereinbarungen mit der sowjetischen, polnischen, tschechoslowakischen, ungarischen, rumänischen und bulgarischen Regierung über den Austausch militärischer Beobachter bei Manövern der Streitkräfte vor.

6. Schließlich ist die Bundesregierung bereit, an einer Weltabrüstungskonferenz oder an jeder anderen Abrüstungskonferenz, soweit sie Erfolg versprechen, teilzunehmen und in konstruktivem Geist mitzuarbeiten.

## VI

Die Bundesregierung ist der Ansicht, daß diese Anregungen und Vorschläge im gegenwärtigen Stadium am ehesten Aussicht haben, verwirklicht zu werden. Sie ist sich jedoch darüber klar, daß es weiterreichender Vorschläge bedarf, wenn man der Welt in jeder Hinsicht Sicherheit geben und sie vor dem Risiko eines nuklearen Krieges bewahren will. Sie ist bereit, auch an solchen umfassenden Plänen mitzuarbeiten, glaubt jedoch, daß alle Bemühungen um Sicherheit, Abrüstung und Rüstungskontrolle nur dann entscheidenden und dauerhaften Erfolg haben, wenn man Schritt für Schritt auch die Ursachen der Spannung in der Welt beseitigt. In Europa heißt das vor allem, die Deutschlandfrage in gerechter Weise lösen, indem man dem gesamten deutschen Volk das Recht gewährt, frei über seine politische Lebensform und sein Schicksal zu bestimmen.

## Moskauer Vertrag vom 12. August 1970

Vertrag zwischen der Bundesrepublik Deutschland und der Union der Sozialistischen Sowjetrepubliken.

Die hohen vertragsschließenden Parteien, in dem Bestreben, zur Festigung des Friedens und der Sicherheit in Europa und in der Welt beizutragen,

in der Überzeugung, daß die friedliche Zusammenarbeit zwischen den Staaten auf der Grundlage der Ziele und Grundsätze der Charta der Vereinten Nationen den sehnlichen Wünschen der Völker und den allgemeinen Interessen des internationalen Friedens entspricht,

in Würdigung der Tatsache, daß die früher von ihnen verwirklichten vereinbarten Maßnahmen, insbesondere der Abschluß des Abkommens vom 13. September 1955 über die Aufnahme der diplomatischen Beziehungen, günstige Bedingungen für neue wichtige Schritte zur Weiterentwicklung und Festigung ihrer gegenseitigen Beziehungen geschaffen haben,

in dem Wunsche, in vertraglicher Form ihrer Entschlossenheit zur Verbesserung und Erweiterung der Zusammenarbeit zwischen ihnen Ausdruck zu verleihen, einschließlich der wirtschaftlichen Beziehungen sowie der wissenschaftlichen, technischen und kulturellen Verbindungen, im Interesse beider Staaten, sind wie folgt übereingekommen:

### Artikel 1

Die Bundesrepublik Deutschland und die Union der Sozialistischen Sowjetrepubliken betrachten es als wichtiges Ziel ihrer Politik, den internationalen Frieden aufrechtzuerhalten und die Entspannung zu erreichen.

Sie bekunden ihr Bestreben, die Normalisierung der Lage in

Europa und die Entwicklung friedlicher Beziehungen zwischen allen europäischen Staaten zu fördern, und gehen dabei von der in diesem Raum bestehenden wirklichen Lage aus.

Artikel 2

Die Bundesrepublik Deutschland und die Union der Sozialistischen Sowjetrepubliken werden sich in ihren gegenseitigen Beziehungen sowie in Fragen der Gewährleistung der europäischen und der internationalen Sicherheit von den Zielen und Grundsätzen, die in der Charta der Vereinten Nationen niedergelegt sind, leiten lassen. Demgemäß werden sie ihre Streitfragen ausschließlich mit friedlichen Mitteln lösen und übernehmen die Verpflichtung, sich in Fragen, die die Sicherheit in Europa und die internationale Sicherheit berühren, sowie in ihren gegenseitigen Beziehungen gemäß Artikel 2 der Charta der Vereinten Nationen der Drohung mit Gewalt oder der Anwendung von Gewalt zu enthalten.

Artikel 3

In Übereinstimmung mit den vorstehenden Zielen und Prinzipien stimmen die Bundesrepublik Deutschland und die Union der Sozialistischen Sowjetrepubliken in der Erkenntnis überein, daß der Friede in Europa nur erhalten werden kann, wenn niemand die gegenwärtigen Grenzen antastet.

Sie verpflichten sich, die territoriale Integrität aller Staaten in Europa in ihren heutigen Grenzen uneingeschränkt zu achten:

Sie erklären, daß sie keine Gebietsansprüche gegen irgend jemand haben und solche in Zukunft auch nicht erheben werden.

Sie betrachten heute und künftig die Grenzen aller Staaten in Europa als unverletzlich, wie sie am Tage der Unterzeichnung dieses Vertrages verlaufen, einschließlich der Oder-Neiße-Linie, die die Westgrenze der Volksrepublik Polen bildet, und der Grenze zwischen der Bundesrepublik Deutschland und der Deutschen Demokratischen Republik.

Artikel 4

Dieser Vertrag zwischen der Bundesrepublik Deutschland und der Union der Sozialistischen Sowjetrepubliken berührt nicht die von ihnen früher abgeschlossenen zweiseitigen und mehrseitigen Verträge und Vereinbarungen.

Artikel 5

Dieser Vertrag bedarf der Ratifikation und tritt am Tage des Austausches der Ratifikationsurkunden in Kraft, der in ... stattfinden soll.

Geschehen zu Moskau

am 12. August 1970 in zwei Urschriften, jede in deutscher und russischer Sprache, wobei jeder Wortlaut gleichermaßen verbindlich ist.

## Deutsch-polnischer Vertrag vom 7. Dezember 1970

Die Bundesrepublik Deutschland und die Volksrepublik Polen,

in der Erwägung, daß mehr als 25 Jahre seit Ende des Zweiten Weltkrieges vergangen sind, dessen erstes Opfer Polen wurde und der über die Völker Europas schweres Leiden gebracht hat, eingedenk dessen, daß in beiden Ländern inzwischen eine neue Generation herangewachsen ist, der eine friedliche Zukunft gesichert werden soll,

in dem Wunsche, dauerhafte Grundlagen für ein friedliches Zusammenleben und die Entwicklung normaler und guter Beziehungen zwischen ihnen zu schaffen,

in dem Bestreben, den Frieden und die Sicherheit in Europa zu festigen,

in dem Bewußtsein, daß die Unverletzlichkeit der Grenzen und die Achtung der territorialen Integrität und der Souveränität aller Staaten in Europa in ihren gegenwärtigen Grenzen eine grundlegende Bedingung für den Frieden sind, sind wie folgt übereingekommen:

Artikel 1

1. Die Bundesrepublik Deutschland und die Volksrepublik Polen stellen übereinstimmend fest, daß die bestehende Grenzlinie, deren Verlauf im Kapitel IX der Beschlüsse der Potsdamer Konferenz vom 2. August 1945 von der Ostsee unmittelbar westlich von Swinemünde und von dort die Oder entlang bis zur Einmündung der Lausitzer Neiße und die Lausitzer Neiße entlang bis zur Grenze mit der Tschechoslowakei festgelegt worden ist, die westliche Staatsgrenze der Volksrepublik Polen bildet.

2. Sie bekräftigen die Unverletzlichkeit ihrer bestehenden Grenzen jetzt und in der Zukunft und verpflichten sich gegenseitig zur uneingeschränkten Achtung ihrer territorialen Integrität.

3. Sie erklären, daß sie gegeneinander keinerlei Gebietsansprüche haben und solche auch in Zukunft nicht erheben werden.

Artikel 2

1. Die Bundesrepublik Deutschland und die Volksrepublik Polen werden sich in ihren gegenseitigen Beziehungen sowie in

Fragen der Gewährleistung der Sicherheit in Europa und in der Welt von den Zielen und Grundsätzen, die in der Charta der Vereinten Nationen niedergelegt sind, leiten lassen.

2. Demgemäß werden sie entsprechend den Artikeln 1 und 2 der Charta der Vereinten Nationen alle ihre Streitfragen ausschließlich mit friedlichen Mitteln lösen und sich in Fragen, die die europäische und internationale Sicherheit berühren, sowie in ihren gegenseitigen Beziehungen der Drohung mit Gewalt oder der Anwendung von Gewalt enthalten.

Artikel 3

1. Die Bundesrepublik Deutschland und die Volksrepublik Polen werden weitere Schritte zur vollen Normalisierung und umfassenden Entwicklung ihrer gegenseitigen Beziehungen unternehmen, deren feste Grundlage dieser Vertrag bildet.

2. Sie stimmen darin überein, daß eine Erweiterung ihrer Zusammenarbeit im Bereich der wirtschaftlichen, wissenschaftlichen, wissenschaftlich-technischen, kulturellen und sonstigen Beziehungen in ihrem beiderseitigen Interesse liegt.

Artikel 4

Dieser Vertrag berührt nicht die von den Parteien früher geschlossenen oder sie betreffenden zweiseitigen oder mehrseitigen internationalen Vereinbarungen.

Artikel 5

Dieser Vertrag bedarf der Ratifikation und tritt am Tage des Austausches der Ratifikationsurkunden in Kraft, der in Bonn stattfinden soll.

Zu Urkund dessen haben die Bevollmächtigten der Vertragsparteien diesen Vertrag unterschrieben.

Geschehen zu Warschau in zwei Urschriften, jede in deutscher und polnischer Sprache, wobei jeder Wortlaut gleichermaßen verbindlich ist.

## Vertrag über die Grundlagen der Beziehungen zwischen der Bundesrepublik Deutschland und der Deutschen Demokratischen Republik vom 21. Dezember 1972

Die Hohen Vertragschließenden Seiten

eingedenk ihrer Verantwortung für die Erhaltung des Friedens, in dem Bestreben, einen Beitrag zur Entspannung und Sicherheit in Europa zu leisten,

in dem Bewußtsein, daß die Unverletzlichkeit der Grenzen und die Achtung der territorialen Integrität und der Souveränität aller Staaten in Europa in ihren gegenwärtigen Grenzen eine grundlegende Bedingung für den Frieden sind,

in der Erkenntnis, daß sich daher die beiden deutschen Staaten in ihren Beziehungen der Androhung oder Anwendung von Gewalt zu enthalten haben,

ausgehend von den historischen Gegebenheiten und unbeschadet der unterschiedlichen Auffassungen der Bundesrepublik Deutschland und der Deutschen Demokratischen Republik zu schaffen,

sind wie folgt übereingekommen:

Artikel 1

Die Bundesrepublik Deutschland und die Deutsche Demokratische Republik entwickeln normale gutnachbarliche Beziehungen zueinander auf der Grundlage der Gleichberechtigung.

Artikel 2

Die Bundesrepublik Deutschland und die Deutsche Demokratische Republik werden sich von den Zielen und Prinzipien leiten lassen, die in der Charta der Vereinten Nationen niedergelegt sind, insbesondere der souveränen Gleichheit aller Staaten, der Achtung der Unabhängigkeit, Selbständigkeit und territorialen Integrität, dem Selbstbestimmungsrecht, der Wahrung der Menschenrechte und der Nichtdiskriminierung.

Artikel 3

Entsprechend der Charta der Vereinten Nationen werden die Bundesrepublik Deutschland und die Deutsche Demokratische Republik ihre Streitfragen ausschließlich mit friedlichen Mitteln lösen und sich der Drohung mit Gewalt oder der Anwendung von Gewalt enthalten.

Sie bekräftigen die Unverletzlichkeit der zwischen ihnen bestehenden Grenze jetzt und in der Zukunft und verpflichten sich zur uneingeschränkten Achtung ihrer territorialen Integrität.

Artikel 4

Die Bundesrepublik Deutschland und die Deutsche Demokratische Republik gehen davon aus, daß keiner der beiden Staaten den anderen international vertreten oder in seinem Namen handeln kann.

Artikel 5

Die Bundesrepublik Deutschland und die Deutsche Demokratische Republik werden friedliche Beziehungen zwischen den europäischen Staaten fördern und zur Sicherheit und Zusammenarbeit in Europa beitragen.

Sie unterstützen die Bemühungen um eine Verminderung der Streitkräfte und Rüstungen in Europa, ohne daß dadurch Nachteile für die Sicherheit der Beteiligten entstehen dürfen.

Die Bundesrepublik Deutschland und die Deutsche Demokratische Republik werden mit dem Ziel einer allgemeinen und vollständigen Abrüstung unter wirksamer internationaler Kontrolle der internationalen Sicherheit dienende Bemühungen um Rüstungsbegrenzung und Abrüstung, insbesondere auf dem Gebiet der Kernwaffen und anderen Massenvernichtungswaffen, unterstützen.

Artikel 6

Die Bundesrepublik Deutschland und die Deutsche Demokratische Republik gehen von dem Grundsatz aus, daß die Hoheitsgewalt jedes der beiden Staaten sich auf sein Staatsgebiet beschränkt. Sie respektieren die Unabhängigkeit und Selbständigkeit jedes der beiden Staaten in seinen inneren und äußeren Angelegenheiten.

Artikel 7

Die Bundesrepublik Deutschland und die Deutsche Demokratische Republik erklären ihre Bereitschaft, im Zuge der Normalisierung ihrer Beziehungen praktische und humanitäre Fragen zu regeln. Sie werden Abkommen schließen, um auf der Grundlage dieses Vertrages und zum beiderseitigen Vorteil die Zusammenarbeit auf dem Gebiet der Wirtschaft, der Wissenschaft und Technik, des Verkehrs, des Gesundheitswesens, der Kultur, des Sports, des Umweltschutzes und auf anderen Gebieten zu entwickeln und zu fördern. Einzelheiten sind in dem Zusatzprotokoll geregelt.

Artikel 8

Die Bundesrepublik Deutschland und die Deutsche Demokratische Republik werden ständige Vertretungen austauschen. Sie werden am Sitz der jeweiligen Regierung errichtet.

Die praktischen Fragen, die mit der Einrichtung der Vertretungen zusammenhängen, werden zusätzlich geregelt.

Artikel 9

Die Bundesrepublik Deutschland und die Deutsche Demokratische Republik stimmen darin überein, daß durch diesen Vertrag die von ihnen früher abgeschlossenen oder sie betreffenden zweiseitigen und mehrseitigen internationalen Verträge und Vereinbarungen nicht berührt werden.

Artikel 10

Dieser Vertrag bedarf der Ratifikation und tritt am Tage nach dem Austausch entsprechender Noten in Kraft.

## Regierungserklärung von Bundeskanzler Willy Brandt vom 18. Januar 1973 (Auszug)

*Außenpolitik*

Nach außen wird die Bundesregierung ihre Politik der guten Nachbarschaft konsequent fortsetzen. Ihre Außen- und Sicherheitspolitik dient ausschließlich dem Frieden.

An erster Stelle nenne ich das Ziel einer Europäischen Union, wie es die Pariser Gipfelkonferenz vom Herbst 1972 für dieses Jahrzehnt gesetzt hat. Die dort ins Auge gefaßte Europäische Union wird die Gesamtheit der Beziehungen zwischen den Mitgliedstaaten umfassen. Eine verstärkte und immer enger werdende politische Zusammenarbeit soll dazu entscheidende Impulse geben. Das umfassende Arbeitsprogramm, das auf der Gipfelkonferenz beschlossen wurde, muß — vor allem in der Wirtschafts- und Währungspolitik — verwirklicht werden.

Das Werk der europäischen Einigung kann sich nur durch freundschaftliche Verbundenheit der beteiligten Völker vollziehen. Ein lebendiges Beispiel dafür ist die deutsch-französische Partnerschaft, die ich die „Entente élémentaire" genannt habe und die vor fast genau zehn Jahren in einen Vertrag gegossen wurde. Ich bin sicher, daß die gute Zusammenarbeit mit Großbritannien, Dänemark und Irland sich ebenso bewähren wird wie die mit den bisherigen Mitgliedstaaten der Gemeinschaft.

Die Bürger in Europa erwarten schon jetzt eine Stärkung der sozialen Komponente und des demokratischen Elements in der Gemeinschaft.

Wir möchten die Befugnisse des Europäischen Parlaments erweitert sehen.

Die Europäische Gemeinschaft wird sich dann eindeutig bewährt haben, wenn sie vor der Welt ein Beispiel gibt für die Dynamik des Fortschritts in Freiheit und sozialer Gerechtigkeit.

Was die nordamerikanischen Staaten und Europa angeht, so gilt, daß sie weiterhin gemeinsame Sicherheitsinteressen haben.

Sie tragen gemeinsam die Verantwortung für eine internationale Struktur des Friedens in Europa. Die Unterschiedlichkeiten auf diesem Gebiet ergeben sich aus der unumstößlichen Tatsache, daß sich unsere Interessen in erster Linie auf unseren Kontinent konzentrieren, während die amerikanischen Verpflichtungen weltweit sind.

Unterschiedlichkeit und Gemeinsamkeit der Interessen sind in aller Offenheit festzustellen. Sie gelten für lange Fristen. Aber wir sollten festlegen, wie wir uns bei der Lösung unserer Probleme gegenseitig helfen können.

Dabei ist nicht zu erkennen, daß die wirtschaftlichen Beziehungen der Vereinigten Staaten mit Europa, soweit es sich in der Europäischen Gemeinschaft organisiert hat, Schaden gelitten hätten; das Gegenteil trifft zu. Dennoch kann ein konstruktiver Dialog, den ich nach wie vor für geboten halte, dabei helfen, daß aus möglichen wirtschaftlichen Spannungen keine unnötige politische Belastung wird.

Für den Ausgleich in Europa, zwischen Ost und West, sind mit den Verträgen von Moskau und Warschau, dem Berlin-Abkommen der Vier Mächte, den dazu gehörenden Vereinbarungen auf der deutschen Ebene und dem Grundvertrag mit der DDR bessere Voraussetzungen geschaffen worden. Wir werden eine breite Zusammenarbeit auf wirtschaftlichem, wissenschaftlich-technischem und auf kulturellem Gebiet mit den Staaten Osteuropas suchen.

Die Bundesregierung wird sich gleichzeitig weiterhin um die Linderung humanitärer Probleme bemühen, die bei der Umsiedlung und Familienzusammenführung noch ungelöst sind, und sie wird jede Möglichkeit zur Verbesserung der menschlichen Kontakte nutzen.

Das Gefüge unserer bilateralen Verträge zum Gewaltverzicht, der mit der Sowjetunion zuerst vereinbart wurde, verlangt nach einem Abschluß mit der benachbarten Tschechoslowakischen Sozialistischen Republik. Die Bundesregierung hofft, in absehbarer Zeit eine Vereinbarung erreichen zu können, durch die das Münchner Abkommen aufhört, das Verhältnis der beiden Staaten des Warschauer Vertrages fortzusetzen und hofft, Budapest und Sofia dabei einschließen zu können. Sie wird den Kontakt mit den bündnisfreien Staaten nicht vernachlässigen.

Mit der Vorbereitung der Konferenz über Sicherheit und Zusammenarbeit tritt die Entwicklung der Beziehungen zu Osteuropa jetzt in eine multilaterale Phase. Der Bundesregierung kommt es dabei vor allem auf praktische Ergebnisse an, die für die Menschen in Europa — und damit auch in Deutschland —

spürbar werden. Sie ist entschlossen, trotz der ideologischen Gegensätze geduldig und illusionslos daran mitzuwirken, daß sich auf unserem Kontinent, und sei es auch nur in begrenzten Bereichen, nach und nach ein gemeinsamer Wille herausbildet. Ich bin heute davon überzeugt, daß, wenn ich europäische Sicherheit und Zusammenarbeit sage, dabei substantielle Fortschritte möglich sind.

*Sicherheits- und Entspannungspolitik*

Grundlage unserer Sicherheit bleibt die Atlantische Allianz. Sie gibt uns auch den Rückhalt für unsere Politik der Entspannung nach Osten.

Die politische und militärische Präsenz der Vereinigten Staaten ist für die Bewahrung eines ausgeglichenen Kräfteverhältnisses in Europa unerläßlich. Die Bundesregierung wird gleichzeitig dafür wirken, daß der europäische Pfeiler des Bündnisses stärker wird; die „Euro-Gruppe" ist dafür der realistische Ausgangspunkt.

Die Freiheit, an Entspannung und Ausgleich mitzuwirken, wird uns nicht geschenkt. Wehrpflicht, Verteidigungshaushalt, und Zivilverteidigung betrachten wir nicht nur als Notwendigkeiten, sondern als sinnvollen Dienst für die freie Gemeinschaft unserer Bürger; er hilft unserer Friedensarbeit.

Präsenz und Kampfkraft der Bundeswehr müssen erhalten bleiben. Wir werden — auch unter Berücksichtigung des Berichts der Wehrstrukturkommission und nach Konsultation mit unseren Bündnispartnern — eine Wehrstruktur zu finden haben, mit der die Bundeswehr ihre Aufgaben auch künftig erfüllen kann.

Die Bundesregierung hat sich für eine ausgewogene beiderseitige Verminderung von Truppen und Rüstungen in Europa eingesetzt und wird schon an den Vorverhandlungen zu diesem Problem, die demnächst beginnen, teilnehmen. Der Zusammenhang mit der zweiten Runde der Verhandlungen zwischen den Vereinigten Staaten und der Sowjetunion über die Begrenzung der strategischen Waffensysteme ist in jeder Phase auf seine Auswirkungen für Europa zu prüfen.

Auch hier darf es keine Illusionen geben. Es ist nicht zu übersehen, daß die Rüstungsentwicklung im Warschauer Pakt das östliche Gesamtpotential steigerte. Die Bundesregierung zieht daraus keine vorschnellen Schlüsse. Aber sie stellt fest, daß es eine parallele Tendenz in Westeuropa nicht gibt.

Die Bundesregierung will die Gefahr der Konfrontation in Europa durch kontrollierbare Maßnahmen mindern. Dabei muß der Anspruch aller Beteiligten auf Sicherheit jeweils gewahrt sein. Es ist vernünftig und es ist an der Zeit, in Mitteleuropa durch mehr Vernunft mehr Vertrauen zu schaffen.

*Deutschlandpolitik*

Die in diesem Hause vertretenen Parteien werden, unabhängig von dem, was sie sonst trennt, gewiß der Feststellung zustimmen, die ich in der Regierungserklärung vom Oktober 1969 getroffen habe: Der Feststellung nämlich, „daß die Fragen, die sich für das deutsche Volk aus dem Zweiten Weltkrieg und aus dem nationalen Verrat durch das Hitler-Regime ergeben haben, abschließend nur in einer europäischen Friedensordnung beantwortet werden können". Ich fügte hinzu: „Niemand kann uns jedoch ausreden, daß die Deutschen ein Recht auf Selbstbestimmung haben, wie alle anderen Völker auch."

Damals sagte ich weiter: „Aufgabe der praktischen Politik in den jetzt vor uns liegenden Jahren ist es, die Einheit der Nation dadurch zu wahren, daß das Verhältnis zwischen den Teilen Deutschlands aus der gegenwärtigen Verkrampfung gelöst wird."

Ich möchte jetzt sagen: Wenn wir uns über Ziel und Aufgabe einig sind, wird der Streit um den besten Weg dorthin seine ätzende oder verletzende Schärfe verlieren.

Über das Berlin-Abkommen hinaus, das ohne unsere Mitwirkung nicht zustande gekommen wäre — und das nur vor dem Hintergrund der vorausgegangenen Krisen richtig beurteilt werden kann —, beginnen sich Verbesserungen im Verhältnis zwischen den beiden Staaten abzuzeichnen. Auch die Regierung in Ostberlin will heute — ich zitiere — „über ein geregeltes Nebeneinander zu einem Miteinander kommen", wie wir das in der Regierungserklärung 1969 formuliert und im Frühjahr 1970 in den 20 Punkten von Kassel konkretisiert hatten. Was in den vergangenen drei Jahren möglich wurde, wird man nicht geringachten können.

Wir wissen, dieser Weg ist lang und steinig. Die Menschen und die Regierenden in den beiden deutschen Staaten haben nach vielen Jahren der Nicht-Beziehungen und der Feindseligkeit den Umgang miteinander zu erfahren und zu lernen. Schwierigkeiten und Reibungen werden uns nicht erspart bleiben. Die Bundesregierung ist entschlossen, den Vertrag, der für die Entwicklung der Beziehungen zur DDR die Grundlagen legt, politisch und rechtlich konsequent durchzuführen und im Interesse der Menschen in beiden Staaten auszufüllen.

Wir wollen einen Zustand erreichen, in dem nicht mehr geschossen wird.

Die Regelung der staatlichen Beziehungen muß bei der Lösung

der menschlichen Probleme helfen, die ein bitteres Erbe der Teilung sind.

Die Bundesregierung betrachtet, wie alle anderen Beteiligten, das Viermächte-Abkommen über Berlin als einen bedeutenden internationalen Erfolg. Er besteht nicht zuletzt in der Festlegung, daß die Bindungen zwischen Berlin (West) oder, wie wir auch sagen, dem Land Berlin und dem Bund erhalten und entwickelt werden können.

Alle Beteiligten sollten daran interessiert sein, den Erfolg von 1971/72 nicht zu zerreden, sondern dafür zu sorgen, daß seine Wirkung für die Entspannung im Zentrum Europas in den kommenden Jahren voll genutzt wird.

Unser Berlin soll in der Entspannung seine bedeutende und natürliche Funktion finden. Dabei wird die Bundesregierung den Senat weiterhin nach Kräften unterstützen.

Das Regierungs- und das Gesellschaftssystem der DDR haben wir immer abgelehnt, und dabei bleibt es. Es ist auch nicht zu erwarten, daß sich an der Ablehnung unserer Verhältnisse durch die Regierung der DDR etwas ändern wird. Aber beide Regierungen haben durch Vertrag beschlossen, sich trotz dieser Gegensätze ihrer Verantwortung zu stellen und auf die Anwendung von Gewalt zu verzichten. Beide müssen den Frieden höherstellen als alle Differenzen.

Das bedeutet für uns: die Erhaltung des Friedens rangiert noch vor der Frage der Nation. Dies ist ein Dienst, den das deutsche Volk den europäischen Völkern leistet.

Nur der lange und mühsame Weg vom Nebeneinander zum Miteinander der beiden Staaten bietet der Nation ihre Chance.

## Bibliographie

Albertz, Heinz und Goldschmidt, D. (Hrsg.): Konsequenzen Thesen, Analysen. Dokumente zur Deutschlandpolitik, Hamburg 1969.

Allemann, Fritz René: Bonn ist nicht Weimar, Köln-Berlin 1956.

Altmann, Rüdiger: Das Erbe Adenauers, Stuttgart 1960.

Amelunxen, Rudolf: Ehrenmänner und Hexenmeister, München 1960.

Anatomie des Antikommunismus: Mit einem Vorwort und einer Analyse über die Funktion des Antikommunismus in der Bundesrepublik Deutschland von Eugen Kogon, Olten-Freiburg 1970.

Auswärtiges Amt (Hrsg.): Die Auswärtige Politik der Bundesrepublik Deutschland, Köln 1972.

Backer, John H.: Priming the German Economy. American Occupational Policies 1945—1948, Durham 1971.

Balfour, Michael: Four-Power Control in Germany 1945—1946, London 1956, deutsch: Viermächtekontrolle in Deutschland 1945—1955, Düsseldorf 1959.

Baring, Arnulf, Außenpolitik in Adenauers Kanzlerdemokratie. Bonns Beitrag zur Europäischen Verteidigungsgemeinschaft, München-Wien 1969.

Baumann, Gerhard: Sicherheit. Deutsche Friedenspolitik im Bündnis, Darmstadt 1970.

Bergsträßer, Ludwig: Geschichte der politischen Parteien in Deutschland, Dt. Handbuch der Politik, Band 2, 11. Aufl., München 1965.

Besson, Waldemar: Die Außenpolitik der Bundesrepublik. Erfahrungen und Maßstäbe, München 1970.

Binder, Paul: Ein anderes Deutschland soll es sein. Eine Standortbestimmung der Bundesrepublik, München 1970.

Bölling, Klaus: Die zweite Republik — Fünfzehn Jahre Politik in Deutschland, Köln-Berlin 1963.

Bohn, Helmut u. a.: Die Aufrüstung in der sowjetischen Besatzungszone Deutschlands (Bonner Berichte aus Mittel- und Ostdeutschland), Bonn 1958.

Brandt, Willy: Koexistenz — Zwang zum Wagnis. Deutsche Verlags-Anstalt, Stuttgart 1963.

Bürger, G. A.: Die Legende von 1952 — Zur sowjetischen März-Note und ihrer Rolle in der Nachkriegspolitik, Celle 1959.

Busch, Joel u. Lüke, Friedmar: Wir hatten die Wahl — Die Parteien im Kampf um die Macht 1965, München 1965.

Carstens, Karl: Politische Führung. Erfahrungen im Dienste der Bundesregierung, Stuttgart 1971.

Clay, Lucius D.: Decision in Germany. New York 1950. Deutsch: Entscheidung in Deutschland, Frankfurt/M. 1950.

Cornides, Wilhelm: Die Weltmächte und Deutschland — Geschichte der jüngsten Vergangenheit 1945—1955, 2. Aufl., Stuttgart 1961.

Dahrendorf, Ralf: Gesellschaft und Demokratie in Deutschland, München 1965.

Deklamation oder Ersatzfrieden? Die Konferenz von Potsdam 1945, Stuttgart 1970.

Deutschlands Aufgabe — Stimmen evangelischer Politiker, Stuttgart 1953.

Eisenhower, Dwight D.: Crusade in Europe, Garden City N. Y. 1948, deutsch: Kreuzzug in Europa, Amsterdam 1948

Ellwein, Thomas: Das Regierungssystem der Bundesrepublik Deutschland, Köln-Opladen 1963.

End, Heinrich: Zweimal deutsche Außenpolitik; internationale Dimensionen des innerdeutschen Konflikts 1949—1972, Köln 1973.

Erfurt, Werner: Die sowjetrussische Deutschlandpolitik — Eine Studie zur Zeitgeschichte, 4. erw. Auflage, Esslingen 1959.

Erhard Ludwig: Deutsche Wirtschaftspolitik, Düsseldorf 1962.

Eschenburg, Theodor: Institutionelle Sorgen in der Bundesrepublik, Stuttgart 1961, in erweiterter Neuauflage unter dem Titel: Zur politischen Praxis in der Bundesrepublik, München 1964.

Eschenburg, Theodor: Staat und Gesellschaft in Deutschland, Stuttgart 1956.

Flechtheim, Ossip K.: Die deutschen Parteien seit 1945 — Quellen und Auszüge, Berlin-Köln 1955.

Furtwängler, Franz Josef: Die Gewerkschaften — Ihre Geschichte und internationale Auswirkung, Hamburg 1956.

Gablentz, Otto Heinrich v. d.: Die versäumte Reform — Zur Kritik der westdeutschen Politik, Köln und Opladen 1960.

Görlich, J. W.: Geist und Macht in der DDR. Die Integration der kommunistischen Ideologie, Olten 1968.

Grewe, Wilhelm G.: Deutsche Außenpolitik der Nachkriegszeit, Stuttgart 1960.

Groeben, Hans von der: Die Europäische Wirtschaftsgemeinschaft als Motor der gesellschaftlichen und politischen Integration, Tübingen 1970.

Grosser, Alfred: Die Bonner Demokratie, Düsseldorf 1960.

Grosser, Alfred: Deutschlandbilanz. Geschichte Deutschlands seit 1945, München 1970.

Guttenberg, Freiherr von und zu, Karl Theodor: Die neue Ostpolitik. Osnabrück 1971.
Hammerschmidt, Helmut (Hrsg.): Zwanzig Jahre danach — Eine deutsche Bilanz 1945—1965, München-Wien-Basel 1965.
Hanrieder, Wolfgang: Die stabile Krise — Ziele und Entscheidungen der deutschen Außenpolitik 1949—1969, Düsseldorf 1971.
Hausenstein, Wilhelm: Pariser Erinnerungen. Aus fünf Jahren diplomatischen Dienstes 1950—1955, 3. Aufl., München 1961.
Heisenberg/Sühlo/Bröll: Der andere Teil Deutschlands, München 1971.
Hoegner, Wilhelm: Der schwierige Aussenseiter — Erinnerungen eines Abgeordneten, Emigranten und Ministerpräsidenten, München 1959.
Hoffmann, Johannes: Das Ziel war Europa. Der Weg der Saar 1945—1955, München 1963.
Hornstein, Erika von: Die deutsche Not, Köln 1960.
Kimminich, Otto: Die Souveränität der Bundesrepublik Deutschland, Hamburg 1970.
Kluth, Hans: Die KPD in der Bundesrepublik, Köln und Opladen 1959.
Knütter, Hans-Helmuth: Ideologien des Rechtsradikalismus im Nachkriegsdeutschland, Bonn 1961.
Koepcke, Cordula: Oder-Neiße: Die Pflicht zur Entscheidung. 25 Jahre Schicksal und Politikum, München-Wien 1970.
Kosthorst, Erich: Jakob Kaiser — Bundesminister für gesamtdeutsche Fragen 1949—1957, Stuttgart 1972.
Krautkrämer, Elmar: Die Bundesrepublik Deutschland. Ihre Entstehung und Entwicklung, Frankfurt/M.-Berlin-München 1970.
Labroisse, Gerd: 25 Jahre geteiltes Deutschland, Berlin 1970.
Leonhard, Rudolf Walter: X-mal Deutschland, 6. Aufl., München 1962.
Leonhard Wolfgang, Die Revolution entläßt ihre Kinder, Köln-Berlin 1955.
Löwenstein, Hubertus Prinz zu u. Zühlsdorf, Volkmar von: Deutschlands Schicksal 1945—1957, Bonn 1957.
Ludz, Peter: Soziologie und Marxismus in der DDR, 2 Bde., Neuwied 1972.
Ludz, Peter: Wissenschaft und Gesellschaft in der DDR, München 1971.
Mampel, Siegfried: Herrschaftssystem und Verfassungsstruktur in Mitteldeutschland. Die formelle und materielle Rechtsverfassung der DDR, Köln 1968.
Mampel, Siegfried: Die sozialistische Verfassung der DDR. Text und Kommentar, Frankfurt 1972.

Mampel, Siegfried: Die Verfassung der sowjetischen Besatzungszone Deutschlands, Frankfurt 1962.

Meissner, Boris (Hrsg.): Die deutsche Ostpolitik 1961—1970 — Kontinuität und Wandel, Köln 1970.

Mehnert, Klaus: Der deutsche Standort, Frankfurt/M. 1969

Mohler, Armin: Was die Deutschen fürchten, Stuttgart 1965.

Morsey, Rudolf, Repgen, Konrad (Hsg.): Adenauer-Studien, Bde. I/II, Mainz 1972.

Müller-Hermann, Ernst: Bonn zwischen den Weltmächten. Perspektiven der deutschen Außenpolitik, Düsseldorf 1969.

Münster, Clemens: (Hrsg.): Die Bundesrepublik heute — Eine Bestandsaufnahme in Beispielen, Hamburg 1955.

Netzer, Hans-Joachim (Hrsg.): Adenauer und die Folgen, München 1965.

Noack, Paul: Deutsche Außenpolitik seit 1945, Stuttgart 1972.

Osten, W.: Die Außenpolitik der DDR, Köln 1971.

Presse- u. Informationsamt der Bundesregierung (Hrsg.): Regierung Adenauer 1949—1963, Wiesbaden 1963.

Rapp, Alfred: Bonn auf der Waage — Ist die Bundesrepublik wetterfest? Stuttgart 1959.

Reichelt, Paul: Deutsche Chronik 1945—1970. Daten und Fakten aus beiden Teilen Deutschlands, Bd. 1: 1945—1957; Bd. 2: 1958—1970; Freudenstadt 1970/71.

Richter, Ernst: Der Staatsrat der DDR 1960—1970. Dokumentation, Berlin 1970.

Richter, Hans Werner (Hrsg.): Bestandsaufnahme — Eine deutsche Bilanz 1962, München-Wien-Basel 1962.

Röpke, Wilhelm: Die deutsche Frage. 3. Aufl., Erlenbach/Zürich 1948.

Rottmann, Eberhard: Der unfertige Staat. Analyse, Bilanz und Perspektive der Deutschlandpolitik, Hamburg 1970.

Rottmann, Joachim: Der Viermächtestatus Berlins, Bonn-Berlin 1959.

Rumpf, Helmut: Land ohne Souveränität. Beiträge zur Deutschlandfrage, Karlsruhe 1969.

SBZ von A—Z — Ein Taschen- und Nachschlagebuch über die sowjetische Besatzungszone Deutschlands. 9. Aufl., Bonn 1965.

SBZ von 1945—1954 — Die sowjetische Besatzungszone Deutschlands in den Jahren 1945—1954, Bonn 1956.

Sethe, Paul: Zwischen Bonn und Moskau, Frankfurt 1956.

Siegler, Heinrich von: Wiedervereinigung und Sicherheit Deutschlands. Eine dokumentarische Diskussionsgrundlage, Bonn-Wien-Turin 1960.

Siegler, Heinrich (Hrsg.): Dokumentation zur Deutschlandfrage. Von der Atlantik-Charta 1941 bis zur Genfer Außenministerkonferenz 1959, Bonn 1959.

Sontheimer, Kurt; Bleek, Wilhelm: Die DDR. Politik, Gesellschaft, Wirtschaft, Hamburg 1972.

Sorgenicht, K.: Verfassung der DDR. Dokumente, Kommentar, 2 Bde., Berlin 1969.

Schmidt, Helmut: Verteidigung oder Vergeltung, Stuttgart 1961.

Schmitz, Helmut: Notstandsverfassung und Notstandsrecht der DDR, Köln 1971.

Schumacher, Kurt: Turmwächter der Demokratie, 2. Band: Reden und Schriften, Berlin 1953.

Stehle, Hansjakob: Nachbarn im Osten. Herausforderung zu einer neuen Politik, Frankfurt 1971.

Stern, Carola: Porträt einer bolschewistischen Partei. Entwicklung, Funktion und Situation der SED, Köln 1957.

Sternberger, Dolf u. a.: Wahlen und Wähler in Westdeutschland, Stuttgart 1960.

Thayer, Charles W.: Die unruhigen Deutschen, Bern-Stuttgart-Wien 1958.

Thilenius, Richard: Die Teilung Deutschlands — Eine zeitgeschichtliche Analyse, Hamburg 1957.

Thomas, Rüdiger: Modell DDR. Die kalkulierte Emanzipation, München 1972.

Toppe, Hilmar: Der Kommunismus in Deutschland. 3. Aufl., München 1961.

Wagner, Wolfgang: Die Entstehung der Oder-Neiße-Linie in den diplomatischen Verhandlungen des Zweiten Weltkriegs. 3. Aufl., Stuttgart 1964.

Weber, Hermann: Von der SBZ zur DDR. 1945—1968, Hannover 1968.

Weber, Hermann: Die SED, Hannover 1971.

Welchert, Hans-Heinrich: Theodor Heuss. Ein Lebensbild, Athenäum-Verlag, Bonn 1959.

Weymar, Paul: Konrad Adenauer — Die autorisierte Biographie, München 1955.

Wilmot, Chester: Der Kampf um Europa. Wie die Westmächte den Krieg gewannen und den Frieden verloren, Frankfurt/M. 1963.

Worliczek, Adalbert: Bonn-Moskau. Die Ostpolitik Adenauers, München 1957.

Ziebura, Gilbert: Die deutsch-französischen Beziehungen seit 1945. Mythen und Realitäten, Pfullingen 1970.

## Stichwortverzeichnis